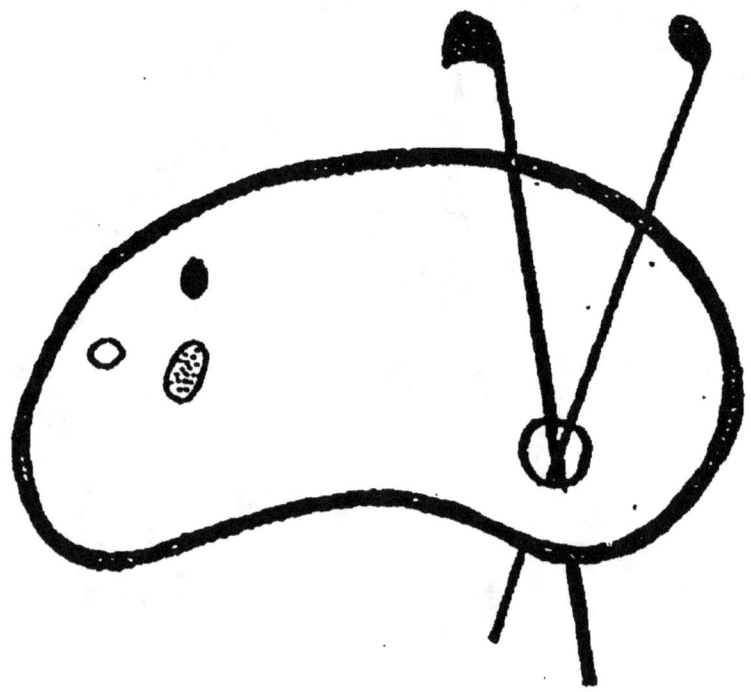

DEBUT D'UNE SERIE DE DOCUMENTS
EN COULEUR

Re Jon 51112

HISTOIRE GÉNÉRALE

DE

DEPUIS L'AN 1590 AVANT JÉSUS-CHRIST
JUSQU'EN 1883

PAR

ABEL CLARIN DE LA RIVE

MEMBRE TITULAIRE CORRESPONDANT DE LA SOCIÉTÉ DES ÉTUDES
HISTORIQUES DE FRANCE
(*Ancien Institut Historique*)

Par M. P. MIGNARD
Membre de plusieurs académies
Correspondant du ministère de l'Instruction publique pour les travaux historiques, etc.

LIBRAIRIE E. DEMOFLYS

| LIBRAIRIE LAMARCHE | LIBRAIRIE CHALLAMEL AÎNÉ |
| PLACE SAINT-ÉTIENNE | 5, RUE JACOB, 5 |

Tous droits réservés

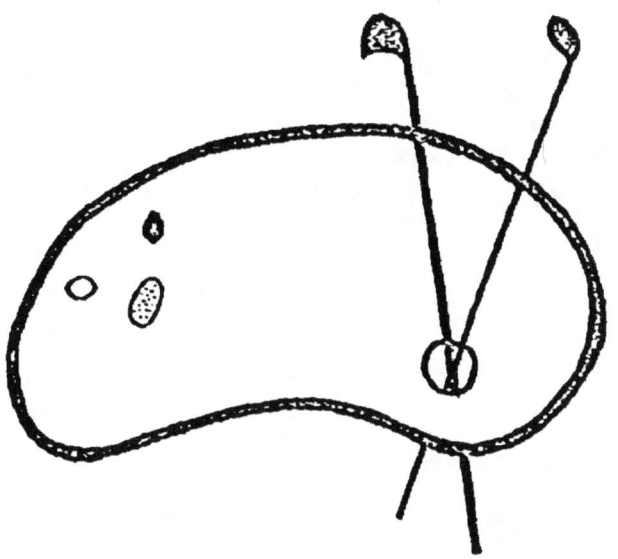

FIN D'UNE SERIE DE DOCUMENTS
EN COULEUR

O3
i
395

HISTOIRE GÉNÉRALE

DE

LA TUNISIE

> Nescire quid antea quam natus sis
> acciderit, id est semper esse puerum
> (CICERO, *de Oratore*).

IL A ÉTÉ TIRÉ DE CET OUVRAGE

Cinquante exemplaires sur papier de Hollande

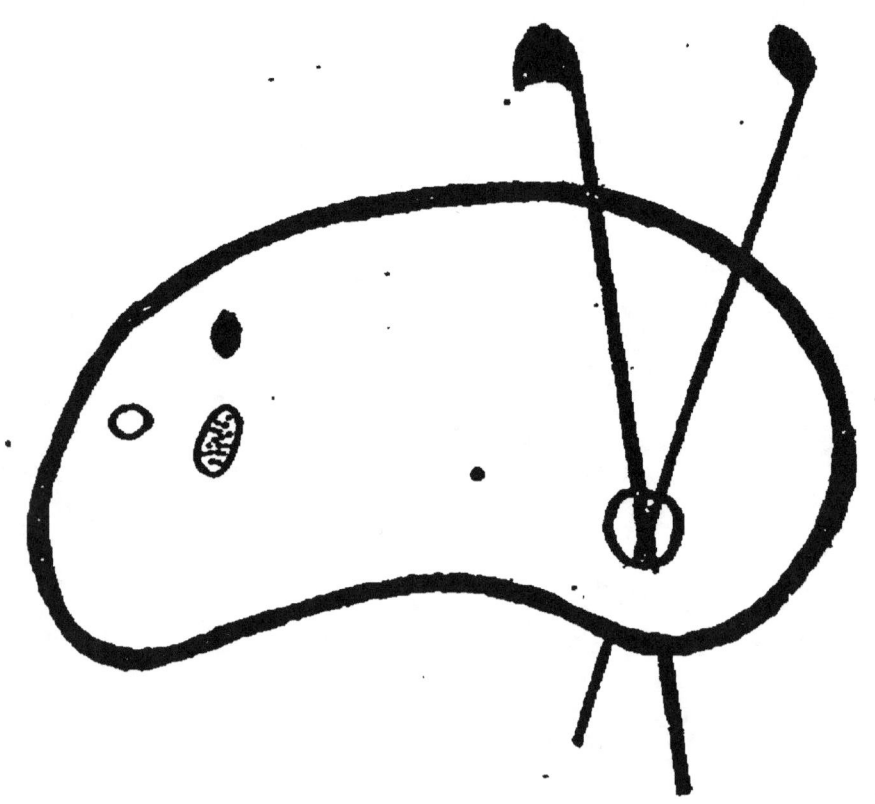

ORIGINAL EN COULEUR
NF Z 43-120-8

HISTOIRE GÉNÉRALE

DE

LA TUNISIE

DEPUIS L'AN 1590 AVANT JÉSUS-CHRIST JUSQU'EN 1883

PAR

ABEL CLARIN DE LA RIVE

MEMBRE TITULAIRE CORRESPONDANT DE LA SOCIÉTÉ DES ÉTUDES
HISTORIQUES DE FRANCE
(Ancien Institut historique)

AVEC UNE INTRODUCTION
Par M. P. MIGNARD

Membre de plusieurs académies
Correspondant du ministère de l'Instruction publique pour les travaux historiques, etc.

TUNIS

LIBRAIRIE E. DEMOFLYS

DIJON	PARIS
LIBRAIRIE LAMARCHE	LIBRAIRIE CHALLEMEL AÎNÉ
PLACE SAINT-ÉTIENNE	5, RUE JACOB, 5

Tous droits réservés
1883

ERRATA

Nous prions nos lecteurs de vouloir bien corriger, sur leurs exemplaires, les fautes qui se sont glissées dans l'impression :

Pages

- 10   ligne 24, au lieu de *schoplet in*, lire *schopletins*, rois, suffètes.
- 22   l. 23 et 24, *et se trouve répété à tort*.
- 102   l. 25, au lieu de *gnerre*, lire *guerre*.
- 107   l. 9, au lieu de *se*, lire *si*.
- 153   l. 17, au lieu de *plongées*, lire *plongés*.
- 171   l. 18, au lieu de *Ommiades*, lire *Omniades*; lire de même à la ligne 20.
- 181   l. 21, au lieu de *Hassan*, lire *Hassen*.
- 194   l. 6, au lieu de *Les Siciliens Roger II*, lire *Les Siciliens et Roger II*.
- 208   l. 6, au lieu de *Gêne*, lire *Gênes*; l. 11, au lieu de 125, lire 1250.
- 211   l. 11, au lieu de *frère*, lire *frères*.
- 228   l. 2, au lieu de *Ettidjani*, lire *El-Tidjani*.
- 240   l. 19, au lieu de *Robert d'Aragon*, lire *Robert d'Anjou*.
- 249   l. 23, au lieu de *au nom la reine*, lire *au nom de la reine*.
- 264   l. 10, au lieu de 1438, lire 1456.
- 281   l. 11, 12 et 14, au lieu de *Houmada*, lire *Hamouda*.
- 299   l. 25, au lieu de *Pisara*, lire *Pissara*.

ERRATA

Pages

330   l. 2, lire : *prend la Kasbah de Bône.*

339   l. 5; 350, l. 27. et 359, l. 15, au lieu de *Ruffio*, lire *Raffo*.

354   l. 5, au lieu de *tout ce que pourais*, lire *tout ce que je pourais*.

359   l. 28, au lieu de sœur de *Saint-Vincent-de-Paul*, lire *sœur de Saint-Joseph-de-l'Apparition*. Cet ordre a été fondé à Toulouse par Mme de Vialard, il est répandu dans tout l'Orient. Ces sœurs arrivèrent à Tunis en 1841.

366   l. 4, au lieu de *Jancina*, lire *Janina*.

368   l. 3, au lieu de *circonscription*, lire *conscription*.

372   l. 2, lire de 1,000,000 d'habitants. Il n'y a jamais eu de Suisses dans la Régence.

376   l. 28, au lieu de *Zarrone*, lire *Zarroue*.

377   l. 11, au lieu de *Hutter*, lire *Sutter*.

391   l. 18, lire : La superficie de la Tunisie est de 135 à 140,000 mètres carrés. Elle a 1,000,000 d'habitants : 2,000 Turcs au plus ; 25,000 Chrétiens et 80,000 Juifs.

»   l. 29, au lieu de *a France*, lire *la France*.

395   l. 3, au lieu de 130,000, lire 120,000.

»   l. 10, au lieu de *El-Giurme*, lire *El-Djem*.

402   l. 17, au lieu de *exclusivement*, lire *complétement*.

A SON ALTESSE ROYALE

SIDI ALI-BEY

POSSESSEUR DU ROYAUME DE TUNIS

―――∼∼∼―――

En réunissant, avec la plus minutieuse attention, les matériaux qui m'ont été nécessaires pour écrire l'Histoire générale de la Tunisie (depuis l'an 1590 avant Jésus-Christ jusqu'à nos jours), dont je prends la respectueuse liberté d'offrir la dédicace à Votre Altesse Royale, en compulsant et en interrogeant les textes ou les auteurs que j'ai eu la bonne fortune de rencontrer dans le vaste champ de mes investigations, je me suis constamment efforcé de garder la plus stricte impartialité.

Laissant au public toute facilité d'appréciation, j'ai simplement exhumé de la poussière des chartes et des bibliothèques les faits concernant les principaux événements se rattachant au pays dont les destinées sont, depuis près de deux siècles, confiées à la famille de Votre Altesse Royale.

Malgré la meilleure volonté, il m'a été certainement impossible d'embrasser une période aussi considérable (3500 ans environ), sans commettre des omissions regrettables, mais d'autant plus excusables que l'absence d'archives en Tunisie m'a mis dans l'obligation de recourir à mille sources et de parcourir nombre de volumes pour en tirer ce qui devait intéresser uniquement les états de Votre Altesse Royale.

Afin d'éviter des susceptibilités que j'aurais peut-être pu réveiller bien involontairement, j'ai cru prudent de m'arrêter à la fin de l'année 1869 et, à partir de cette époque, jusqu'en 1883, de ne relater que pour mémoire les principaux faits qui se sont produits.

Votre Altesse Royale comprendra les motifs politiques de ces réserves et daignera, j'en ai la ferme conviction, approuver la prudence qui m'a inspiré.

Mon but sera complètement atteint et mon ardent patriotisme satisfait, si, à l'ombre du

drapeau français, mon nom se trouve désormais attaché à une œuvre véritablement utile au Souverain, aux peuples de la Tunisie et à l'Histoire en général : c'est dans cet espoir que j'ai l'honneur d'être de
  Votre Altesse Royale,
    le très humble et très obéissant serviteur,

ABEL CLARIN DE LA RIVE

Membre titulaire correspondant de la Société des Etudes Historiques de France (Ancien Institut Historique).

Dijon, le 10 avril 1883.

INTRODUCTION

C'est assez la coutume que l'auteur d'un livre présente lui-même, dans un avant-propos, une sorte d'analyse de son ouvrage ; mais, par bonne tenue, il ne s'y donnerait ni éloge ni blâme : c'est donc de bon aloi de laisser à autrui le soin de rendre un compte impartial de l'œuvre produite. Telle a été l'intention de notre auteur, et ce trait d'un esprit sensé nous invite à le définir lui-même au lecteur.

M. Abel Clarin de la Rive est un écrivain plein d'essor et qui a déjà beaucoup produit avant de s'acheminer vers l'âge mûr. Dans son premier ouvrage, la vie de Gontran, roi Bourguignon (1), il a voulu suivre les traces de Walter Scott en mêlant le roman à l'histoire. Il bravait par là un périlleux essai dans un milieu où les chartistes règnent

(1) *Histoire épisodique de Bourgogne.*

sans partage; mais s'il leur a porté quelque ombrage, c'est peut-être une bonne note pour lui.

Après ce grave travail, il s'est pris de verve pour le roman pur, qui s'approprie peut-être plus à son esprit que l'histoire. Dans ce domaine nouveau il s'est montré plein d'invention et là il semble prendre pour émule Paul Féval éblouissant d'épisodes et de scènes imprévues.

M. Clarin venait de produire son roman intitulé une *Date fatale*, et avait en portefeuille d'autres riches canevas du même genre; mais voici qu'il retourne à l'histoire avec une avalanche de dates qui submergerait toutes celles que pourraient amonceler nos chartistes bourguignons les plus épanouis, ce qui n'est pas peu dire; mais en cela M. Clarin s'est autorisé d'un précédent, c'est celui du président Hénault qui a parcouru toute l'histoire de France par éphémérides. Cette méthode, appliquée à une histoire générale comme celle de la Tunisie dont le sol a ses époques préhistoriques, ses âges héroïques et toutes sortes de phases, de révolutions et de conquêtes de peuplades diverses, cette méthode, disons-nous, a sa raison d'être; mais un plan régulier, quand les événements découlent les uns des autres, appartenait mieux à la monarchie française que des récits scindés par dates et année par année, comme les a conçus le président Hénault.

Tunes dans l'origine, *Tunesium* après la conquête romaine, *Tunis* enfin aux époques modernes, a en effet des périodes historiques très compliquées, et qui ne se démêlent bien que par la précision des dates. Cette ville, au temps de la prospérité de Carthage, n'était qu'une bourgade sous la dépendance de cette illustre cité. Le pays de Tunis répond au territoire de Carthage dont il n'était pas distant de plus de 120 stades. Leur histoire ne peut se séparer; mais l'importance de Tunis date surtout de la destruction de Carthage par les Arabes.

Notre auteur n'est point dupe de la poésie antique, qui change le nom de l'épouse de Sichée en Didon au lieu d'*Elissa;* et, à la place des minces lanières découpées dans une peau de bœuf pour circonscrire les prétendues limites du terrain cédé à cette reine fondatrice de Carthage, il suppose avec raison que cette ville ou sa forteresse dut recevoir des Grecs le nom de *Byrsa* (βύρσα en grec signifie peau apprêtée), à cause de l'important commerce de pelleterie qui se faisait chez les Carthaginois. A chacun son rôle : il appartient à juste titre à l'histoire d'éborgner la poésie dont la vue est trop fantastique pour le règne de la vérité pure (page 5).

Les événements rangés par dates n'entravent pas chez notre auteur l'esprit de critique, qui est l'âme de l'histoire. C'est ainsi qu'après avoir décrit les conquêtes des Carthaginois en Égypte, en Sicile, en Espagne, et après avoir donné ces témoignages de leur puissance maritime et de leurs richesses, il découvre une cause de politique délétère dans leur usage de composer leurs armées de troupes mercenaires qui, n'ayant pas l'esprit de patrie, ne purent longtemps résister aux Romains, dont les armées étaient composées de citoyens mus par un puissant esprit de nationalité et soumis à une rigoureuse discipline. Néanmoins les armées de Carthage, particulièrement recrutées dans une valeureuse milice espagnole, chez d'habiles frondeurs des îles Baléares, et chez les intrépides cavaliers Numides, se couvrirent de gloire pendant toute la durée de la deuxième guerre punique. Les dates glorieuses de ce célèbre conflit sont consignées par M. Clarin dans un style animé où il abrège avec art, au profit de la jeunesse tunisienne, les belles pages de Tite-Live et de son ingénieux copiste, le bon Rollin, que la jeunesse studieuse devrait toujours tenir en honneur.

Le pays de Tunis appartint tour à tour aux Carthaginois, à la République romaine, au royaume des Vandales, à l'Empire grec sous Justinien et ses successeurs; il subit la domination des Kalifes et celle d'une multitude de chefs arabes sans cohésion de succession entre eux, mais s'imposant soit par la conquête, soit par d'incessantes révolutions.

Dans la série d'époques historiques, M. Clarin appelle l'attention du lecteur sur la mémorable date de 312, qui est celle où le pays de Carthage, relevé de ses ruines par Constantin, redevient *plus florissant que jamais*.

Alors l'architecture byzantine se développe en Tunisie ; la civilisation chrétienne y pénètre par les clercs, et déjà en 348, Carthage a son concile d'évêques présidé par le prélat *Gratus;* mais là où le christianisme s'installe les sectes s'attachent à ses flancs : ce fut ainsi que le manichéisme vint séduire vers 374 à Carthage, saint Augustin alors âgé de 20 ans.

Pour que le manichéisme s'emparât d'un esprit d'une aussi rare intelligence que celle du fils de Monique qui l'avait bercé dans la foi chrétienne, il fallait que cette secte fût bien captieuse soit dans sa doctrine, soit dans ses dehors. Saint Augustin lui-même, a dit Beautobre, témoigne que ce qui l'avait séduit dans sa jeunesse, c'était l'espérance de savoir toute chose par démonstration et d'arriver à Dieu par les seules lumières de la raison sans avoir besoin de la foi. Tel était, en effet, le fond du syncrétisme manichéen ; mais il était accompagné de pratiques mystérieuses trop profanes pour ne pas provoquer à certain jour les vives répugnances de saint Augustin. Il est à croire que ces scènes occultes n'avaient que des initiés sûrs et résolus, et que saint Augustin ne les a bien connues qu'après les neuf années qui l'enchaînèrent à la secte. Il vint à résipiscence avec la même ardeur qu'il avait mise à s'attacher au manichéisme, car on lui doit la révélation d'horribles profanations qu'on ne peut divulguer qu'en latin par suite de cette formule ingénieuse du poète :

« Le latin dans les mots brave l'honnêteté. »

La secte manichéenne et la franc-maçonnerie, sa sœur puînée bien plus chaste qu'elle et dont beaucoup d'honnêtes gens suivent la doctrine, ont une première entrée du temple parée de philanthropie, comme l'atteste cette maxime de Manès, pour encourager la bienfaisance : « *Si quelqu'un est riche dans ce monde et ne répand pas les bienfaits, son âme passera dans le corps d'un pauvre et ira errante en demandant l'aumône de tous côtés.* »

Ce miel extérieur captivait la jeunesse candide de saint Augustin, et puis la secte célébrait aussi la bonté, la sainteté et l'excellence de Dieu au-dessus de la matière.

Saint Augustin rencontra au péristyle de l'édifice chrétien un philosophe digne d'y pénétrer, et ce fut Platon lui-même qui guérit la blessure profonde qu'avait faite Manès.

L'ancien manichéen devint évêque d'Hippone « *et combattit les hérésies avec une éloquence sublime et si admirable que s'il surpassa de beaucoup les autres docteurs de l'église dans ses ouvrages, il semble s'être surpassé lui-même.* » Ces lignes sont empruntées à la page 144 du livre de M. Clarin.

Il est intéressant de suivre l'histoire de cette régénérescence nouvelle du pays de Carthage.

Un concile tenu à Hippone en 395 proclama évêque saint Augustin malgré lui-même, tant il était enfin revenu de ses longues erreurs. La civilisation chrétienne faisait d'éclatants progrès dans cette illustre contrée : quinze conciles successifs s'étaient tenus à Carthage de l'année 397 à 425. Enfin Carthage était redevenu une cité florissante, et le séjour en était recherché des riches romains désertant leurs palais envahis et ravagés en 410 par Alaric, roi des Wisigoths. Ces Romains habitués au luxe retrouvaient ou faisaient naître dans le lieu d'exil de leur choix, la vie commode et les plaisirs dont ils s'étaient d'abord saturés dans Rome déchue.

Carthage brillait alors d'une vraie splendeur : les écoles y étaient en renom, la philosophie, les arts et les lettres s'y épanouissaient, et dans cette nouvelle période de son existence, cette illustre cité donnait le jour à Térence, à Cyprien, à Fulgence, au pape Gélase et au célèbre Augustin.

Elle était dans cette brillante phase de son histoire lorsque les Vandales, conduits en Afrique par Giséric ou Ginséric en 429, la saccagèrent. On sait par l'historien Procope que les belliqueux descendants d'Odin perdirent leur vigueur à Carthage, comme les soldats d'Annibal s'étaient amollis dans les délices de Capoue. Bélisaire, général de l'empereur Justinien, purgea l'Afrique de la domination des Vandales qui pesait sur elle depuis 105 ans, et, par lui, Carthage redevint métropole romaine.

En 622, une grande révolution s'opéra en Afrique. Cette révolution de culte, de mœurs et de doctrine date de *l'hégire* ou fuite de Mahomet de la Mecque, sa ville natale en Arabie, d'où il se réfugiait à Yatreb, ou Médine, pour se soustraire à la persécution que lui attirait cette même doctrine.

Le mahométisme s'étendit de Médine dans toute l'Afrique à partir de 632, époque de la mort du prophète dont le tombeau fut dès lors en vénération à Médine. Mahomet eut immédiatement des représentants qui s'arrogèrent le pouvoir sous la dénomination de *Kalifes*, ce qui, en langue arabe, signifie *vicaires* ou *successeurs*. Sous ce nom, ils furent de vrais pontifes et rois.

Le premier qui prit ce titre fut Abou-Bekr, dont Mahomet avait été le gendre. Il publia le *Coran* qui fit tant d'adeptes au mahométisme, dont il établit la doctrine.

Le second Kalife fut Omar, à qui M. Clarin impute l'incendie de la bibliothèque d'Alexandrie; mais ce point historique est fort contesté : on admet plutôt que cet événement fut un des sinistres résultats de la guerre, lorsque Amrou-ben-Elass, redoutable chef de clan sous le kalifat d'Omar, conquérait pour son maître, l'Égypte, la Nubie et une partie de la Libye.

La domination des Kalifes rencontra d'abord une vive résistance, principalement de la part des *Berbères*. Cette fraction encore importante du peuple africain en était la plus ancienne souche et la plus indépendante; car elle avait résisté à la domination des Césars, à celle des pontifes romains, et elle s'était montrée rebelle à l'autocratie des Kalifes.

Les Berbères étaient aux Africains ce que

les Celtes et les Basques étaient aux populations européennes primitives; et si l'on qualifie de *barbaresques* certaines contrées de la régence, c'est par suite d'un abus de langage violentant l'idée véritable qu'il faut s'en former : c'est donc le mot *Berbèresques* qu'il convient d'admettre, les Berbères en effet ayant été les véritables peuples autochtones de la partie de l'Afrique qui nous occupe; mais un chef arabe, lieutenant du Kalife Abd-El-Malek, les refoula au sud de l'Atlas, vers Zor. Un autre de ses lieutenants, Hassan-Aben-Naanam, fit irruption dans le pays qu'on nomme aujourd'hui la Tunisie et saccagea Carthage 830 ans après que Rome, sa puissante et victorieuse rivale, lui avait donné une deuxième ère de splendeur.

De la page 168 à la page 203 de son livre, l'historien que nous analysons passe en revue les Kalifes et Émirs qui furent le plus en relief en Afrique et ailleurs, par exemple :

Les *Omniades*, ainsi appelés du nom du premier chef de cette dynastie, qui eut plusieurs ramifications en diverses contrées de l'Orient.

Les *Abbassides*, du nom d'Abbas qui régna le premier à Damas. Le siège principal de cette dynastie fut Bagdad : 37 Kalifes en sont issus.

Les *Aglabites*, du nom de Ben-Aglab qui gouverna Tunis.

Les *Fatimites*, dont le chef prétendait descendre de Fatime, fille de Mahomet et épouse d'Ali. Il conquit Kairouan, ville nouvellement fondée et en vénération dans l'islamisme.

Enfin les *Hafsides*, du nom du fils du cheik Abou-Hafs. Un des membres de cette dynastie, Abou-Zakaria, fit une entrée solennelle à Tunis, où il prit le titre royal d'Émir.

Nous ne citons ici que quelques principales dynasties du Kalifat ; on les verra amplement détaillées dans le livre de M. Clarin et accompagnées de leurs luttes, compétitions, conquêtes et révolutions.

Au moment de la prise de possession de Tunis par l'émir Abou-Zakaria, nous sommes à l'année 1228 et, dès lors, dit M. Clarin :

« *Tunis devient le centre de l'islamisme occidental. L'influence de ses souverains et de ses docteurs l'emporte même sur ceux du Caire. La dynastie des Hafsides dura 300 ans jusqu'à son renversement par les Turcs, au*

XVIe siècle. *Abou-Zakaria embellit Tunis, y appela les savants de l'Andalousie, y éleva de nouveaux palais, des bains, des caravansérails nombreux et y rassembla une bibliothèque longtemps célèbre.* »

Le commerce prit de grands développements entre Tunis, Gênes et Marseille; des traités furent conclus avec Pise, Venise et la Sicile ; une douane active et protectrice des rapports entre chaque nationalité s'installa dans la Tunisie. Il ne fut pas jusqu'à la Suède qui ne briguât un traité de commerce avec Tunis, ville alors réputée comme un centre considérable de négoce maritime.

Le lecteur trouvera page 201 la traduction d'une lettre d'affranchissement.

A la page 204, M. Clarin place d'intéressants et savants détails sur l'organisation de la *douane* de Tunis, détails qui donnent une idée exacte de l'importance du commerce de Berbérie.

Telle était la prospérité de Tunis vers 1270 lorsque saint Louis, l'illustre et héroïque victime de l'entreprise malheureuse des Croisades, vint mourir de la peste sur la plage qui regarde Utique où Caton périt de ses propres mains. Le roi Louis, après avoir donné à son fils Philippe des conseils pleins de sagesse, s'éteignit en proférant ces saintes paroles : « Seigneur, j'entrerai dans votre maison et je vous adorerai dans votre temple. »

Cet événement a suggéré à l'auteur de ce livre les réflexions suivantes qui méritent d'être citées ici :

« *Chacun pouvait faire la comparaison de la mort du philosophe stoïcien et du philosophe chrétien. Plus heureux que Caton, saint Louis ne fut point obligé de méditer un traité sur l'immortalité de l'âme pour se convaincre de l'existence d'une vie future; il en trouvait la preuve invincible dans sa religion, ses vertus et ses malheurs.* »

Deux mois environ après la mort du roi, les succès des Croisés aboutirent à un traité de paix entre le roi de Tunis et le nouveau roi de France, Philippe-le-Hardi. Le roi de Tunis s'engagea à tolérer la religion chrétienne dans ses États. Les Arabes sont aussi fidèles aux traités qu'aux lois de l'hospitalité : ainsi, il y eut à Tunis une milice chrétienne dont l'effectif s'élevait à deux mille hommes environ; un quartier de la ville leur était particulièrement affecté, et ils étaient surtout employés à la garde du roi. (Pages 235 et suiv.)

Il résulte encore du témoignage d'un voyageur arabe en Tunisie, El-Tidjani, que les églises construites par les chrétiens ne furent point démolies par les conquérants arabes, qui se contentèrent d'élever des mosquées en face de chacune d'elles.

Enfin, ce qui se passa de plus extraordinaire au point de vue religieux, c'est que, en 1622, le jeune prince Ajoja, fils du roi de Tunis, voulut embrasser le christianisme et alla recevoir le baptême à Palerme (pag. 289).

Tunis, rivalisant avec Alexandrie, était le centre du commerce de *Berbérie*. Cette première ville correspondait par ses caravanes avec le Darfour et le Sahara. Les principaux marchés de l'Europe venaient se pourvoir à Tunis. Des magasins de toute nature y abondaient; on y comptait plus de sept cents boutiques d'épicerie et de denrées exotiques; mais une autre source de richesse se développait encore dans les parages maritimes de la Tunisie : c'était l'exercice organisé de la piraterie. Quelque respect qu'inspire à l'historien une nationalité qui a son prestige, il ne peut approuver une coutume qui n'était pas conforme aux lois communes d'honnêteté internationale.

La France s'en est alarmée plus d'une fois et, déjà vers 1390, Charles VI avait envoyé contre Tunis une flotte commandée par le duc de Bourbon et par l'amiral Jean de Vienne.

Tunis résista et l'entreprise avorta (p. 230.)

La piraterie reprit ses allures trop glorieuses. Elle neutralisa au profit de Tunis le commerce de la Sicile, et, quoique trafiquant avec toute l'Europe, c'est avec la France et avec les républiques italiennes que Tunis entretenait les plus importantes relations commerciales.

Les entreprises audacieuses des corsaires africains enrichissaient Tunis et lui attiraient de la renommée : aussi en 1515, le corsaire Barberousse, fils d'un potier de Lesbos, s'emparait d'Alger et des côtes de l'Afrique; Barberousse II, son frère, fut proclamé roi des Algériens sous le nom de Kaïr-Eddyn. Il brigua la protection de l'empereur Turc Soliman II, qui le créa amiral de sa flotte, et l'opposa au célèbre amiral Génois, André Doria. Le même Barberousse mit Tunis sous la dépendance de Soliman. L'empereur Charles-Quint vint alors en personne disputer la possession de Tunis au fameux aventurier qu'il força de fuir, et rétablit sur son trône le roi Muley-Assez qui en avait été chassé par l'intrépide corsaire (p. 273).

Ce fut en mémoire de cet événement que Charles-Quint institua l'Ordre de chevalerie *de la croix de Bourgogne*. Kaïr-Eddyn n'avait pas abandonné la lutte ; car il remporta sur la flotte combinée des Vénitiens et des Espagnols commandée par Doria, la victoire d'Ambrocie ; puis il gagna Marseille pour joindre sa flotte victorieuse à celle de François I**er**, rival de Charles-Quint ; mais une tempête dispersa tous les vaisseaux de guerre, et le conflit prit fin par la mort du célèbre corsaire Kaïr-Eddyn.

En 1574, la Tunisie fut conquise par les Turcs, commandés par Sinam-Pacha.

Nous devons signaler tout particulièrement le curieux récit du tunisien Lassis-Pacha, exhumé heureusement par M. Clarin et intercalé à la page 286.

On trouvera à la page 321 du livre du même auteur, la nomenclature des corsaires qui ont eu le plus de renommée en Afrique, et l'on y verra aussi un tableau de leurs mœurs, usages et superstitions.

Vers 1604, saint Vincent de Paul, le célèbre apôtre de la charité en France, fut enlevé par des corsaires pendant sa traversée du golfe du Lion lorsqu'il avait pris la mer pour se rendre à Narbonne. Il fut emmené en captivité à Tunis. Il a donné lui-même une relation de cet événement.

Pendant l'attaque du bateau, raconte-t-il, il reçut un coup de flèche, *qui lui servira d'horloge toute sa vie*. Il fut promené pendant six jours, la chaîne au col, par les rues de Tunis pour être vendu comme un animal en foire. On le contraignit d'ouvrir la bouche pour attester le bon état de ses dents. Il fut forcé de trotter et de courir comme un cheval qu'on essaie ; on tâtait ses côtes et ses reins pour expérimenter par là s'il aurait la force nécessaire au transport des fardeaux. Il fut vendu à un pêcheur qui, le trouvant impropre au voyage de mer, le revendit à un médecin qui travaillait depuis cinquante ans à la recherche de la pierre philosophale et à la transmutation des métaux. La description que fait à ce sujet saint Vincent de Paul est des plus curieuses; la voici telle que M. Clarin a eu l'excellente pensée de la reproduire avec l'orthographe de l'époque :

« *Je lui ay veu*, écrit saint Vincent de Paul, en parlant de son nouveau maître, *fondre autant d'or que d'argent ensemble, le mestre en petites lamines, et puis mestre un lit de quelque poudre, puis un autre lit de lamines et puis un autre de poudre dans un creuset ou vase à fondre des orfèvres; le tenir au feu vingt-quatre heures, puis l'ouvrir et trouver l'argent estre devenu or; et plus souvent encore congeler ou tirer l'or vif en fin argent qu'il vendoyt pour donner aux pauvres. Mon occupation estoyt de tenir le feu à dix ou douze fourneaux, en quoy, Dieu mercy, j'avais plus de peine que de plaisir. Il m'aimoyt fort et se plaisoyt fort de me discourir de l'alchimie et plus de sa loy à laquelle il faisoyt tous ses efforts de m'attirer, me promettant force richesses et tout son avoir.* »

L'illustre captif, continuant son récit dans un style imagé, raconte que le Grand-Turc convoitant aussi des trésors, voulut qu'on lui amenât le vieil alchimiste qui mourut de regret en route. Le pauvre Vincent de Paul devint alors la propriété du neveu de l'alchimiste, qui le revendit tôt après à un renégat de Nice, métayer du grand seigneur.

Ce renégat avait trois femmes dont l'une, schismatique chrétienne, retira son mari de l'apostasie et protégea son prisonnier. Elle allait le voir tous les jours aux champs, l'aidant dans son travail (*fossoyait avec lui*) et lui commandait de chanter les loüanges de Dieu. Enfin, après dix mois de cette dernière période de captivité, son maître et lui s'aventurèrent dans un petit esquif qui les fit aborder à Aigues-Mortes, et enfin à Avignon.

Ce n'était plus le temps où les captifs chrétiens enduraient des supplices raffinés comme ceux dont l'auteur de ces annales tunisiennes donne l'effrayante nomenclature à la page 311 de son livre. Il y en avait un entre autres, qui rappelle celui que Carthage fit subir à Régulus. Il consistait à rouler un tonneau hérissé de clous et dans lequel on avait enfermé le patient. Le pays s'était bien civilisé, et, au lieu de faire périr les esclaves chrétiens, on tirait argent de leur trafic ou de leur rançon.

En 1689, la Régence tomba sous la domination du dey d'Alger et ne secoua ce joug qu'en 1811, par l'habileté du bey Hamouda. Alors Tunis se réhabilita et contracta des traités avec la France et l'Angleterre. Ces deux puissances imposèrent au bey Mahmoud, en 1819, l'obligation de mettre fin au système de piraterie exercé depuis si longtemps contre les vaisseaux des diverses nations. Il en résulta une sécurité de navigation qui fut des plus favorables au négoce européen.

Dès lors les mœurs s'adoucirent et s'améliorèrent sensiblement à Tunis. Les marchés aux esclaves y furent interdits avec menaces de peines sévères contre les contrevenants. Bientôt on proclama l'abolition complète de l'esclavage dans toute la Régence. L'arrivée à Tunis des premiers frères de la doctrine chrétienne et de la première sœur de Saint-Joseph-de-l'Apparition était une grande nouveauté dans une ville presque toute juive et musulmane. La jeunesse, espérait-on, y allait être régénérée. D'autre part, l'administration se régularisait ; on empruntait à la France son système d'impôts, on fondait à Tunis un *Moniteur officiel*, et des ingénieurs français étaient chargés de faire une carte de la Tunisie.

Une alliance étroite et civilisatrice avec la France portait les meilleurs fruits. Les princes d'Orléans vinrent en 1845 visiter Tunis et payer un pieux hommage au souvenir de saint Louis, en mémoire duquel une chapelle avait été érigée par leur père au lieu même où le pieux roi était mort.

Cette visite fut rendue l'année suivante par le bey Sidi Ahmed, qui, sur tout son trajet en France, reçut un royal accueil auquel il sut répondre avec courtoisie et générosité. On admira ses nobles propos qui pouvaient rappeler quelque chose de la manière distinguée d'un grand roi au XVIIe siècle.

Par exemple, Sidi Ahmed, en passant dans les rangs des Invalides, disait : « *Que ne puis-je interroger tous ces braves! Ils seraient pour moi les livres vivants de l'histoire contemporaine, et leurs paroles confirmeraient les hauts faits que je lis sur leurs mâles figures et dans leurs nobles cicatrices.* »

A l'infirmerie, il dit aux religieuses: « *Vous êtes les mères de la victoire : les soldats ne craignent pas la mort ; ils ne craignent pas davantage les blessures quand ils savent que vos mains doivent les panser et que vous leur réservez dans cette maison, les mêmes soins qu'ils trouveraient dans leurs familles.* »

En voyant manœuvrer les élèves de Saint-

Cyr, Sidi Ahmed dit à leurs chefs : « *J'avais déjà vu en France et à Paris des soldats de toutes armes, mais ce que je n'avais pas vu encore c'est un régiment d'officiers; je connaissais la gloire passée de la France, j'ai vu la gloire présente, je vois ici la gloire à venir.* »

Ces remarquables paroles étaient accompagnées d'une parfaite dignité, d'une belle prestance, d'un regard vif et intelligent ; ce qui lui attirait partout les plus vives sympathies.

Une grande fête avait lieu en 1861, à Tunis. Le roi Sidi Mohamed-Es-Saddock prêtait serment à la constitution octroyée en 1857.

L'événement le plus important de ce règne est le traité avec la République française, signé à Kassar-Saïd le 12 mai 1881. Le protectorat de la France en était l'objet, et ce protectorat est placé sous les auspices de l'éminent M. Paul Cambon, ministre résident de France à Tunis.

A l'époque où nous sommes, c'est-à-dire en 1883, le bey de Tunis est Sidi Ali-Bey, frère de Mohamed-Es-Saddock, décédé le 28 octobre 1882. Grand nombre de français suivirent son convoi funèbre, ce qui était un fait exceptionnel, remarque M. Clarin.

Le même auteur donne à la page 394 de son livre un tableau de la superficie de la Régence, de la population, du nombre et de la diversité des régnicoles, des villes principales, de leurs industries et des produits du sol. Il n'omet pas non plus quelques détails intéressants sous le rapport physique et naturel. Toutefois nous n'irons pas à cet égard sur ses brisées ; mais nous nous en tiendrons à quelques aperçus concernant certaines coutumes musulmanes dans ces contrées.

Le *Coran* a ses interprètes ou clercs parmi lesquels se recrutent les prêtres qu'on nomme les *Tolbas*. Ceux-ci s'enferment dans une sorte de mosquée, citadelle inaccessible aux profanes. Un intrépide et savant voyageur, du nom de Masqueray, fit maintes et pressantes sollicitations pour y parvenir, et réussit à son gré, chez les Mozabites.

Il raconte qu'après une pénible ascension par une série d'escaliers disposés en zig-zag et dont on ne saurait trouver les issues sans un guide, il se trouva, dans un sombre lieu, en face de douze personnages muets accroupis en cercle sur une natte. On ne l'accueillit qu'après un long silence et en lui disant qu'il était le premier européen à qui la faveur de pénétrer dans un tel asile ait été accordée. « *Vous voulez, ajouta un de ces Tolbas, connaître nos légendes, nos lois et notre religion ; mais toute notre foi est contenue dans le Coran dont nous nous efforçons chaque jour d'interpréter les versets et de pratiquer les maximes. Vous pouvez acheter ce livre et le méditer, et bientôt vous en saurez autant que nous.* »

On sait que la foi musulmane engendre le fanatisme ; mais cette excentricité a d'autant moins de prise sur les populations que les Européens civilisés y pénètrent davantage.

Sous ce rapport la régence de Tunis a été bien favorisée, à la différence du Maroc qui est le centre d'un fanatisme farouche. Il n'est pas rare, à l'époque du *Ramadan* (Carême des Musulmans), de rencontrer des maniaques qui, avec toutes sortes de contorsions, affectent le mépris des tortures qu'ils exercent publiquement sur leurs personnes.

Les uns, armés de couteaux, se font des entailles dans la poitrine ; quelques-uns se déchirent les flancs avec les ongles ; d'autres se percent les joues d'outre en outre avec des lardoires ; c'est à qui, parmi ces fanatiques, inventera les plus atroces manières de se martyriser. Cependant la foule les acclame et les admire comme les élus du prophète, et malheur à quiconque, sur leur passage, se permettrait un signe de réprobation ou même de pitié.

Dans l'antiquité païenne, la femme était dans un état d'infériorité et de sujétion en regard de l'homme ; mais le Christianisme l'avait régénérée et avait rendu ainsi tous ses droits à la dignité humaine. La politique de Mahomet a replacé la femme dans des limites encore plus étroites que celles qui étaient son partage au temps du paganisme. Elle resta désormais confinée sous le régime de la séduction et de l'amour. Tout privilège de caractère et d'influence active revenait à l'homme, et il ne fut pas difficile à la femme de se plier à une condition qui lui laissait l'empire sur l'autre sexe, malgré les dehors de l'esclavage réservés pour elle seule.

Les mêmes lois ne régissent pas tous les peuples ; chaque législateur a son génie, et, comme l'a dit un grand philosophe : « Vérité en deçà des monts, erreur au delà. » Ainsi, au point de vue de la politique mahométane, la femme arabe peut être d'une ignorance absolue; elle n'appartient qu'à son maître; elle ne sort que voilée, et la liberté du dehors lui est interdite. La dépravation considérée comme la plus criminelle et la plus punissable serait de sa part un commerce avec un chrétien.

A ce sujet, on peut citer ici un fait des plus caractéristiques :

Lorsque M. de Kératry fut envoyé en mission diplomatique à Constantinople, le sultan Abdul-Aziz, qui l'avait pris en haute estime lui accordait toutes sortes de privautés, au point de souscrire à son désir en l'invitant contre toute coutume à une soirée privée dans son palais.

Dès l'abord, le sultan lui ayant présenté plusieurs femmes de son harem et lui ayant demandé quelle était celle qui lui plaisait le plus, M. de Kératry désigna une magnifique Circassienne.

La soirée s'acheva et les femmes se retirèrent; mais quand M. de Kératry voulut prendre congé du sultan, sa hautesse le pria de venir dîner au palais le lendemain. M. de Kératry accepta avec joie, et le dîner ne perdit rien de son entrain ni de la courtoisie ordinaire du sultan à l'égard de son sympathique diplomate ; mais, au dessert, un esclave vint présenter à M. de Kératry la tête de la belle Circassienne sur un plateau d'or. Au même moment le sultan tint ce langage à M. de Kératry :

« *La femme d'un mahométan étant absolument interdite à un chrétien, je ne pouvais en conséquence te donner celle que tu avais choisie; mais ne voulant plus moi-même, par amitié pour toi, avoir aucun rapport avec elle, j'ai préféré la faire décapiter afin qu'elle n'appartienne plus à personne.* »

Les hommes ne pénètrent jamais au harem du grand seigneur : cependant des femmes de haut rang peuvent, par un grand privilège, en obtenir l'accès. Elles trouvent groupées çà et là, dans de somptueux salons, de nonchalantes beautés bien parées quoique négligemment et avec une coquetterie calculée, bien inoccupées et mollement étendues sur de moëlleux coussins où elles fument dans de longues chibouques le tabac ou l'opium près d'un élégant appareil dans le récipient duquel est entretenue une légère flamme par les soins d'une esclave négresse.

Les femmes du Harem ne paraissent attentives qu'à la toilette de leurs visiteuses et aux ornements qu'elles portent. Elles les touchent pour les mieux contempler, et tous leurs signes et leurs discours se concentrent sur ce sujet, le seul important pour elles. Une suprême coquetterie est leur essence et efface toute distinction particulière par laquelle elles pourraient briller. Néanmoins quelque notable supériorité donne parfois à l'une d'entre elles le rang de sultane favorite.

En somme, ces femmes venues de partout et choisies principalement pour leurs dehors, n'ont d'instinct que pour la volupté. Elles sont recrutées par tous pays et à prix d'argent par des émissaires qui s'attachent systématiquement à la forme plastique et à la beauté matérielle.

Les feuilles anglaises retentissaient naguère d'une tentative d'enlèvement faite par deux de ces émissaires musulmans, qui étaient parvenus à entraîner une séduisante jeune fille et allaient l'embarquer sur un navire en partence, lorsque le frère de celle-ci vint tout à coup se ruer sur eux, le révolver au poing, et leur arracha leur proie avant qu'ils eussent pu se reconnaître.

M. Clarin a joint à son manuscrit une gravure qui représente cette tentative d'enlèvement, et montre un solide jeune homme délivrant une belle fille des mains de deux ravisseurs ottomans.

Ce même manuscrit de l'*Histoire générale de la Tunisie* est rempli d'une multitude d'intéressants et précieux dessins, qui tous se rapportent aux nombreux sujets du livre de M. Clarin et les mettent en relief. Si, comme on peut le croire, il est donné une seconde édition de ce livre, l'éditeur en accroîtra de beaucoup l'intérêt en l'ornant de tout ou partie de ces dessins, dont quelques-uns sont même dus au crayon de l'auteur.

En première ligne se trouve la noble et belle figure du nouveau bey de Tunis, Sidi Ali, qui prenait possession de son royaume le 28 octobre 1882, époque de la mort du bey Mohamed-Es-Saddock.

Les sympathies du nouveau souverain pour la France lui sont plus que jamais assurées. Elles s'étaient déjà bien manifestées lorsque, notamment depuis 1881, remplissant ses hautes fonctions de bey du camp, c'est-à-dire de commandant en chef de l'armée tunisienne, il combattit entre Testour et Téboursouk, contre les insurgés.

Ces fonctions, d'après la constitution politique de la Régence, signalent d'avance le frère cadet du bey régnant, comme son successeur à la souveraineté.

Un des meilleurs témoignages de la sympathie du nouveau bey pour la France, c'est la confiance dont il honore M. Paul Cambon, ministre résident de France à Tunis et ministre des affaires étrangères de la Régence. Les sages négociations de cet habile homme d'État ont fait rentrer dans l'ordre et dans l'apaisement plusieurs tribus dissidentes, et ont assuré le protectorat de la France. La civilisation et la prospérité de la Régence doivent beaucoup au ministre français, qui lui prodigue son dévouement.

La France, déjà si bien représentée par son ministre résident, devra peut-être encore à ses excellents conseils la faveur d'une courtoise visite du nouveau bey, comme celle que Sidi Ahmed lui a faite il y a 37 ans. Il ne sera pas difficile à Sidi Ali d'imiter en pareille occurrence la noblesse de caractère et la grâce du souverain dont il occupe aujourd'hui le trône. Il donne depuis longtemps les gages les plus certains des mêmes hautes qualités, et toutes les sympathies de la France accueilleront sa royale personne avec autant d'empressement et de respectueux hommage qu'en a reçu d'elle précédemment le bey, son royal prédécesseur.

P. MIGNARD

Membre de plusieurs académies,
Correspondant du ministère de l'Instruction publique
pour les travaux historiques.

AVIS AU PUBLIC

Nous aurions voulu, dans le cours de cette histoire, pouvoir toujours joindre le millésime de l'*Hégire* à celui de l'année chrétienne, mais, les musulmans se sont malheureusement obstinés à compter par années lunaires, pour respecter le Coran :

« *Il a réglé les phases de la lune ; elles servent à partager le temps et à compter les années*....... *Le nombre des mois est de douze devant Dieu.* »

En sorte qu'ils ont cessé d'intercaler un mois tous les trois ans, comme faisaient jadis les Arabes et les Juifs pour ramener les années lunaires aux années solaires.

L'année musulmane commence à d'autres époques que les années chrétiennes et enjambe de la fin de l'une au commencement de la suivante.

Pour fixer la double date, il nous eût fallu

connaître, ce qui est impossible, non-seulement l'année, mais encore le mois et le jour où chaque événement s'est passé, afin d'établir la concordance entre les computs chrétien et musulman.

Abel Clarin de la Rive.

SOMMAIRE

Époque préhistorique 1. — Ages héroïques 2. — Fondation d'Utique, de Cambé 2 et 3.

Fondation de Tunis 3. — Carthage 4. — Religion des Carthaginois 7. — Les Carthaginois en Egypte ; leurs flottes sur la Méditerranée ; les Carthaginois en Espagne, en Afrique 10.

Gouvernement de Carthage 10. — Conquêtes en Sicile ; commerce des Carthaginois jusqu'aux îles Britanniques 12. — Mines d'Espagne 13. — Langue, monuments des Carthaginois 14. — *Pierre gravée à Tunis* ; traité avec Cyrène ; alliance avec les Etrusques ; guerre contre les Phocéens ; *premier combat naval mentionné par l'histoire* 15. — Le suffète Maléo ; sa conspiration 16.

Traité avec Rome 17. — Carthage secourt Tarente 18. — Carthage s'unit à Xerxès ; Amilcar Ier en Sicile 19. — Défaite d'Himéra 20. — Carthage étend ses conquêtes en Afrique 21.

Périple d'Hannon 24.

Autres Voyages de circumnavigation de l'Afrique 31.

Voyage d'Himilcon aux îles Cassitérides 32.

Conspiration d'Hannon 33. — Les Carthaginois en Sicile ; Annibal Ier 35. — Denis l'Ancien, tyran de Syracuse 38. — Siège de Motye ; *l'artillerie de l'antiquité entre en ligne* 40. — Défaite de Magon et d'Himilcon ; suicide de ce dernier à Carthage 44. — Révolte des Africains *qui prennent Tunis* ; nouvelles tentatives des Carthaginois en

Sicile 45. — Horloges d'eau ou télégraphie optique des Carthaginois 47. — Timoléon en Sicile 48 ; sa mort 49. — Agathocle, tyran de Syracuse 50; sa descente en Afrique ; *sacrifices humains* 53. — Conspiration de Bomilcar 56. — Succès d'Agathocle en Afrique 57 ; ses revers 58. — Amilcar Rhodanus est envoyé par les Carthaginois auprès d'Alexandre-le-Grand 58 ; cruelle ingratitude de ses con itoyens. — Les Carthaginois et Pyrrhus ; *Rome et Carthage* 59.

Carthage au temps d'Amilcar 62.

GUERRES PUNIQUES 64.

Origine de la première guerre punique ; le *Corbeau* ; batailles navales de Lipari, de Myles, 64, 65, 66. Défaite d'Amilcar à Panorme 66. Bataille navale d'Ecume ; Régulus en Afrique 67; *prise de Tunis par les Romains* ; défaite des Carthaginois en Corse et en Sardaigne ; Xantippe à Carthage 68 ; supplice de Régulus et d'Amilcar 71, 72 ; Asdrubal battu à Palerme ; échec des Romains à Lilybée ; victoire d'Adherbal devant Drépane 74 ; insuccès du consul Junius à Erix ; Amilcar, père du grand Annibal, ravage les côtes de Sicile ; les Romains désolent celles d'Afrique. Défaite des Carthaginois à Lilybée ; *paix entre Rome et Carthage* 75. Possessions carthaginoises avant cette première guerre punique 76. Guerre des Mercenaires qui *s'emparent de Tunis* 79. Prise de la Sardaigne par les Romains 81. Amilcar VI et son fils Annibal-le-Grand passent en Espagne 81. Annibal-le-Grand, suffète 83. Prise de Salamanque ; siège de Sagonte 83.

DEUXIÈME GUERRE PUNIQUE 87.

Forces d'Annibal, passage du Rhône 88 ; passage des Alpes 92. Bataille du Tésin 94. Bataille de la Trébie 96. Bataille de Trasymène 100. Bataille de Cannes 104. Maharbal et Annibal 106. Magon à Carthage 107. Annibal en Afrique 111. Bataille de Zama 113. *Ambassadeurs carthaginois à Tunis* 113. Ambassade punique à Rome 114.

Annibal et ses concitoyens 115. Ses réformes; Massinissa; commissaires romains à Carthage; fuite d'Annibal en Asie 117. Sa mort 118, 119. Massinissa et ses Numides harcèlent les Carthaginois; Caton au sénat romain 120.

Troisième guerre punique 120.

Les consuls Népos et Martius en Afrique; Scipion Emilien. Siège de Carthage 121. Prise de Néphéris; prise du *Cothon* 127. Reddition de Carthage; Asdrubal; sa femme, ses enfants et les transfuges 128. Causes de la chute de Carthage 129. Pillage, incendie et ruine de cette ville 130. Joie à Rome 131. Mort de Massinissa; Caïus Gracchus relève Carthage 133. Jugurtha; sa conduite; ses guerres; massacre des Romains à Vacca 134, 135, 136, 137 et 138. Marius à Carthage 139.

La Tunisie, province romaine 139.

Jules César achève de faire rebâtir Carthage 140.

Persécution contre les chrétiens en Afrique; les martyrs de Carthage 141. Conciles de Carthage; révolte de l'Afrique 142. Les trente tyrans; Dioclétien embellit Carthage; fondation de Tripoli; Alexandre se fait empereur à Carthage 143. Constantin embellit encore cette cité 144. *Garnison de moines-soldats en Tunisie* 144. Saint Augustin 145. Lutte de Firmus contre Théodose; révolte de Gildon, frère de Firmus, il domine pendant 12 ans à Carthage 146. Conciles de Carthage, 146 et 147 etc. Héraclius défend Carthage contre les troupes d'Attale 148. Prise de Rome par Alaric; les riches Romains viennent à Carthage 150. Conciles de Carthage, etc., 150, 151 et 152. Le comte Boniface sollicite le secours des Vandales, malgré saint Augustin 153.

Les Vandales en Afrique 153.

Giséric et ses hordes à Carthage et dans la proconsulaire 153. Attila s'allie à Giséric 156. Amollissement des Vandales 157. Les Vandales en Italie 157. Les Maures luttent contre les Vandales 159. Exportations d'Afrique

159. Mœurs des Maures 161. Chute de l'empire vandale 163.

Carthage et son territoire retombent sous la domination romaine 164. Naissance d'Abou-Bekr, le premier des kalifes arabes 164. Chosroës II à Constantine 165. *Mahomet se donne comme prophète* 166. Héraclius part de Carthage pour se faire proclamer empereur à Constantinople 166.

L'Hégire 166.

Mahomet et Chosroës II 166. Les Impériaux cherchent à se maintenir en Afrique 166.

Califes d'Orient 167.

Publication du *Coran* 167. Les Arabes en Afrique 168. *Fondation de Kairouan* 168. Les Berbères ; *leur reine Kakina* ; récit de M. Masqueray 168. — Formation du premier kalifat arabe à Kairouan 171.

Les Omniades 171.

Destruction de Carthage, par Hassan 172. Mouza-ben-Nossaïr 173 et suiv. Les Arabes en Espagne 174. Abdérame 174. Charles-Martel 175. Soulèvement du Magreb ; insurrection des Berbères 175.

Les Abbassides 176.

Les Aglabites 177.

Tunis passe sous leur domination. Les Arabes de Kairouan en Italie ; Boniface de Lucques devant Tunis ; les Arabes en Sicile ; les Normands en Afrique 177.

Fondation du royaume de Kairouan 178.

Les Fatimites 179.

El-Méhadia leur capitale ; ils s'enfuient en Egypte 180.

Les Zeirites 180.

Ils perdent les territoires de Tunis et de Carthage 182. Les Arabes Hilatiens à Kairouan, El-Méhadia et Cirtha. El-Moez à El-Méhadia 183.

SOMMAIRE

Les Hammidites 184.

Tunis est entourée de remparts 185. Yousef prend Tunis 186. Une flotte génoise et pisane s'empare d'El-Méhadia 187. Les historiens arabes Ibn-Kaldoun, El-Bekri, Ibn-Hankal, Ibn-Adhari 187 et suiv. Architecture 189. Théâtre et nécropoles d'Utique 190 et 191. Lambœsis 191. Prise de Tunis par Taschfin 192. Le Magreb passe aux Almohades ; *Milices chrétiennes à Tunis* ; les Seldjoucides 192. Benjamin de Tudèle 193. Les Siciliens s'emparent de Sfax ; lettre du roi de Tunis à l'archevêque de Pise 194.

Les Almohades 195.

Le Pisan Cocco Griffi à Tunis ; traité avec Pise 196. Le roi de Sicile et la fille du roi de Tunis 196. Convention avec la Sicile ; défaite des Almohades à El-Hamm ; réclamations de l'archevêque de Pise ; *l'ordre des Trinitaires* 197. Commerce des Pisans à Tunis ; ils pillent trois vaisseaux mahométans dans ce port 198. En-Nacer reprend Tunis 198. Bataille de Djobera ; capitulation d'El-Méhadia 199.

Les Hafsides 199.

Le Génois della Turca à Tunis 199. Traités avec Gênes et Pise ; l'*Ordre de la Merci* 200. *Lettre d'affranchissement* 201. Abou-Zakaria à Tunis 202. Il embellit Tunis 202. Traité avec Pise ; commerce des Génois et des Marseillais. Traités avec la Sicile ; avec Venise 203. *La douane de Tunis* 204. Le pape Grégoire IX écrit au roi de Tunis. 206. Traité avec Gênes. Tunis veut secourir Valence 207. Prise de Tlemcem, Segilhmesse et Ceuta ; lettres du pape Innocent IV au roi de Tunis 207. Renouvellement des traités avec Gênes, Venise et Pise ; importance de Tunis sous Boabdill. Précautions des Génois et des Vénitiens en cas de disette ; Jacques d'Aragon et ses agents à Tunis 208. Il autorise ses sujets à guerroyer contre les Sarrasins, le roi de Tunis excepté. *Les Rescatadores* ; Jacques d'Aragon et R. Arnal 209. *Tentatives de la Suède pour avoir un traité* ; Jacques d'Aragon autorise des armements contre Tunis ; traité avec Pise ; les Florentins à Tunis 210. El-Mostancer se refuse à payer le tribut à la Sicile ; Henri et Frédéric de Castille à Tunis ; Conrad d'Antioche à Tunis ; expédition tunisienne contre Charles d'Anjou 211. Mort de Conradin Hohenstaufen 212.

Les Merénides 212.

Saint Louis à Carthage 212; sa mort 215; récit du sire de Joinville 217. Traité avec les Croisés 218. Renouvellement du traité avec Aragon 219. Intervention de Pierre d'Aragon dans les affaires de Tunis 219. Traité avec Majorque; Révolution à Tunis 220. Pierre d'Aragon en Afrique, en Sicile 221. Abou-Zakaria prend Alger, Bougie et Constantine 221. Son fils réunit ses Etats à ceux de Tunis 222. Roger Doria à Djerba; Pierre d'Aragon et ses agents à Tunis 222: Le tribut dû à la Sicile passe à l'Aragon ; réclamations de l'ambassadeur de Gênes ; acte général du roi de Tunis ; l'*Afrikia* chez les historiens arabes 223 : récit de Mohammed-El-Abdéry 225 ; *Tunis* 227 ; mosquée de l'Olivier 229 ; aqueduc de Carthage 229 ; *Kairouan* 232. L'île Djerba aux Siciliens 233. Lettre de M. Hussenet à l'Académie des Inscriptions et Belles-Lettres de France 234. M. Le Hello 235. *Bulles aux milices chrétiennes* 235 et 236. Jacques d'Aragon emprunte de l'argent au roi de Tunis ; *nomination de l'alcade des milices chrétiennes* 237. Sauf-conduit donné à des Tunisiens se rendant dans l'Aragon ; ambassade du Vénitien Marc Caroso ; renouvellement du traité antérieur ; Pierre de Fossé à Tunis 238. Voyage d'El-Tidjani en Tunisie ; *ses remarques sur le christianisme* ; Jacques d'Aragon voulant s'emparer de la Corse et de la Sardaigne demande de l'argent au roi de Tunis ; franchises accordées à Suarez, de Valence ; Jacques d'Aragon autorise son consul à Tunis à nommer un *notaire* de son consulat, pour recevoir les testaments, etc., 239. Le tribut à l'Aragon passe à Naples;

expédition du roi de Tunis contre Djerba ; arbitrage prononcé par Jacques d'Aragon en faveur de Robert d'Anjou; prolongation du traité de 1302 avec l'Aragon 210. Muntaner attaque Djerba ; *Pharmacie envoyée de Gênes*; captifs rachetés ; traité avec Majorque ; la piraterie se développe en Afrique 211. Guillaume Oulomar, ambassadeur d'Aragon ; traité avec Pise ; traité avec l'Aragon 212. Lettre du roi d'Aragon ; le capitaine Ricard ; Guillaume Oulomar et Vidal de Villeneuve se rendent à Rome pour entretenir le pape des affaires de Tunis ; nouveau tribut payé à la Sicile, traité passé à ce sujet 213. Traité avec Venise ; la Tunisie réunie au royaume de Bougie ; *prospérité de Tunis* ; principales échelles de la Tunisie ; commerce sur le littoral ; traité avec l'Aragon 214. Défense faite par le sénat vénitien de commercer avec Tunis et Tripoli ; arrangement 215 et 216. Les Siciliens perdent Djerba ; *Tunis est le centre du commerce de Berberie* 216. Convulsions à la mort d'Abou-Bekr ; les Marocains battus à Kairouan ; les Siciliens, les Sardes, les Vénitiens, les Pisans, les Florentins font un commerce très actif avec Tunis 217. Traité avec Pise ; prise de Tripoli par Philippe Doria ; prise de Tunis par Aboul-Abbas II ; Aboul-Abbas s'empare de Souse, d'El-Méhadia, des villes du Djérid et des îles du golfe de Gabès ; Pierre IV d'Aragon prépare une expédition contre Tunis 218. Le Pisan Rainier de Guerlandi envoyé en mission à Tunis ; Croisières génoises pour surveiller le Magreb ; traité avec Gênes ; l'amiral Adorno occupe les îles du golfe de Gabès ; Mainfroid de Clermont est nommé suzerain de ces îles 249. Charles VI, roi de France, envoie une expédition contre Tunis ; les Génois devant El-Méhadia ; récit de Froissart ; échec des Français ; leur chef, le duc de Bourbon, est mis en accusation 251 et 252. Guerre avec Pise ; renouvellement du traité avec Gênes ; Mainfroid de Clermont abandonne Djerba; les Arabes à Syracuse ; mission infructueuse de Vito de Mal : Jacques Valaresso, ambassadeur vénitien à Tunis, son récit 253. Le Pisan Nicolas Lanfiducci à Tunis ; les Siciliens à Djerba ; le roi de Tunis assiège Tripoli qui rentre avec Djerba sous sa domination 255. Importations et exportations ; Muley-Bouferi prend le titre de roi de Tunis et de *souverain de Berbérie* ; il réprime la piraterie ; don Pedro Niño à Tunis 256. Paix avec la Sicile ; la piraterie se développe sur les côtes du Magreb ; derniers traités avec Gênes ; traité avec Florence 257. Situation commerciale de Venise en 1423, 258. Don Pedro débarque à Kerkeni ; rachat des captifs génois ; conséquences de la capture d'Aben Sicheri 259. Bertuccio Falieri vient à Tunis faire dresser une expédition du traité de Valaresso ; le roi de Grenade se réfugie à Tunis ; on lui donne des troupes pour lui aider à reprendre son trône ; Alphonse d'Aragon à Djerba ; Lettre du doge de Venise 260. Intervention d'un religieux sicilien dans les relations qui existèrent entre Tunis et l'Aragon ; nouveau traité entre Tunis et Venise. *Elévation des tarifs de la douane de Tunis pour les nations chrétiennes* ; renouvellement des traités avec l'Aragon. Service des *Galères de Barbarie* organisé par la République de Venise pour visiter toutes les échelles d'Afrique 261. Renouvellement des traités 261. Traités avec Gênes ; itinéraire des *Galères de Barbarie* envoyées annuellement par Venise dans ces parages ; Tunis, disent les instructions, était le point le plus essentiel du voyage. Les Etats de Sicile, n'ayant plus de vaisseaux, abandonnent le commerce extérieur aux marines étrangères ; itinéraire des galères de Florence 264. Traité de paix entre Tunis et Rhodes 265. Lettre de la commune de Barcelone au roi de Tunis. Décadence du commerce des Génois ; prolongation du traité entre Tunis et Gênes ; le *Fort génois* ; traité avec Venise ; derniers diplômes ; ambassade infructueuse des Siciliens à Tunis ; les Portugais en Afrique 267. Délivrance de captifs siciliens. Trêve entre Tunis, la Sicile, Malte, etc. ; lettre de Louis XI, roi de France, au roi de Tunis ; la banque de Saint-Georges ;

les Maures d'Espagne en Afrique ; importance de Montpellier 268 ; commerce de Marseille, du Roussillonnais, du Bayonnais ; importance de Tunis ; le *Favori de la veille* 269. Droits établis à Gênes sur le commerce avec les pays soumis aux Arabes ; les Espagnols à Mers-el-Kebbir ; le *Pénon d'Alger* et le cardinal Ximénès ; lettre de Florence au roi de Tunis ; le sénat de Gênes exempte les marchandises de Tunis de l'impôt établi ; Horue et Barberousse Ier à Alger ; leur alliance avec les Turcs 271. Barberousse Ier prend le royaume de Tlemcem ; Barberousse II, roi d'Alger, pacha, etc. ; privilèges dont jouissent les Français ; pêche du corail ; puissance de Kaïr-Eddyn ; Soliman le nomme amiral de toutes ses flottes 272 ; l'office de Saint-Georges à Gênes 273.

Prise de Tunis par Barberousse II 273.

Destruction d'One par ordre de Charles-Quint 273.

Charles-Quint à Tunis 273.

Traité entre Charles-Quint et Muley-Assez ; l'ordre de la *Croix de Bourgogne* 275. Cruautés de Muley-Assez ; traité entre Tunis, la France et Alger ; Bône est reprise par le roi de Tunis aux Algériens. Soliman et François Ier contre Charles-Quint 276 ; Kaïr-Eddyn punit Venise de sa neutralité ; sa victoire à Ambrocie. Kaïr-Eddyn à Marseille. Expédition malheureuse de Charles-Quint à Alger ; mort de Barberousse 278. Sa biographie ; Dragut ; les chrétiens pillent Monastir et El-Méhadia ; population chrétienne à Tunis ; Léon l'Africain 278. Lofredo, chef napolitain et Muley-Assez ; cruautés de ce prince ; la pyramide de Djerba ; Dragut à Djerba 279. Elie de Pesaro ; les galéasses ; capitulations des rois des France transformant le consul de France à Alger, en protecteur de tous les chrétiens ; renversement des Hafsides ; don Juan d'Autriche prend Tunis ; Occhialy s'en empare à son tour 281.

Les Turcs à Tunis 281.

Sinam-Pacha ; forme de gouvernement due à Abou-

Farez 282. Fondation d'Aïn-Madhi 283. Aïn-Madhi et Abd-El-Kader 284. Le divan; Kili-Ali-Pacha 285.

Récit de Lassis-Pacha 286.

Histoire de Tabarcareïs, dey de Tunis 302. Saint Vincent de Paul prisonnier à Tunis 303.

M. de Brèves ambassadeur du roi de France Henri IV, à Tunis 307.

Traité entre Tunis et la France 309. Le sieur de Beaulieu et les corsaires de Barbarie ; le duc de Savoie à Souse; supplice, à Tunis, du Marseillais Jean Fontet 310 ; supplices endurés par les chrétiens 311.

Le « bastion de France » près de la Calle ; aqueduc et testament de Yousouf-Dey ; son tombeau ; flotte tunisienne; Esclaves chrétiens à Tunis 313. Les Pères Audruger et des Hayes ; les Trinitaires : le frère Louis Guérin; le frère Jean le Vacher ; la peste ; fondation, par saint Vincent de Paul, d'un hôpital à Alger 314. Les corsaires ; portes de Tunis 315. Mort de Dragut: les Janissaires s'arrogent le droit de choisir un chef; bombardement de Souse; dynastie indépendante fondée par Mahmoud; le maréchal d'Estrées à Tunis 316. Le *Consulaire*; supplice du frère Jean le Vacher ; Porcon de la Babinais; rivalités entre Méhémet-Ali et Ramadan à la mort de Mourad II 317 ; Cara-Osman ; mort d'Achmed Cheliby ; Méhémet triomphe ; siège de Tunis par les Algériens 318.

La Tunisie est réunie a l'Algérie 319.

Plantations de vignes par les Maures, chassés d'Espagne; mort de Ben-Ali-Turki, *tige des Hosseïnites* ; violences de Ben-Chouques et de Tatar; rappel de Ramadan ; le violoniste italien Mézaoul ; histoire de Mourad 319. Supplice de Mézaoul ; Mourad insulte au cadavre de son oncle ; il se venge des marabouts ; il est poignardé par Ibrahim-El-Chériff ; assassinat du nouveau dey 320.

Quelques mots sur les Corsaires 321 : sur Tabarca et sur l'Oued Medjerdah 322.

FAMILLE RÉGNANTE DES HASSAN OU HOSSEIN, 323.

Hossein-ben-Ali et Ali-Bey 324.

Les corsaires tunisiens ; la *Gazette de France* ; *ambassade tunisienne en France* : les ambassadeurs à Chalon-sur-Saône ; l'inventaire des archives de cette ville par M. Gustave Millot : le *Mercure de France* 325 et 326. Ali-Pacha chasse Hossein-Ben-Ali de Tunis ; dévouement du capitaine français Marcilhier ; Ali-Pacha et ses fils ; lutte entre les enfants d'Hossein et Ali-Pacha ; ce dernier est mis à mort. Guerre entre la France et Tunis 327 ; traité de paix entre ces deux puissances ; Mohammed, fils d'Hossein ; Ali-Bey et ses neveux ; bombardement de Porto-Farina, Biserte et Monastir par les Français ; Hamouda-Pacha ; naissance, à Tunis, du voyageur Mohammed-Omar-El-Toumsy ; les rapports entre la France et Tunis sont troublés par l'expédition de Bonaparte en Egypte 328. Le consul français, M. Devoize ; reprise des relations entre la France et Tunis ; difficultés avec l'Espagne ; *le bey Hamouda envoie l'ambassadeur Arnaout en France* ; M. Devoize fait mettre en liberté les esclaves *italiens* ; naissance, à Tunis, du général Yousouf 329. L'esclavage pour les chrétiens est aboli par Hamouda ; guerre entre Alger et Tunis ; victoire des Tunisiens commandés par Yousef-Joheb-Taba ; *création du bey du camp* 331.

TUNIS ÉCHAPPE A LA DOMINATION ALGÉRIENNE 331.

Massacre des janissaires ; auxiliaire fourni par des artilleurs français ; naissance du bey Mohammed-Es-Saddock ; mort d'Hamouda et de son frère Othman 331. Mahmoud ; convention avec Naples ; les Espagnols se maintiennent à Alger ; naissance de S. A. R. le bey Sidi Ali ; supplices des Juifs ; grande peste ; révolte dans l'est étouffée par Soliman-Kahia ; notification et injonction de la France et de l'Angleterre faites au bey Mahmoud *d'avoir à cesser la piraterie* ; le bey se soumet ; création du port militaire de Porto-Farina ; construction du phare de la Goulette ; destruction de la flotte tunisienne par un ouragan, dans le golfe de Tunis 332. Modification du traité entre la France et Tunis ; le bey Hossein ; *nouvelle ambassade tunisienne en France*; disette à Tlemcem ; le consul de France reçoit un coup d'éventail du dey d'Alger, dont le port est bloqué sur l'ordre de Charles X; complot déjoué par M. de Lesseps ; *prise d'Alger par les Français* ; les corsaires 333. Le bey de Tunis et l'émir Abd-El-Kader ; disparition des corsaires ; traité franco-tunisien renouvelé ; *éminence* donnée à la France par le bey sur les ruines de Carthage ; la chapelle de Saint-Louis élevée en cet endroit par M. Jourdain, architecte du roi Louis-Philippe I*er* et sur les conseils de M. *Van Gaver père, notable de la colonie* ; concession à perpétuité à la France de la pêche du corail ; déclaration de guerre à la Sardaigne, suivie d'un arrangement ; le consul de France à Tunis se refuse au baise-main 334. Mustapha ; danger couru par la Tunisie ; Ahmed ; il autorise la création d'un collège européen à Tunis ; les troupes turques sont arrêtées devant Tunis par les amiraux français Lalande et Gallois ; excitations secrètes de l'Angleterre ; société parisienne pour l'exploitation des ruines de Carthage 335. Objets recueillis ; le pacha turc ; le divan. Carte de la Tunisie dressée par des ingénieurs français 336. Les nègres se réfugient au Consulat de France ; le bey Ahmed leur accorde la liberté; prospérité des industries kabyles ; *fermeture du marché aux esclaves à Tunis.* Importation des tissus en Tunisie. Les princes d'Orléans à Tunis 337.

VOYAGE DU BEY SIDI AHMED EN FRANCE 337.

Le bey à Toulon 337 ; à Aix-en-Provence 340 ; à Avignon, à Vienne, à Lyon, à Moulins 341 ; à Paris, à l'Elysée-Bourbon ; aux Tuileries, le bey est reçu par le roi de France 342. Dîner à Saint-Cloud ; M. de Lesseps 343. Le bey aux Invalides 344 ; à l'École militaire ; aux Tuileries ; au Dépôt central d'artillerie; au Théâtre Français;

SOMMAIRE LVII

à l'Hôtel de Ville ; à Versailles. Le bey et les élèves de l'École spéciale militaire de Saint-Cyr. Le bey à Versailles ; à la manufacture des Gobelins ; à la Bibliothèque nationale 349 ; au ministère de la guerre ; chez M. Guizot ; au château de Vincennes ; à l'École polytechnique ; dans les ateliers d'orfèvrerie de M. Christophe. Fête au ministère des affaires étrangères. Revue au Champ de Mars, commandée par le duc de Nemours. Le bey au Luxembourg; au Jardin d'acclimatation 352; au cimetière du Père-Lachaise ; au ministère de la marine. Audience de congé, aux Tuileries. Le bey à Fontainebleau 353 ; à Sens ; à Dijon ; à Chalon-sur-Saône 354. La *Société de musique militaire*, sous la direction de M. Vasselin, *parent de l'auteur*, donne une sérénade au bey ; M. Vasselin est présenté à Son Altesse ; départ du bey, qui fait remettre pour Vasselin une bague enrichie de brillants 355. Second séjour du bey à Lyon. Le bey à Valence ; à Marseille 356 ; à Toulon. Son retour à Tunis 357. Réflexions sur le bey Ahmed 358. *Abolition des marchés des noirs* 359. Négociations du général Clausel; arrivée à Tunis, du premier frère de la Doctrine chrétienne 359. Fêtes au Bardo; Sidi Lamin; *abolition complète de l'esclavage dans la Régence;* Révolte des tribus nomades; elles se réfugient dans l'amphithéâtre de Thysdrus ; troupes tunisiennes envoyées à Constantinople, au moment de la guerre de Crimée ; mort du bey Ahmed. Son cousin Mohammed lui succède 360. Leçon d'administration donnée par le Kaia d'El-Kef, au bey Ahmed ; châteaux et résidences des beys ; *les femmes étrangères peuvent débarquer à Tunis*; carte de la Tunisie ; difficultés occasionnées par la mort d'un juif 361. L'escadre d'évolutions française à la Goulette ; le bey Mohammed et *sa* constitution 362. Il est nommé, par Napoléon III, grand cordon de la Légion d'honneur ; M. L. Roches, consul de France ; le comte Raffo 363. Fête au consulat de France; Sidi-Hossein ; manière de tuer les condamnés 364. Mohammed entreprend la reconstruction de l'aqueduc de Carthage ; construction du palais du consulat de France ; mort du bey Mohammed à la Marsa 365.

Sidi Mohammed-Es-Saddock prête serment à la constitution ; le bey du camp Hamouda ; investiture religieuse du bey de Tunis, par le sultan 366. La Tunisie emprunte à la France son système d'impôts, sa conscription militaire, ses lois commerciales et le libre échange. Fondation du *Moniteur officiel* tunisien. Fouilles de M. Beulé à Carthage 368.

Sidi Mohammed-Es-Saddock à Alger 368.

Fêtes de la Constitution ; M. A. Moynier 369.

Le général Hamouda et les Khroumirs 370.

Emprunt avec MM. Oppenheim et Erlanger 371.

Diminution de la population de la Régence 371.

Insurrection à Tunis 372. Défaite d'Ali-Ben-Gdaoun, dans le Sahel ; révolte des Khroumirs, dirigée par le frère du bey, Sidi El-Adel; ce prince meurt au Bardo 377.

Si Tayeb en Algérie ; Sidi Mohammed-Es-Saddock et M. de Beauval 377.

Obligations tunisiennes émises sur le marché de Paris ; complications diplomatiques 378.

Cérémonie au palais de Dar-el-Bey : le typhus, le choléra, la famine 378.

Nouveaux emprunts 379.

Le palais du Bardo à l'Exposition universelle de 1867, à Paris 379.

Revenus du bey; nouveaux engagements pris par le bey entre les mains du consul de France ; commerce de la Tunisie 381.

Traité entre la Tunisie et l'Italie ; commission financière instituée par le bey ; firman négocié à Constantinople par le général Kérédine 382.

Fondation du collège Sadiki par le général Kérédine 383.

Traité entre la Tunisie et l'Angleterre 384.

Les Khroumirs pillent l'*Auvergne*; leurs déprédations sur les frontières de l'Algérie; le gouvernement français envoie un corps d'armée pour les punir; des révoltes éclatent dans toute la Régence; la France, voulant raffermir le bey sur son trône, maintenir le droit musulman d'hérédité et éviter à ce pays les horreurs d'une guerre civile, fait occuper par ses troupes la Tunisie 384.

Traité de Kassar-Saïd 385.

M. Paul Cambon à Tunis 387.

Pouvoirs disciplinaires délégués aux autorités militaires françaises. Division du territoire tunisien 388. Collège Saint-Louis; relations des beys de la race des Hassan-ben-Ali avec l'Europe en général et la France en particulier; Mission de la France 389. Causes de la fin des dominations carthaginoise et romaine. Civilisation et doctrine religieuse des Arabes. Mauvais air. Salluste et saint Augustin, Pline, Hérodote, Strabon et Corripus; leurs réflexions sur l'Afrique septentrionale 390 et 391. Remède à l'insalubrité apporté par la culture et la création de la mer des Chotts. Migrations des sauterelles 391. Topographie sommaire de la Régence. Aspect de Tunis 392. Aqueduc de Carthage 393. Transformation de Tunis. M. Grand. Superficie, géographie générale de la Régence 394, 395.

Mort du bey Mohammed-Es-Saddock 396.

Avénement de S. A. R. Sidi-Ali-Bey 397.

Le Prince Tayeb, bey du camp 398.

Circulaire de M. Cambon aux représentants des puissances 399.

Obsèques de Mohammed-Es-Saddock 399.

LE NOUVEAU BEY 402.

MINISTÈRE TUNISIEN: *Sidi El-Aziz-Bou-Attour; M. Paul Cambon* 404.

Réception du 1ᵉʳ janvier 1883 ; M. Cambon 405.
Compagnies mixtes franco-tunisiennes 406.
Les fouilles du R. Père Delattre à Carthage 406.
La mission Roudaire 410.
M. de Lesseps en Tunisie 411.

HISTOIRE GÉNÉRALE
DE LA TUNISIE

ÉPOQUE PRÉHISTORIQUE

Il est impossible de préciser en Tunisie l'âge de la pierre polie. Dans ces siècles si éloignés de nous, les indigènes n'avaient pour armes défensives ou offensives que des bâtons noueux, des pierres informes, des massues grossièrement façonnées, des arcs fabriqués avec des tendons et une branche flexible, des flèches avec pointe en arêtes de poissons, des esquilles d'os. Ils avaient des vêtements en peau cousue.

Plus tard, ils firent usage de la fronde, de pierres plus dures que le silex : jade, obsidienne, de provenance étrangère à l'Europe.

Leurs esquifs étaient composés de troncs d'arbres équarris à la hache de pierre et creusés au feu.

Les cités lacustres sont nombreuses dans la Régence. La principale station préhistorique doit certainement être celle d'El-Haouaria, non loin du cap Bon.

HISTOIRE GÉNÉRALE

AGES HÉROÏQUES

L'époque de la mise en mouvement des races autochthones de l'Afrique est trop incertaine pour que nous osions lui assigner ici une date, même approximative. Berbères (rameau disparu des Guanches) Bedscha, Somali, Dankali, Gallu, etc., refoulés plus tard au nord et à l'est jusqu'au 15° degré de latitude par les peuples venus d'Asie.

1590-1451-1444-1434 av. J.-C. — Les Chananéens, chassés par Josué, se fixent en Afrique et montrent le chemin à d'autres peuplades qui viennent, à leur exemple, se mêler aux anciens habitants, descendants de Phuth, fils de Cham.

Les historiens Procope et Suidas rapportent que l'on a trouvé, en Numidie, un monument composé de deux colonnes en pierre blanche, avec cette inscription en langue phénicienne :

« *Nous sommes des Chananéens chassés de leur patrie par le brigand Josué, fils de Kavé.* »

Fondation d'Utique, le plus ancien des *emporia* phéniciens, par une colonie tyrienne ; fondation de Cambé par une colonie de Sidon.

Les *âges héroïques* sont remplis de trop nombreuses lacunes et de récits trop incohérents, pour qu'ils soient mentionnés ici autrement que pour mémoire.

A cette époque fleurissent dans tout leur épanouissement les légendes des colonnes d'Hercule, des colonnes de Procope, etc., etc.

Selon une autre version, Cambé aurait été construite en 1259 seulement par Cadmus et sa femme Harmonie-Cadmeia-Nonnus.

FONDATION DE TUNIS

Selon une deuxième variante, Tunis aurait été fondée en 900 av. J.-C. (Thunetum, Tuneta, Tunes, Tunisum.) — En arabe : Tounah, Tounet, Tounis ; — Phénicien : Habitation.

La belle Harmonie ayant été abandonnée par Cadmus, son ravisseur, meurt de désespoir. Ses enfants lui élèvent un tombeau autour duquel se groupent les premiers habitants de Tunis.

Ce qu'il y a de certain c'est que la fondation de Tunis suivit de très près celle de Cambé dont elle devint bientôt l'arsenal.

Strabon en parle dans sa description de l'Afrique.

Polybe compte cent vingt stades entre Tunis et Cambé.

Hucba aurait été le fondateur de Tunis.

1231. — Cambé est aggrandie par Zorus (?) et Carchedon. Disons, à ce propos, que la philologie a fait justice de la fable ingénieuse de Philistus de Syracuse, recueillie par Procope et Eusèbe. *Sor* est l'ancien nom chananéen de la ville de Tyr que les Turcs lui ont rendu.

1000. — Ammon, roi de Mauritanie.

973. — Sésac lui succède. Après lui, on cite Atlas, en 950.

914. — La partie de l'Afrique qui nous occupe est divisée en Numidie, Gétulie, Libyes Numides.

904. — Utique rivalise avec Cambé. Les colonies d'origines diverses se font des guerres perpétuelles.

CARTHAGE

883. — Elissa, princesse tyrienne, arrive, accompagnée de la noblesse, dans l'ancienne Cambé qui prend désormais le nom de *Carthage*.

Elissa, célébrée par le poète Virgile sous le pseudonyme de Didon, avait pour bisaïeul Ithobal, roi de Tyr, père de la fameuse Jésabel. Elle avait épousé Acerbas, son proche parent, appelé également Sicharbaal ou Sichée, qui avait pour frère Pygmalion.

Ce dernier fit mourir Acerbas, dans l'espoir de s'emparer de ses immenses richesses.

Elissa, prévenue à temps, déjoua ses projets et prit la mer avec les trésors convoités. Après plusieurs courses, elle débarqua, comme nous venons de le dire, sur la côte d'Afrique. (En langue phénicienne Elissa signifie : *femme fugitive*).

Cette princesse obtint des naturels du pays, moyennant le paiement d'un certain tribut annuel, la cession d'un terrain équivalent à la grandeur d'une peau de bœuf.

(Malgré toutes nos recherches nous n'avons pu arriver à découvrir en quoi consistait ce tribut).

Elissa fit couper le cuir en lanières fort étroites et dont elle parvint à entourer une assez vaste étendue.

La philologie s'élève encore contre cette légende et prétend que *Bosra*, la citadelle bâtie par Elissa, a été appelée *Byrsa*, par les Grecs, parce que l'on y faisait un grand commerce de pelleteries.

Virgile et Newton ont commis au sujet d'Elissa un formidable anachronisme en mettant en sa présence le prince troyen Enée, alors que la prise de Troie date de 1270 et qu'Elissa était en Afrique en 883.

L'étymologie de Carthage est facile à établir : ce nom vient du phénicien KARTHA HADATH, *ville neuve*.

Les médailles trouvées à Tunis, à Alger, en Sicile, frappées plusieurs siècles après la fin tragique d'Elissa, par les monétaires carthaginois, représentent sur les revers une tête de cheval avec un palmier ou un cheval avec un palmier ; par allusion à la tête de cheval et à la branche de palmier que l'on rencontra en creusant les fondements de la ville nouvelle.

Byrsa, d'après M. de Bougainville, de l'Académie des Belles-Lettres, aurait été fondée en 904 av. J.-C. Carthage en 883. Nous sommes heureux de constater que cette date coïncide avec celle que nous indiquons et celle relevée par Rollin. D'autres historiens donnent la date 880. M. de Bougainville est également à peu près d'accord avec nous pour la date de la fondation d'Utique qu'il place au moins trois siècles avant celle de Carthage.

Iarbas, roi de Gétulie, s'étant épris d'Elissa, demanda la main de cette princesse et menaça en cas de refus de châtier cette injure par une déclaration de guerre.

Voulant en même temps rester fidèle à la foi qu'elle avait jurée à Sichée et éviter les malheurs qui pouvaient fondre sur son peuple, Elissa fit préparer un bûcher, y monta courageusement et se poignarda au moment où les flammes commencèrent à briller.

Ce récit est-il bien authentique ; peut-être pas plus que celui que l'on doit à Virgile ?

Au fond tous les détails merveilleux que nous consignerons dans le cours de cet ouvrage ne sont probablement qu'une broderie élégante et curieuse de l'histoire véritable ; ils en sont l'ornement, non l'essence. Nous tenons une fois pour toutes à mettre le public sur ses gardes.

Qu'importe que nous ne puissions dire au juste quel fut le sort d'Elissa, si nous avons la certitude que Carthage, dont les commencements ont été des plus modestes, sut bientôt substituer son influence à celle de Tyr et ne tarda pas à devenir le centre d'un commerce excessivement important.

Carthage donna bien vite raison à l'historien qui a déclaré qu'Elissa ne l'avait pas bâtie à la légère, mais que c'est bien à dessein qu'elle avait choisi cet emplacement.

Les dieux de Carthage sont Elim, Melvat, Baama, Alamin, etc.

Les deux divinités qui étaient principalement adorées étaient Uranie ou la Lune et Saturne ou Moloch auquel on offrait des sacrifices humains, selon un usage phénicien.

La religion des Carthaginois était un mélange des cultes pélagiques, libyen et phénicien.

Jusqu'à la ruine de leur ville par les Romains, les Carthaginois retinrent cette exécrable coutume d'immoler des victimes humaines.

On sacrifiait ordinairement de pauvres enfants, qui étaient jetés vivants dans un brasier ardent ou enfermés dans une statue de Saturne qui était enflammée.

Leurs cris étaient étouffés par le bruit des tambours et des trompettes. Les mères se faisaient un point d'honneur d'assister à cet horrible spectacle l'œil sec et sans pousser aucune plainte. Elles allaient jusqu'à caresser leurs enfants pour apaiser leurs cris, dans la crainte qu'une victime offerte de mauvaise grâce aux dieux ne leur déplût.

L'historien Polybe nous a conservé un traité de paix entre Philippe de Macédoine et les Carthaginois, où l'on voit le respect de ces derniers pour la divinité, leur intime persuasion que les dieux assistaient, présidaient aux actions humaines et surtout aux traités.

Nos lecteurs remarqueront qu'il y est fait mention de sept divinités, sans compter celles qui ont été déjà nommées plus haut.

Voici la traduction de ce document précieux, en ce sens qu'il nous donne une idée générale de la théologie carthaginoise :

« *Ce traité a été conclu en présence de Jupiter, de Junon et d'Apollon; en présence du démon ou génie des Carthaginois, d'Hercule et d'Iolaüs ; en présence de Mars, de Triton, de Neptune ; en présence des dieux qui accompagnent les Carthaginois, et du Soleil, de la Lune et de la Terre ; en présence des rivières, des prairies et des eaux ; en présence de tous les dieux qui possèdent Carthage.* »

714. — Les Carthaginois envoient de tous côtés des colonies pour favoriser leur commerce, déjà si florissant, ce qui leur procure d'immenses richesses.

En même temps, ils cherchent à s'affranchir du tribut qu'ils payaient aux Africains. Leur première tentative n'est pas heureuse. Ils portent leurs armes contre les Numides et les Maures et font sur eux plusieurs conquêtes.

Enhardis par ces succès et profitant du prestige qu'ils en retirèrent, ils finissent enfin par se délivrer du tribut qui leur pesait tant et s'emparent d'une grande partie de l'Afrique.

Cyrène et Carthage ne tardèrent pas à se chercher querelle pour une question de limites.

Cyrène était alors une cité importante, située sur les côtes de la Méditerranée, vers la Grande Syrte. Le lacédémonien Battus l'avait bâtie.

On finit par convenir que deux jeunes gens partiraient de chacune de ces deux villes et que le lieu où ils se rencontreraient serait la frontière des deux Etats.

Les frères Philènes (Carthaginois) furent les plus lestes. Leurs rivaux y mirent de la mauvaise foi, accusèrent les Philènes d'être partis avant l'heure indiquée et demandèrent pour écarter tout soupçon qu'ils consentissent à être enterrés vivants à l'endroit de la rencontre. Les Philènes, mus par un louable patriotisme, adhérèrent à cette proposition (543).

Les Carthaginois élevèrent en leur honneur deux autels : *Arœ Philœnorum*, qui servirent de bornes à l'empire carthaginois, lequel s'étendait alors depuis les Autels des Philènes, jusqu'aux colonnes d'Hercule (actuellement : détroit de Gibraltar).

Carthage sut se faire respecter de l'Egypte et pilla même une fois Thèbes ; organisa de grandes caravanes, couvrit la Méditerranée de ses vaisseaux, Malte, la Sardaigne, les Baléares de ses colons, les côtes d'Afrique et d'Espagne de ses comptoirs.

664. — Les Carthaginois vont aider Cadix, colonie de Tyr, qui leur avait demandé du secours contre des tribus envahissantes et finissent par prendre pied en Espagne et y avoir de sérieux établissements.

Ils fondent en Afrique : Rusicada (Philippeville) et Stora (Mers Estora d'Edrissi ; Istoura d'El-Bekri) échelles destinées à faciliter le négoce avec Cirtha (Constantine).

GOUVERNEMENT DE CARTHAGE

Avant Aristote, le gouvernement de Carthage dut être longtemps aux mains de la royauté héréditaire qui prenait les conseils d'un corps de 300 vieillards ou *anciens*.

Après Aristote il y avait :

αἱ ἑταιρίαι, les corporations ; — ὁ δῆμος, le peuple assemblé ; — ἡ γερουσία, le sénat ; — οἱ βασιλεῖς, les schoplet in.

Le gouvernement était fondé sur d'excellents principes et Aristote a grandement raison de le placer parmi les plus estimés de l'antiquité.

Le gouvernement fut modifié et réunit, comme ceux de Sparte et de Rome, trois autorités différentes qui se balançaient l'une l'autre et se prêtaient un mutuel secours :

Deux Magistrats suprêmes : les *suffètes* ;

Le *sénat* ; le *peuple*.

On y ajouta plus tard le Tribunal des Cent qui eut grand crédit sous la République.

Les *suffètes*, dont les pouvoirs étaient annuels, peuvent être assimilés aux consuls romains. Certains auteurs, Aristote le premier, leur donnent le titre de rois (οἱ βασιλεῖς), de dictateurs, de consuls. On ne sait pas par qui ils étaient élus ou choisis.

Ils convoquaient le sénat, dont ils étaient présidents-nés ; ils y soumettaient les affaires et recueillaient les suffrages.

Ils présidaient aux jugements importants.

Ils avaient souvent le commandement supérieur des armées et leur pouvoir s'étendait *extra-muros*.

Le sénat ou conseil d'Etat, était composé des personnages les plus considérables ; c'était, dit Rollin, *l'âme des délibérations publiques.*

C'était au sénat qu'on lisait les lettres des généraux, qu'on recevait les plaintes des provinces, qu'on donnait audience aux ambassadeurs, qu'on décidait de la paix et de la guerre.

Le peuple, devenu insolent par ses richesses, voulut se mêler du gouvernement et s'arrogea dans la suite presque tous les pouvoirs. Tout se fit par cabales, par factions et, selon Polybe, ce fut l'une des principales causes de la ruine de l'Etat.

Le tribunal des cent était une assemblée de cent quatre personnes, qui fut établie pour contrebalancer les grands et le sénat.

Nous ne pouvons nous étendre plus longuement sur ce chapitre ; nous demandons aux lecteurs la permission de les renvoyer à l'ouvrage de M. Drapeyron : *la Constitution de Carthage d'après Aristote et Polybe.*

574. — Les Carthaginois font quelques conquêtes en Sicile. Phalaris, tyran d'Agrigente, faisait rôtir des victimes humaines dans un taureau d'airain brûlant (566-534).

564. — Le commerce des Carthaginois prend encore de nouvelles proportions. Les transactions ont lieu par terre et par mer et s'étendent jusqu'aux îles Britanniques et aux côtes de la Gambie.

Ils tiraient de l'Egypte: le fin lin, le papier, le blé, les cables, les voiles pour les vaisseaux ; des bords de la mer Rouge : les épiceries, l'encens, les aromates, les parfums, l'or, les perles, les pierres précieuses ; de Tyr et de la Phénicie : la pourpre, l'écarlate, les riches étoffes, les meubles luxueux, les tapisseries, etc.

Dans la suite, Carthagène donna aux Carthaginois, en Espagne, un empire égal à celui que possédait la métropole en Afrique.

Les mines d'or et d'argent que l'Espagne renfermait furent pour eux une nouvelle source de richesses.

Leur cupidité les soutint dans les fatigues nécessitées pour l'extraction de ces deux précieux métaux.

Plus tard, ils utilisèrent avec succès les pompes qu'Archimède avait inventées dans son voyage en Egypte et vinrent à bout de mettre tous les puits de mines à sec.

Polybe dit que de son temps il y avait 40,000 hommes occupés aux mines, situées dans le voisinage de Carthagène, et qu'ils fournissaient chaque jour, aux Romains, 25,000 drachmes, soit 12,500 livres.

Cette digression fera juger de l'importance de ces mines à l'époque carthaginoise.

Carthage possédait des vaisseaux de guerre dont les rameurs étaient de malheureux esclaves.

Ses armées de terre étaient composées de troupes mercenaires ou tirées des pays soumis. Ce mode de recrutement devait lui être fatal.

Ces soldats, habitués à mesurer leur fidélité en raison directe de l'importance ou de la durée de leur solde, étaient toujours disposés à se ranger du côté où ils trouvaient le plus de bénéfices et, pour bien dire, ne connaissaient ni amis, ni ennemis.

Ce qui nous surprend, c'est qu'Aristote, dans le livre où il traite des avantages et des inconvénients du gouvernement de Carthage, ne la reprend pas d'avoir eu des milices étrangères.

La langue carthaginoise est un mélange du phénicien et des dialectes apportés de diverses contrées de l'Afrique.

Les très rares monuments trouvés sur l'emplacement de l'ancienne Carthage ne peuvent nous donner aucune idée du style ornemental des Carthaginois.

Un cippe, du musée de Copenhague, nous montre un globe inscrit dans un triangle dont le symbolisme se rattache aux divinités, mâles et femelles, invoquées dans les inscriptions carthaginoises ; la rangée d'oves qui orne ce monument dénonce une influence grecque que l'on ne peut contester.

Les Carthaginois, comme les Phéniciens, n'avaient pas de grandes aptitudes pour la statuaire en général et pour les arts qui ont pour base la forme humaine.

On n'a recueilli dans les fouilles de Carthage aucune statue appartenant aux Carthaginois. En Sardaigne et dans d'autres colonies carthaginoises on n'a découvert que des statues en bronze qui sont toutes de la dernière barbarie. Si quelques-unes étaient passables, les autres étaient affreuses. On doit en conclure que la civilisation carthaginoise fut étrangère aux beaux-arts.

Ils avaient néanmoins du goût pour le beau, puisqu'ils enlevaient les idoles des temples de Sicile et les transportaient avec soin en Afrique.

Des artistes grecs gravaient leurs monnaies.

A propos de gravure disons qu'il existait et qu'il existe peut-être encore à Tunis une pierre gravée, merveille de l'antiquité, en cornaline rouge, ovoïde, de 17 à 18 millimètres sur 15 de surface totale. Sur ce champ si exigu est gravé en creux, un Neptune, avec la cour du dieu des mers; le char est une conque attelée de quatre chevaux marins. Neptune est diadèmé et porte le trident; des tritons sonnent de la trompe et des naïades se jouent dans les flots autour du char de leur souverain. Chaque figure, admirable de proportion, de finesse d'exécution, est déjà microscopique, comme bien l'on pense; et, cependant l'artiste grec a trouvé la possibilité d'indiquer, sous les sabots des pieds de devant des chevaux, les clous qui les fixent, parfaitement distincts à l'aide d'une loupe très grossissante.

560-522. — Les Carthaginois font un traité avec Cyrène.

Ils s'allient aux Etrusques; attaquent les Phocéens qui, fuyant la domination de Cyrus, avaient quitté leur ville de Phocée (en Eolie) pour fonder en Corse la ville d'Alalia.

C'est à cette occasion que se livra la première bataille navale dont l'histoire fasse mention. Les Phocéens battus se dirigèrent vers Rhegium, à la pointe méridionale de l'Italie; les Carthaginois s'établirent en Corse et prirent la Sardaigne (543-537).

537. — Malée est le premier suffète dont parle l'histoire.

536. — Il remporte une grande victoire sur les Africains, après avoir affermi les conquêtes de la Sicile, malgré les ravages de la peste. Défait en Sardaigne, il est condamné au bannissement, lui et ses mercenaires. Il investit Carthage.

Carthalon, son fils, essaie de le réconcilier avec sa patrie.

Malée le reçoit, le traite comme un perfide et le fait crucifier.

Carthage se rend.

Malée ne change d'abord rien à la forme du gouvernement, mais fait mettre à mort dix sénateurs qui avaient voté son exil et celui de son armée. La tranquillité règne à Carthage ; Malée en profite pour essayer d'introduire un pouvoir arbitraire. Il est puni comme il le méritait.

L'Art de vérifier les dates place vers l'an 530 les événements que nous venons de relater sommairement.

Ce qu'il y a de remarquable ici, c'est l'union étroite qui a toujours existé entre les Carthaginois et les Tyriens.

Vers cette époque, Cambyse, roi de Perse, ayant voulu déclarer la guerre à Carthage, les Tyriens, qui faisaient la principale force de son armée navale, se refusèrent à combattre leurs compatriotes : Cambyse dut renoncer à son projet.

Chaque année, les Carthaginois envoyaient de riches présents à Tyr. Aussi, lorsque cette ville fut assiégée par Alexandre le Grand, les habitants firent-ils partir pour Carthage, leurs femmes, leurs enfants et tout ce qu'ils avaient de plus précieux.

Ces marques constantes d'une vive, sincère et réciproque reconnaissance font plus d'honneur à une nation que les plus grandes conquêtes et les plus glorieuses victoires.

510-509. — Rome, maîtresse du Latium, cherchant à affaiblir deux peuples dont la marine portait ombrage à Carthage, conclut un traité avec les Carthaginois. Magon Ier était suffète.

De grands avantages sont faits aux Carthaginois qui stipulent pour la Sardaigne les mêmes conditions que pour la Libye.

Défense fut faite aux Romains de naviguer au delà du cap Bon. Les Carthaginois purent occuper les villes non soumises du Latium pourvu qu'ils les rendissent.

En Afrique, les Libyens étaient tenus à n'habiter que dans des villages ou villes ouvertes, afin qu'ils fussent toujours à la merci de leurs maîtres qui les obligeaient à cultiver pour eux leur fertile territoire.

Dans la Sardaigne, les Carthaginois détruisirent

toutes les plantations ; interdirent, sous peine de mort, la culture aux habitants, afin qu'ils restassent sous leur dépendance.

Tout vaisseau étranger, surpris dans les eaux sardes ou vers les colonnes d'Hercule, était pillé et son équipage jeté à la mer. Quand ils ne pouvaient pas appliquer ce singulier code maritime, les Carthaginois préféraient se perdre eux-mêmes plutôt que de révéler la route suivie par leurs marchands.

On cite comme exemple de leur amour du gain, poussé jusqu'à l'héroïsme, un commandant de vaisseau carthaginois, qui, après les guerres puniques, se voyant suivi dans l'Atlantique par une galère romaine, se fit échouer afin de ne pas montrer aux Romains la route des îles Sorlingues d'où il allait tirer de l'étain.

Asdrubal I*er* et Amilcar I*er*, fils du suffète Magon, commandèrent l'armée en Sardaigne. Asdrubal y fut blessé à mort, après avoir été onze fois l'un des suffètes et honoré de quatre triomphes comme général.

493. — Carthage secourt Tarente. Les habitants de Messine assiégés par eux implorent l'aide des Romains.

489. — Le suffète Magon discipline l'armée, recule les frontières de Carthage et meurt en laissant sa patrie très florissante. Il est remplacé par Asdrubal I*er* et Amilcar I*er*.

488. — Les Carthaginois s'allient à Xerxès, roi de Perse. Ce prince, voulant exterminer les Grecs, tint à engager dans son parti Carthage dont la puissance était alors formidable.

Les Carthaginois, qui désiraient conquérir toute la Sicile, profitèrent avec empressement de l'occasion qui s'offrait, ils conclurent avec joie le traité, dans lequel il fut convenu qu'ils attaqueraient les Grecs en Italie et en Sicile, tandis que Xerxès s'avancerait lui-même contre la Grèce.

Trois ans furent employés aux préparatifs de cette expédition. L'armée de terre des Carthaginois s'élevait à 300,000 hommes, la flotte se composait de 2,000 navires et de plus de 3,000 petits bâtiments de charge.

Amilcar Ier, fils de Magon, le premier capitaine de l'époque, eut le commandement en chef.

485. — Amilcar aborda à Palerme où ses troupes prirent quelque repos ; puis il marcha contre Himera et en commença le siège. Théron, gouverneur d'Himera, envoya une députation à Gélon, tyran de Syracuse, qui accourut avec 50,000 hommes d'infanterie et 5,000 chevaux.

Nous ne pouvons passer sous silence la ruse dont il se servit pour triompher d'Amilcar.

On lui amena un courrier porteur d'une missive des habitants de Sélinonte annonçant au général carthaginois le jour de l'arrivée de la cavalerie qu'il avait demandée.

Gélon prit dans ses troupes un nombre égal de cavaliers qui, au moment indiqué, se présentèrent au camp ennemi et y furent reçus aussitôt. Ils se jetèrent sur Amilcar qu'ils tuèrent et mirent le feu aux vaisseaux. Dans le même instant, Gélon attaqua les Carthaginois avec toutes ses troupes et en fit un épouvantable carnage.

150,000 hommes périrent dans cette affaire, qui eut lieu le même jour où Léonidas et ses 300 Spartiates défendirent les Thermopyles contre Xerxès.

Gélon accorda la paix aux conditions suivantes :

« Paiement pour frais de guerre de 2,000 talents, soit environ six millions de notre monnaie; édification de deux temples où devaient être exposés en public les traités consentis. Les sacrifices humains furent, en outre, rigoureusement interdits (1). »

Giscon, fils d'Amilcar, fut exilé par ses concitoyens, comme si les enfants pouvaient être responsables de toutes les fautes commises par leurs parents. Giscon mourut dans la misère à Sélinonte.

Quant à Gélon, il fut proclamé roi de Syracuse

(1) Tout le temps que dura le combat, c'est-à-dire du matin au soir, Amilcar ne cessa de sacrifier des hommes vivants, et en grand nombre, en les faisant jeter dans un bûcher ardent; sur lequel il finit, dit la légende, par se précipiter lui-même pour ne pas survivre à sa défaite, et, comme le dit saint Ambroise, pour éteindre, par son propre sang, ce feu sacrilège qu'il voyait ne lui avoir servi de rien.

et deux de ses frères héritèrent, après lui, de cette haute dignité.

484-454. — Carthage essaie de se relever de sa funeste expédition en Sicile ; elle étend ses conquêtes en Afrique.

PÉRIPLE D'HANNON

444-436. — Voyage d'Hannon, général des Carthaginois, le long des côtes de la Libye, au delà des colonnes d'Hercule ; récit déposé par lui dans le temple de Baal (1).

« Les Carthaginois ordonnèrent à Hannon de faire un voyage au delà des colonnes d'Hercule et de fonder des villes liby-phéniciennes (2).

« Hannon se mit en mer avec une flotte de soixante navires à cinquante rames chacun, chargés d'environ 30,000 personnes tant hommes que femmes, de vivres et d'autres provisions nécessaires.

« Après deux jours de navigation au delà des colonnes d'Hercule, nous avons fondé sur la

---

(1) Le titre et les quatre lignes d'introduction qui le suivent font partie de la relation même. C'est Hannon qui a dû les écrire, bien qu'il n'ait commencé à se mettre directement en scène qu'à ces mots : « Après deux jours de navigation. »

(2) Les Grecs donnaient à l'Afrique le nom de Libye. Suivant Diodore de Sicile, on appelait Liby-Phéniciens les habitants des villes alliées aux Carthaginois par des mariages.

côte de Libye, dans un lieu où s'étend une plaine, une colonie que nous avons appelée Thymaterium (1).

« De là, cinglant à l'ouest, nous sommes arrivés à un promontoire de Libye nommé Saloïs. Il est couvert d'arbres, nous y avons élevé un temple à Neptune.

« Du cap Saloïs, dirigeant notre course à l'orient après un jour et demi de navigation, nous passâmes près d'un lac voisin de la mer, plein de grands roseaux, des éléphants et d'autres animaux sauvages paissaient sur ses bords.

« A un jour de navigation au delà de ce lac, nous avons établi plusieurs villes ou comptoirs : Caricus Murus, Cyste, Acra, Melitta et Arambys.

« Ensuite nous avançâmes jusqu'au grand fleuve Lixus, qui sort de la Libye non loin des Nomades. Nous y trouvâmes les Lixiens qui élèvent des troupeaux. Je demeurai quelque temps parmi eux et conclus un traité d'alliance.

« Au-dessus de ces peuples, dans l'intérieur des terres, habitent les Éthiopiens, nation inhospitalière, dont le pays est rempli de bêtes féroces et et entrecoupé de hautes montagnes où l'on dit que

---

(1) Les anciens donnaient le nom de colonnes d'Hercule aux montagnes placées sur les deux presqu'îles qui se détachent, l'une du continent de l'Europe, l'autre de celui d'Afrique. Autrefois on les nommait Calpé et Abyla, des noms des villes qui y étaient situées ; aujourd'hui ce sont les montagnes de Gibraltar et de Ceuta.

le Lixus prend sa source. Les Lixiens nous ont raconté que ces montagnes sont fréquentées par des Troglodytes (1), hommes extraordinaires, plus légers que les chevaux à la course.

« Après avoir pris des interprètes chez les Lixiens nous avons longé pendant deux jours une côte déserte qui s'étendait au midi. Ayant ensuite navigué pendant vingt-quatre heures, à l'est, nous trouvâmes, au fond d'une baie, une petite île de cinq stades de tour (2) que nous avons nommée Cerné et où nous avons laissé quelques habitants.

« Je m'assurai, en examinant mon journal, que Cerné devait être aussi éloignée du détroit des colonnes que ces mêmes colonnes le sont de Carthage.

« Nous reprîmes notre navigation, et, après avoir traversé une rivière appelée Chrètes, nous entrâmes dans un lac où se trouvaient trois îles plus considérables que Cerné.

(1) Habitants des cavernes.
(2) Moins d'un quart de lieue française, environ 925 mètres, si l'on admet le stade olympique. Huitième partie du mille romain et équivalent à 184 mètres 935. Le stade pythique était plus petit de deux dixièmes. Dans un mémoire sur « la mesure de la terre, attribué à Ératosthène, » lu à l'Académie des sciences de Paris, le 25 février 1853, M. Vincent, de l'Institut, a donné l'évaluation suivante d'un autre stade : Le stade d'Eratosthène valait 300 coudées ; la grandeur moyenne de la coudée équivalait à 527 millimètres 5 ; le stade avait donc une valeur de 158 mètres 25.

« Nous mîmes un jour à parvenir de ces îles au fond du lac.

« De hautes montagnes en bordaient l'enceinte ; nous y rencontrâmes des hommes couverts de peaux et habitant des bois, qui nous accueillirent à coup de pierres et nous forcèrent à nous retirer.

« Longeant les rives de ce lac, nous avons touché à un autre fleuve, très large, plein d'hippopotames et de crocodiles.

« De là, nous sommes revenus à l'île de Cerné.

« De Cerné, continuant notre route au sud, nous avons avancé pendant douze jours, le long d'une côte habitée par les Éthiopiens qui paraissaient extrêmement effrayés et se servaient d'un langage inconnu même à nos interprètes.

« Le deuxième jour, nous découvrîmes de hautes montagnes, couvertes de forêts, dont les arbres, de différentes espèces, sont odoriférants. Après avoir doublé ces montagnes, en deux jours de navigation, nous entrâmes dans un golfe immense au fond duquel était une plaine. Pendant la nuit on voyait sortir de tous côtés, par intervalles, des flammes, les unes plus petites, les autres plus grandes. Nos équipages ayant renouvelé l'eau, nous suivîmes le rivage pendant quatre jours et, le cinquième, nous sommes arrivés dans un grand golfe. Nos interprètes appelaient Hesperum Ceras (Corne du Soir) le cap qui est à l'entrée. Dans ce golfe était une grande île et dans cette île un lac d'eau salée au milieu duquel se trouvait encore un îlot où nous descendîmes. Au jour, nous n'aperçumes qu'une forêt ; mais, pendant la nuit, nous vîmes un grand nombre de feux et nous entendîmes le son des fifres, le bruit des cymbales, des tambourins et les clameurs d'un peuple innombrable. Saisis de frayeur et ayant reçu l'ordre de nos devins, de fuir promptement cette île, nous appareillâmes sur le champ et côtoyâmes une terre odoriférante et ombragée, d'où sortaient des torrents de feu, qui se précipitaient dans la mer. Le sol était si brûlant que les pieds ne pouvaient en supporter la chaleur. Nous nous éloignâmes au plus vite de ces lieux et nous continuâmes notre voyage.

« Pendant quatre nuits, la terre nous parut couverte de feux, du milieu desquels s'en élevait un qui semblait atteindre jusqu'aux astres. Au jour, nous reconnûmes que c'était une montagne très élevée nommée Théon ochema (Char des Dieux).

« Après avoir passé ces régions ignées, nous naviguâmes trois jours et nous arrivâmes à un cap formant l'entrée d'un golfe nommé Notu ceras (Corne du Midi). Au fond de ce golfe gisait une ville, avec un lac et un îlot, semblable à celle que nous avions déjà découverte. Ayant touché à cette île, nous la trouvâmes habitée par des sauvages. Le nombre des femmes dominait de beaucoup celui des hommes. Elles étaient velues et nos interprètes les appelaient « Gorilles ou Gorgades. » Nous les poursuivîmes sans pouvoir atteindre un seul homme, ils fuyaient à travers les précipices avec une agilité étonnante, en nous jetant des pierres.

« Nous réussîmes cependant à prendre trois femmes; mais comme elles brisaient leurs liens, nous mordaient et nous déchiraient avec fureur, nous fûmes obligés de les tuer. Nous en avons conservé les peaux.

« Ici, nous tournâmes nos voiles vers Carthage, les vivres commençant à nous manquer. »

En arrivant à Carthage, Hannon fit graver cette relation dans le temple de Baal et consacra les peaux des gorilles dans le temple de Jupiter Astarté.

Ces précieux témoignages de la navigation d'Hannon disparurent avec les temples et la ville elle-même, en l'année 146 avant Jésus-Christ, dans l'incendie où l'implacable haine des Romains dévora jusqu'au moindre souvenir de la domination punique.

Il ne serait rien resté de ce voyage d'Hannon, si, par aventure, à une époque inconnue, un étranger, probablement un Sicilien, n'eût emporté de Carthage une traduction de l'inscription du temple de Baal.

Ce texte unique, souvent cité par les historiens et les géographes sous le titre de « Périple d'Hannon (1), » a été le sujet de nombreux commentaires.

Le célèbre géographe Strabon, esprit très enclin au doute, a rejeté ce voyage parmi les fables.

M. Dodwell, savant anglais, a montré la même incrédulité.

L'opinion de ces deux savants n'a point prévalu.

« C'est un beau morceau de l'antiquité que la relation d'Hannon, dit Montesquieu, le même homme qui a exécuté a écrit ; il ne met aucune ostentation dans ses récits... Tout ce qu'il dit du climat, du terrain, des mœurs, des manières des habitants, se rapporte à ce que l'on voit aujourd'hui sur cette côte d'Afrique ; il semble que c'est le journal d'un de nos navigateurs. Hannon remarqua sur sa flotte que le jour il régnait dans le continent un vaste silence; que la nuit on entendait les sons de divers instruments de musique ; et qu'on voyait partout des feux, les uns plus grands, les autres moindres. Nos relations confirment ceci : On y trouve que le jour, ces sauvages, pour éviter l'ardeur du soleil, se retirent dans les forêts ; que la nuit, ils font de grands feux pour écarter les bêtes féroces et qu'ils aiment passionnément la danse et les instruments de musique. »

Ce que raconte ensuite Hannon des torrents de feu, du sol brûlant, des flammes s'élevant jusqu'aux

---

(1) Le mot grec Περίπλους signifie navigation.

cieux a donné lieu de supposer que la flotte carthaginoise avait passé devant des volcans.

« Il est possible, dit Gosselin, qu'il y en ait eu autrefois dans quelques branches de l'Atlas, voisines de la mer. »

Bruce, voyageur écossais, a proposé une autre explication :

Il a rappelé l'usage où sont certaines peuplades africaines à demi sauvages, de mettre le feu aux herbes sèches, après la saison des pluies. Il prétend que le feu, gagnant de proche en proche, ne s'éteint quelquefois que sur les bords de l'Océan et que la rapidité avec laquelle il se propage a pu faire croire à Hannon qu'il existait sur ces rivages des torrents enflammés.

On n'hésite plus aujourd'hui à classer parmi les singes ces sauvages velus que poursuivirent les Carthaginois.

La science moderne, en souvenir du passage du Périple d'Hannon, a emprunté aux interprètes lixiens le nom de « gorille » pour le donner à une grande et formidable espèce nouvelle que l'on trouve sur la côte occidentale de l'Afrique (1).

Il a été impossible de déterminer, jusqu'à ce jour, d'une manière très précise, la date du voyage d'Hannon.

---

(1) Les gorilles du Gabon, représentés par tous les journaux français illustrés.

« Nous croyons, dit Gosselin, que cette expédition a dû précéder Hésiode de trente ou quarante ans et qu'on peut la fixer vers l'an 1,000 avant Jésus-Christ (1).

Certains géographes se bornent à admettre qu'Hannon a été antérieur à Hérodote et à Aristote, d'autres s'accordent à dire que ce voyage eut lieu à la période où nous la plaçons dans cette histoire.

On est de même dans le doute sur l'étendue des côtes d'Afrique explorées par la flotte d'Hannon, et les discussions relatives aux différents lieux nommés par Hannon sont encore trop incertaines et trop contradictoires pour servir de fondement à aucune certitude.

Quelques commentateurs ont conduit Hannon jusqu'au golfe de Guinée, et même sur un passage de Pline, jusqu'au delà du cap de Bonne-Espérance. Cette large interprétation n'est guère défendue maintenant. On s'accorde généralement à indiquer le cap Bojador, comme le terme de la course des Carthaginois. Le suffète Hannon n'aurait donc pas dépassé le tropique du Cancer.

« Et certes, dit l'illustre géographe Gosselin, dont nous avons déjà invoqué plus haut l'autorité, c'était beaucoup pour le temps où Hannon vivait que d'avoir parcouru cet espace dans une mer inconnue, le long d'une côte peuplée de barbares...

---

(1) Recherches sur la géographie des anciens, p. 159.

La navigation, le long de cette partie de l'Afrique, est sujette à de grandes difficultés; les vents y soufflent presque toujours à l'ouest; les courants y sont considérables et la mer y brise avec tant de violence que nos premiers navigateurs européens ont désespéré longtemps de pouvoir franchir le cap Bojador. Douze années de tentatives, de peines et de dépenses extraordinaires faites par le prince Henri de Portugal ont à peine suffi pour doubler ce redoutable promontoire, et lorsque le pilote Gilianez y eut enfin réussi en 1432, l'étonnement et l'enthousiasme firent placer cet exploit au-dessus de ceux d'Hercule (1). Gilianez ne triompha qu'en abandonnant la côte et en prenant le large. Hannon dépourvu de boussole n'aurait pu s'y hasarder (2).

Les écrivains qui ont analysé, traduit ou commenté le Périple d'Hannon et que l'on peut consulter avec le plus de fruit sont, parmi les anciens : Pline et Pomponius Mela; parmi les modernes : Ramusio, *Navigations et Voyages*; — Conrad Gessner; Bochart, *Geog. Sacr.*; — Isaac Vossius; — Dodwell, *Geographiæ veteris scriptores Græci minores*; — Buache; Campouranès, *el Periplo de Hannone illustrado*; — Bredow; M. de Bougain-

---

(1) M. de Santarem écrit Gil Eannez, et donne 1434 comme date de cet événement.
(2) La boussole n'a été employée en Europe qu'en 1302. Les Chinois la connaissaient et en faisaient, dit-on, usage bien avant cette époque.

ville (*Acad. des inscriptions et belles-lettres, t. XVI, p. 160.*); — Falconer, *the Voyage of Hannon translated*, etc., 1797; — Gosselin, *Recherches sur les connaissances géographiques des anciens le long des côtes occidentales de l'Afrique*; — Fr. G. Kluge; — Châteaubriand, *Essai historique, politique et moral sur les révolutions*; — Edouard Charton, *Voyageurs anciens et modernes*, depuis le V⁰ siècle avant J.-C., jusqu'au XIX⁰, t. I⁰⁰, p. 2, 3, 4 et 5.

Parmi les autres tentatives faites en vue d'un voyage de circumnavigation de l'Afrique, nous croyons devoir encore citer les deux suivantes :

Nécas, ou Nécao, roi d'Egypte, ayant fait cesser les travaux qui devaient conduire le Nil au golfe de Libye, envoya des Phéniciens faire le tour de l'Afrique. Ceux-ci partirent par la mer Rouge et revinrent par les colonnes d'Hercule. Leur absence dura deux ans.

Sataspes, fils de Traspis, de la race des Achménides, reçut, de Xerxès, l'ordre de faire également le tour de la Libye (1) ; il ne l'acheva pas. Rebuté par les longueurs de la navigation, effrayé par les

---

(1) La Libye suit immédiatement l'Egypte. La plupart des Grecs disent qu'elle tire son nom d'une femme originaire du pays lui-même, laquelle s'appelait Libye. Varron fait dériver le nom de Libye du mot grec λίβς qui désignait le vent sud-est. Plusieurs auteurs modernes croient trouver la véritable étymologie dans la Bible, où les mots Lehbym ou Loubym, sont appliqués aux colonies égyptiennes établies sur la côte septentrionale de l'Afrique.

déserts, il revint sur ses pas. Il allait être mis en croix par ordre du roi de Perse, lorsque sa mère, sœur de Darius, obtint sa grâce.

Sataspes repartit d'Egypte vers les colonnes d'Hercule, doubla le promontoire Saloeïs et fit route vers le sud pendant deux mois, puis il vira de bord encore une fois, essaya en vain de se justifier devant Xerxès et fut crucifié.

Scylas écrivit cependant plus tard qu'en une certaine partie des côtes occidentales de l'Afrique, la mer était couverte d'épaisses sargasses qui rendaient la navigation impossible.

VOYAGE D'HIMILCON AUX ILES CASSITÉRIDES

Les Carthaginois, en même temps qu'ils donnaient à Hannon l'ordre de faire le voyage que nous venons de rapporter, avaient envoyé leur autre suffète, nommé Himilcon, avec une flotte, dans la direction du nord, le long du continent européen. On n'a que des renseignements très vagues sur cette expédition. Les seuls fragments qui aient été conservés se trouvent dans le livre premier du poème latin *Ora maritima*, par Rufus Festus Aviennus. On y apprend qu'Himilcon avait rencontré, au delà des colonnes d'Hercule, un promontoire appelé jadis Œstrymnis, un golfe nommé Œstrymnus et des îles Œstrymnides, qui abondaient en étain et en plomb. Les peuples de ces îles, courageux,

altiers, industrieux, parcouraient de grands espaces
de mer au moyen de barques faites avec des peaux
cousues ensemble ; ils se rendaient en deux jours
dans l'île Sacrée (l'Irlande) voisine de celle d'Alfion
ou Albion (l'Angleterre ou Grande Bretagne).

Himilcon I⁰ʳ était fils d'Amilcar tué à Himera.

Voici, selon Hérodote, comment les Carthaginois
procédaient pour faire du commerce au delà des
colonnes d'Hercule :

Quand ils étaient arrivés à l'endroit voulu, ils
tiraient leurs marchandises de leurs vaisseaux, les
installaient sur le rivage, remontaient sur leurs
navires et allumaient du feu. Les indigènes accou-
raient, mettaient de l'or ou divers objets pour le
prix de la marchandise et s'éloignaient ; les Carthaginois descendaient de leurs vaisseaux, exa-
minaient la quantité d'or ou la nature des objets et
si cela répondait au prix de ce qu'ils voulaient
échanger. Si non ils retournaient à bord et s'y
tenaient tranquilles. Les indigènes revenaient,
ajoutaient quelque chose jusqu'à ce que les Carthaginois soient satisfaits.

436. — C'est à peu près dans le temps que nous
venons de parler qu'arriva à Carthage ce que nous
apprend Justin.

Hannon, l'un des Carthaginois les plus puissants,
peut-être même le suffète qui avait accompli le
fameux Périple, forma le coupable dessein de se
rendre maître du pouvoir en faisant périr le sénat

qu'il devait empoisonner dans un banquet donné à l'occasion du mariage de sa fille.

Son crédit était si grand que bien que l'on eût découvert son perfide projet, on n'osa le punir et on se borna à publier un décret défendant, en général, la trop grande magnificence des noces.

Il arma alors 20,000 esclaves et se retira dans un château fort, d'où il essaya d'entraîner dans sa révolte les Africains et le roi des Maures.

Pris et conduit à Carthage, il fut battu à coups de verges ; on lui arracha les yeux, on lui brisa les bras et les cuisses, on le fit mourir à la vue du peuple et l'on attacha son corps en lambeaux à une potence.

Bien que n'ayant trempé en rien dans sa conspiration, tous ses parents furent mis à mort afin de ne laisser subsister personne de sa famille.

415. — Une querelle survenue entre les villes siciliennes d'Egeste et de Sélinonte, fut la cause de la plus terrible catastrophe et des efforts les plus sérieux des Carthaginois dans cette île.

Egeste sollicita, sans l'obtenir, l'appui de Carthage contre Sélinonte. Athènes, mal conseillée par Alcibiade, lui accorda ce que Carthage lui avait refusé et entreprit une expédition où sa fortune fut ruinée.

410. — Réduite à la merci de ses vainqueurs, Egeste se donna à Carthage. Annibal Ier, fils de

Giscon, petit-fils d'Amilcar Iᵉʳ tué par les soldats de Gélon à Himère, vint prendre possession d'Egeste, au nom des Carthaginois, après avoir offert aux Syracusains, pour leur enlever tout sujet de ressentiment, l'arbitrage entre Egeste et Sélinonte.

409. — Annibal Iᵉʳ, animé du désir de venger à la fois l'honneur de sa patrie et de sa famille et d'effacer la défaite de 485, débarqua au *puits de Lilybée* avec une armée de 100,000 hommes et commença aussitôt le siège de Sélinonte.

Les assiégés se défendirent avec un héroïsme digne d'un meilleur sort. Leur ville fut prise d'assaut et livrée au pillage ; les vainqueurs épuisèrent les dernières cruautés sur ses habitants. Sélinonte fut rasée après 242 ans d'existence. On ne laissa pas pierre sur pierre.

Annibal prit ensuite Himère. Une grande partie des habitants purent s'échapper avant le dernier assaut ; cependant, Annibal y trouva encore 3,000 hommes qu'il arracha à ses soldats, fit conduire sur le lieu où son aïeul avait péri. Là, on les égorgea aux mânes d'Amilcar Iᵉʳ, après leur avoir fait endurer les plus épouvantables supplices.

Annibal retourna ensuite à Carthage jouir de ses triomphes. Il fut reçu aux acclamations de ses concitoyens.

407-406. — Fiers des succès remportés par leurs armées en Sicile, les Carthaginois voulurent profiter de la fortune qui leur semblait favorable pour conquérir enfin cette contrée, objet de leurs convoitises.

Annibal, malgré son grand âge, fut appelé au commandement en chef et on lui donna, sur sa demande, pour lieutenant Himilcon, fils d'Hannon.

Les troupes carthaginoises s'élevaient, suivant Timée, à 120,000 hommes, suivant Ephore, à 300,000.

Les Siciliens avaient fait de grands préparatifs pour leur résister et toutes les villes étaient disposées à défendre courageusement leur liberté.

Annibal et Himilcon furent autorisés à lever des mercenaires en Espagne, aux Baléares, d'où l'on tirait les meilleurs frondeurs de l'univers. Ils lançaient des pierres pesant une livre et souvent même des balles de plomb qui perçaient les casques, les cuirasses et les boucliers; de plus ils manquaient rarement leur but, habitués qu'ils étaient, à manier, dès leur jeune âge, des engins de ce genre (1). Les Libyens, les princes de Mauritanie, de Numidie, les Campaniens d'Italie, fournirent des contingents respectables.

Annibal ouvrit la campagne en investissant Agrigente, défendue par des mercenaires, le Lacédémonien Dexippos et d'autres peuples d'Italie.

(1) Les mères plaçaient sur une branche d'arbre élevée, le morceau de pain destiné au déjeuner de leurs enfants, qui demeuraient à jeun jusqu'à ce qu'ils l'eussent abattu.

Agrigente avait une population de plus de 200,000 âmes ; ses monuments, son temple de Jupiter, son lac de sept stades, creusé de main d'homme et où nageaient des cygnes, les vêtements somptueux, le luxe inouï de ses habitants témoignaient de sa richesse. Mais le bien-être et la mollesse s'y étaient créé un vaste empire, à tel point que l'on dut défendre aux Agrigentins, veillant aux portes et sur les murailles, d'avoir plus d'un matelas, une couverture et deux traversins.

La peste se mit dans les rangs des Carthaginois ; on immola un enfant à Saturne et l'on jeta dans la mer plusieurs animaux pour apaiser Neptune.

40,000 Ibères et un corps de Campaniens furent défaits par le Syracusain Daphoréos.

Une famine sévit dans Agrigente ; un convoi de blé fut enlevé par les troupes carthaginoises. Les mercenaires furent débauchés par Himilcon et les Agrigentins ne durent leur salut qu'à une fuite nocturne ; ils se réfugièrent à Géla.

Himilcon entra dans la ville et tous ceux qui y étaient restés furent égorgés, Agrigente détruite, et de tant d'opulence il ne survécut que des ruines.

On trouva dans cette ville un nombre considérable de tableaux, de statues et le fameux taureau d'airain de Phalaris ; tout cela fut envoyé à Carthage. Le siège avait duré huit mois.

Les troupes carthaginoises passèrent leur quartier d'hiver sur le territoire conquis, puis Himilcon se dirigea sur Géla, qui fut prise, malgré le secours de Denis, tyran de Syracuse.

Les Carthaginois ajoutèrent à leurs succès l'occupation de Camarine et ils n'étaient plus qu'à quatre-vingts kilomètres de Syracuse, lorsque Denis l'Ancien fit des propositions de paix, que la peste qui dévorait l'armée punique força Himilcon à accepter.

Carthage conserva le pays de Sélinonte, d'Himère et d'Agrigente ; les habitants de Géla et de Camarine purent rentrer dans leurs cités moyennant un tribut ; leurs villes furent démantelées ; les Léontins, les Messéniens et les Siciliens furent autorisés à vivre selon leurs lois et conservèrent leur liberté et leur indépendance ; les Syracusains demeurèrent soumis à Denis l'Ancien.

405. — Himilcon retourna à Carthage où la peste décima encore un grand nombre de personnes. Annibal avait été tué pendant cette campagne.

(Agrigente fut relevée en 340 par Timoléon).

Denis l'Ancien ayant mis à profit la paix qu'Himilcon avait été obligé de lui accorder, employa plusieurs années à faire d'immenses préparatifs de guerre ; tous les peuples de Sicile le secondèrent. Syracuse fut transformée en un vaste arsenal où l'on n'était occupé qu'à la fabrication des armes, des machines de guerre, à la construction et à l'équipement des vaisseaux.

L'invention des quinquerèmes était toute récente ;

jusque là les navires n'avaient eu que trois rangs de rames : trirèmes.

Syracuse fut rendue imprenable à l'aide de travaux d'art : 60,000 ouvriers et 6,000 couples de bœufs achevèrent en vingt jours un ouvrage qui n'avait pas moins de 5 kilomètres 1/2 de développement.

Deux cents navires furent mis d'un seul coup sur les chantiers ; cent dix autres subissaient en même temps un radoub complet. Denis choisit pour amiral son frère Leptine et prit lui-même le commandement en chef de l'armée.

Des officiers recruteurs qui étaient allés dans diverses contrées engager des mercenaires avaient reçu l'ordre d'en rapporter les modèles des instruments de guerre les plus perfectionnés. Denis prescrivit à ses armuriers de reproduire exactement et sans rien y changer le coutelas des Thraces, la javeline du Brutium et la sarisse des Doriens. En quelques mois, Denis eut dans ses arsenaux 140,000 bou.'iers, un nombre égal d'épées et de casques, plus de 14,000 cuirasses.

Les inventeurs de toutes les nations furent appelés à Syracuse.

La *catapulte* qui avait déjà été employée au siège de Mytilène, par Conon, fut perfectionnée à Syracuse ; on la disposa pour lui faire lancer non-seulement des pierres, mais encore des traits. Elle fut transformée en arc d'une grande puissance, un arc tel que les géants de la fable, dit M. l'amiral Jurien de la Gravière, dans son ouvrage : *la Marine des Anciens* (2ᵉ partie, p. 203), auraient pu le bander. La portée des armes de jet se trouva ainsi considérablement augmentée et la guerre en prit soudain un nouvel aspect.

L'artillerie de l'antiquité vient d'entrer en ligne, ajoute-t-il : que les dieux de Carthage protègent Lilybée et Panorme.

Désireux de faire l'épreuve de ses machines de guerre, Denis se jette sur les Carthaginois, les accule au bout de l'île et y attaque leur dernière forteresse Motye. Ce fut un siège mémorable. Nous laissons la parole à l'amiral Jurien de la Gravière :

« Les Motyens lui opposèrent une résistance qui donna aux Carthaginois le temps d'accourir. Denis appuya sa flotte au rivage. Sur le pont des navires il avait placé une multitude d'archers et de frondeurs ; à terre, il rangea, comme une batterie d'artillerie, ses catapultes. Les Carthaginois reculèrent effrayés devant cette mitraille et reprirent le chemin de la Libye ; Motye était livrée à son sort.

« Le premier siège où l'on puisse constater des approches régulières, un terrain gagné pied à pied, appartient à l'histoire de Denis. Les catapultes font d'abord évacuer les remparts, puis les travailleurs rétablissent à grand renfort de blocs la chaussée rompue. Les tours de bois à six étages sont alors roulées à toucher les murs. Les Perses de Xerxès ont jadis mis le feu aux palissades qui entouraient l'acropole d'Athènes à l'aide de flèches garnies de paquets d'étoupe enflammées ; les habitants de Motye recoururent au même moyen pour tenter d'incendier les tours du haut desquelles les soldats de Syracuse combattent de niveau avec leurs guerriers. Ils essayent même de retrouver l'avantage d'un tir plongeant en dressant sur le terre-plein de leurs bastions de grands mâts portant au sommet, en guise de hunes, de vastes paniers. Des gens de trait ont pris place dans ces corbeilles et y forment comme un corps d'archers aériens. Les béliers de Denis n'en continuent pas moins de battre sans relâche le pied des murs. Une brèche est enfin ouverte. Les Motyens ont renoncé à la défendre, ils se replient en arrière, barricadent les rues et garnissent de défenseurs les maisons. C'est un nouveau siège qui commence. Denis fait élargir à coups de sape la brèche ; les tours mobiles s'avancent, abaissent sur les toits les ponts dont on les a munies, et le combat s'engage à vingt ou trente pieds au-dessus du sol. Les assiégeants gagnent peu à peu du terrain ; mais la lutte sera longue, car l'ennemi n'attend pas de merci et ne s'est pas ménagé de retraite. Un soldat de Thurium, Archylus, profite de l'obscurité ; il parvient, suivi de quelques compagnons, à escalader un pâté de maisons écroulées. Les Motyens font de vains efforts pour le chasser de ce monceau de décombres ; les colonnes que Denis a pris soin de masser sur la chaussée accourent au bruit du combat et couronnent de leurs bataillons la position conquise. Ils en font, en quelques instants, une véritable place d'armes. C'est de là qu'aux premières lueurs du jour le tyran précipite ses troupes sur l'ennemi. Les Motyens éperdus ont jeté bas les armes ; ils attendent les ordres du vainqueur.

« Pas de pitié pour les Grecs qui ont embrassé le parti de Carthage ! Qu'on leur inflige le supplice dont les Carthaginois ont tant de fois donné l'odieux spectacle à la Sicile ! Qu'on les cloue à la croix et qu'ils puissent, en mourant, jeter un dernier regard sur cette mer déserte qui devait ramener la flotte d'Himilcon et qui ne leur apporte que le souffle déchaîné du simoun échauffé par les sables de la Libye ! Quant aux Motyens eux-mêmes, ils sont moins coupables ; Denis se contentera de les vendre à l'encan et de livrer leurs demeures au pillage de ses soldats ! »

L'été finissait. Denis laisse à son frère Leptine le soin de garder, avec cent navires, les parages que la saison le forçait d'évacuer et reprend le chemin de Syracuse en s'attendant fort bien à une offensive prochaine d'Himilcon.

Himilcon, nommé suffète, appareille avec 100,000 hommes, 400 navires à rames et 600 navires de transport. Il avait également 4,000 chevaux et 400 chars.

Au moment de lever l'ancre Himilcon fait remettre à chacun des pilotes un pli cacheté ; ce pli ne devra être ouvert qu'à une distance déterminée du rivage. Timée et Ephore en font mention dans leurs relations. Ces plis enjoignaient aux pilotes de se diriger sur Panorme.

Leptine, prévenu par Denis, guettait la flotte punique du canal étroit où il s'était embusqué. Il court sur les premiers transports qui apparaissent et en coule 50. 5,000 hommes et 200 chars furent submergés; le reste de la flotte gagne Panorme.

Himilcon prend Messine, Motye, plusieurs autres villes.

L'amiral Magon défait Leptine qui perd plus de 100 bâtiments et 20,000 hommes.

La flotte carthaginoise vient s'établir au centre du bassin de Syracuse. A peine avait-elle jeté l'ancre, que l'armée d'Himilcon débouche dans la plaine.

Denis calme et impassible considérait ce spectacle du haut de ses remparts garnis de balistes et de catapultes.

30 vaisseaux longs conduits par son beau-frère Polyxène et le Lacédémonien Pharacidas forcent l'entrée de Syracuse.

Himilcon se rend maître des faubourgs de Syracuse, pille les temples de Cérès et de Proserpine, abat tous les tombeaux, entre autres ceux de Gélon et de Demarète, sa femme.

La fièvre paludéenne se charge d'aider Denis ; ses ravages dans l'armée d'Himilcon, joints aux attaques réitérées de Leptine et de Pharacidas, achèvent de démoraliser les troupes.

Denis profite d'une nuit sans lune pour tenter une action générale ; la flotte de Magon est brûlée; l'armée du suffète taillée en pièces. Himilcon obtint moyennant 300 talents (1,668,000 fr.) de pouvoir s'échapper avec les citoyens carthaginois (1).

391. — Pendant qu'il fuit, l'armée, trahie par son chef, était complètement enveloppée et les soldats de Syracuse en achevaient la destruction.

A son arrivée à Carthage, Himilcon s'enferma chez lui et se donna la mort par un prétendu courage que les païens admirent, mais qui n'en avait que le nom et cachait dans le fond un véritable désespoir.

392. — Après deux années d'hostilités languissantes, Denis l'Ancien, au lieu de chasser complètement les Carthaginois de la Sicile, fit la paix avec eux.

Un nouveau surcroît de malheurs accabla bientôt cette nation déjà si affligée :

(1) Le talent d'Athènes valait 5,560 francs.

Les Africains, irrités de tout temps contre Carthage, mais dont la fureur était au paroxysme parce que l'on avait laissé leurs compatriotes à Syracuse, en les livrant à la boucherie, s'assemblent comme des forcenés, prennent les armes, se saisissent de Tunis et marchent contre Carthage, au nombre de 200,000. La ville se crut perdue. On voit dans cette révolte un effet de la colère des dieux dont Himilcon avait détruit les temples en Sicile et on songe tout d'abord à les apaiser. On leur érige de magnifiques statues, on leur donne pour prêtres les personnes les plus notables, on leur offre des sacrifices et des victimes ; puis, on songe à la résistance.

Les Africains, malheureusement pour eux, n'avaient point de chef, de provisions, de machines de guerre, de discipline, de subordination. Chacun voulut commander, personne ne fut disposé à obéir. La division se glissa bientôt parmi eux ; la famine augmentant tous les jours, ils finirent par se retirer dans leur pays : Carthage en fut quitte pour la peur.

Mentionnons qu'au moment de la grande invasion d'Himilcon, 50 Messinois traversèrent à la nage le détroit qui sépare la Sicile de l'Italie ; il est juste de faire observer qu'ils étaient partis 200 !

383. — Les Carthaginois, que rien ne rebutait, font de nouvelles tentatives sur la Sicile, y envoient

Magon leur suffète, qui perd une bataille où il fut tué.

Néanmoins Carthage obtint une trêve assez longue, à la fin de laquelle son fils, appelé aussi Magon, et qui avait une grande réputation, reprend vigoureusement l'offensive et contraint Denis à reconnaître aux Carthaginois la possession de toute la Sicile occidentale au delà du fleuve Halycos.

Denis dut, en outre, payer une indemnité de 100 talents (556,000 fr.). Ses frères, les amiraux Leptine et Théaride, commandèrent successivement les armées navales de la Sicile. (Leptine avait été tué en 383, Théaride lui avait succédé.)

368. — Renouvellement des hostilités. Mort de Denis l'Ancien, qui finit dans le regret d'une existence inachevée. Denis le Jeune n'était pas homme à frapper des coups décisifs. Timoléon l'aurait pu. Il gagna même une victoire sur les Carthaginois, mais consentit à leur reconnaître la limite du fleuve Halycos.

Pendant les guerres de Sicile, un citoyen de Carthage ayant écrit en grec à Denis l'Ancien, pour lui donner avis du départ des troupes, il fut défendu, par arrêt du sénat, aux Carthaginois d'apprendre à écrire ou à parler la langue grecque.

Le sénat voulut les mettre hors d'état d'avoir aucun commerce avec l'ennemi, soit par lettre, soit de vive voix.

Durant ces longues luttes avec la Sicile, Carthage

employa un singulier moyen pour correspondre avec le corps expéditionnaire.

Deux horloges d'eau de pareille structure furent construites. La hauteur de chacune était divisée en plusieurs cercles. Sur l'un on avait écrit : Il faut des vaisseaux; sur l'autre : Il faut de l'or, des machines, des vivres, des bêtes de somme, des renforts, etc. L'une de ces horloges fut envoyée à Carthage, l'autre resta en Sicile. On convint que lorsque l'on verrait un feu allumé de prendre garde au cercle où s'arrêterait l'eau quand on allumerait un second feu. C'est ainsi que les Carthaginois eurent promptement ce dont ils avaient besoin. Du cap Bon (*Promontorium Hermœum*) à la pointe opposée en Sicile, il y a cent trente-quatre kilomètres. Un poste situé sur l'île Pantellaria (1) transmettait les observations à Carthage. Il existe encore à Utique une tour que l'on croit avoir servi à cet usage.

356. — Nouveau traité avec Rome, contenant à peu près les mêmes dispositions que le premier (510-509) excepté que ceux de Tyr et d'Utique y étaient nommément compris et joints aux Carthaginois.

368-337. — Une anarchie sans précédent suivit la mort de Denis l'Ancien.

Dion, beau-frère de Denis l'Ancien, accourt de

---

(1) L'île Pantellaria appartient maintenant à l'Italie.

l'exil. 4,000 citoyens sont égorgés en un seul jour et, sur leurs cadavres, Dion est revêtu de l'autorité suprême ; les mercenaires se refusent à ratifier ce suffrage. Dion est mis à mort.

Enfin les Syracusains envoient demander un chef à Corinthe, tandis qu'une autre fraction implore le secours d'Hicétas, tyran des Léontins.

Corinthe, pour se débarrasser de Timoléon qui venait en pleine place publique de poignarder son frère, le désigne pour aller en Sicile.

Une situation, sans précédent, est faite à Syracuse.

Denis le Jeune règne dans la citadelle ; Hicétas dans les faubourgs ; les Carthaginois qui ne pouvaient manquer une aussi belle occasion, prennent possession du port ; Timoléon est maître de la campagne.

Denis lui remet le commandement et se réfugie à Corinthe.

Timoléon gagne adroitement à sa cause les mercenaires du suffète Carthaginois Magon II ; livre à ce dernier une bataille sur les bords du Crimèse et avec une poignée d'hommes lui inflige une défaite terrible ; Magon perd 10,000 hommes, laisse 45,000 prisonniers et 200 chars entre les mains du Corinthien. Le Crimèse fut teint du sang des Carthaginois. Amilcar II et Annibal II furent élus suffètes.

340. — Des inscriptions gravées sur les temples

de Corinthe disent que « les Corinthiens, et Timoléon leur chef, après avoir affranchi du joug des Carthaginois les Grecs établis en Sicile, avaient appendu les armes et les dépouilles envoyées par lui, dans les temples, pour en rendre aux dieux des actions de grâces immortelles. »

339. — Cette victoire fut suivie de la prise de plusieurs villes. Les Carthaginois furent obligés de demander la paix que Timoléon leur accorda, comme nous l'avons vu plus haut, à des conditions relativement dures.

339. — Le suffète Giscon, frère d'Hannon, après la défaite du Crimèse, prit le commandement des troupes carthaginoises restant en Sicile. Il ne put empêcher la prise de plusieurs villes.

Les Carthaginois durent solliciter une paix que Timoléon signa volontiers.

Giscon s'était joint à Hicétas.

D'après certains historiens, c'est à cette époque qu'aurait eu lieu la conspiration d'Hannon dont nous avons déjà fait mention.

337. — Timoléon meurt : « Moissonné à temps, dit l'amiral Jurien de la Gravière, il descendit au tombeau avec toute sa gloire, et les historiens s'accordent pour lui décerner le titre usurpé de pacificateur de la Sicile. »

333. — Son œuvre ne tarda pas à être renversée. Les Carthaginois s'emparent du midi de la Sicile.

332. — Alexandre le Grand prend la ville de Tyr, dont la plupart des habitants avaient été envoyés à Carthage.

Courses des Carthaginois qui cherchent à étendre leur domination.

324. — Grâce à l'appui des Carthaginois, Agathocle (1) avait réussi à s'emparer du pouvoir à Syracuse ; se retournant ensuite contre ceux auxquels il devait toute sa fortune, il déchira le traité consenti par le suffète Amilcar III qui, à la tête de ses troupes, l'oblige à se renfermer dans Syracuse que le général carthaginois assiège aussitôt.

310-307. — Bomilcar et Hannon II sont nommés suffètes.

309. — Laissons parler l'historien Justin :

Le tyran Agathocle régnait en Sicile depuis sept ans, lorsque les Carthaginois vinrent assiéger Syracuse. Alors, sans communiquer à personne le but de son voyage, il se dirigea vers l'Afrique. Toute l'armée croyait qu'il allait en Italie pour piller, ou qu'on ferait une descente en Sardaigne. Enfin, il débarque ses soldats sur le rivage africain, puis il dévoile son plan : « Il ne nous reste, dit-il,

---

(1) Agathocle était le fils d'un pauvre potier de Reggio.

d'autre ressource que de faire aux ennemis ce que les ennemis nous font à nous-mêmes. Autre est la guerre au dedans, autre la guerre au dehors ; ici l'ennemi peut être vaincu même par ses propres forces, car ses alliés peuvent l'abandonner, et, en haine d'une domination trop longue, chercher autour d'eux des secours étrangers. De plus, dans ce pays, les villes généralement ne sont pas entourées de murs ; elles ne sont point placées sur des montagnes, mais dans des plaines, où elles s'étendent sans aucune espèce de fortifications ; la crainte d'être détruites les décidera facilement à s'allier avec nous dans cette guerre. Une chose surtout contribuera puissamment à notre victoire, c'est la frayeur subite des Carthaginois, qui, terrifiés par une si grande audace, vont trembler en s'apercevant qu'ils ne sont pas les seuls à porter la guerre chez les autres peuples, et que ceux-ci, à leur tour, emploient contre Carthage un semblable système. De cette façon, les Carthaginois peuvent être vaincus, et la Sicile peut même être délivrée ; car les ennemis ne sauraient prolonger le siège, alors que leur propre territoire est menacé. Vous aurez certainement dans l'avenir l'honneur d'une entreprise honorable, et l'on dira que de tous les mortels vous êtes les seuls qui ayez porté jusque chez l'ennemi la guerre que vous ne pouvez tolérer chez vous ; on dira que les vaincus ont poursuivi les vainqueurs et que les assiégés sont devenus les assiégeants. Il faut donc se lancer dans cette guerre avec joie et courage ; car, vainqueurs, nous en retirerons des avantages immenses, et, vaincus, nous y gagnerons néanmoins une gloire sans pareille. » C'est ainsi qu'il encouragea ses soldats ; puis, du consentement général, il fit brûler tous les vaisseaux, afin qu'on sût bien qu'il ne restait plus aucun moyen de fuite et qu'il fallait vaincre ou mourir.

Agathocle avait le commandement en chef des troupes et pour lieutenants ses fils Archagathe et Héroclide.

Tunis fut l'une des premières villes qui tombèrent entre les mains des Syracusains.

L'arrivée, sous les murs de Carthage, de l'armée d'Agathocle fit supposer que les Carthaginois avaient été défaits en Sicile et que la flotte avait été anéantie.

Le peuple s'assembla à la hâte et tumultueusement. On délibéra sur les moyens de sauver Carthage.

Il n'y avait point de troupes sur pied qu'on pût opposer à l'ennemi, et le danger pressant ne permettait pas d'attendre celles qu'on pourrait lever à la campagne et chez les alliés. Il fut donc résolu, après bien des avis, d'armer les citoyens. Le nombre des troupes monta à 40,000 hommes d'infanterie, 1,000 chevaux et 2,000 chariots armés en guerre. On en donna le commandement à Hannon et à Bomilcar, quoique par des intérêts de famille ils fussent malheureusement divisés. Ils marchèrent aussitôt à l'ennemi, et, l'ayant atteint, rangèrent leur armée en bataille. Les troupes d'Agathocle ne montaient qu'à 13 ou 14,000 hommes. On donna le signal : le combat fut très rude. Hannon, avec sa cohorte sacrée (c'était l'élite des troupes carthaginoises), soutint longtemps les Grecs, et les enfonça même quelquefois : mais enfin, accablé d'une grêle de pierres, et percé de coups, il tomba mort. Bomilcar aurait pu rétablir le combat ; mais il avait des raisons secrètes et personnelles de ne pas procurer la victoire à sa patrie. Ainsi il jugea à propos de se retirer avec ses troupes, et il fut suivi du reste de l'armée, qui se vit obligée malgré elle de céder à l'ennemi. Agathocle, après l'avoir poursuivie pendant quelque temps, revint sur ses pas et pilla le camp des Carthaginois. On y trouva 20,000 paires de menottes, dont ils s'étaient fournis, comptant sûrement qu'ils feraient beaucoup de prisonniers. Le fruit de la victoire fut la prise d'un grand nombre de places et la révolte de plusieurs habitants du pays qui se joignirent au vainqueur.

Diodore de Sicile rapporte un exemple de cruauté qui fait frémir.

Dans le temps, dit-il, qu'Agathocle était près de mettre le siège devant Carthage, les habitants de cette ville, se voyant réduits à la dernière extrémité, imputèrent leur malheur à la colère de Saturne contre eux, parce que, au lieu des enfants de la première qualité, qu'on avait coutume de lui sacrifier, on avait mis frauduleusement à leur place des enfants d'esclaves et d'étrangers. Pour réparer cette faute, ils immolèrent à Saturne 200 enfants des meilleures maisons de Carthage; et outre cela, plus de 300 citoyens, qui se sentaient coupables de ce prétendu crime, s'offrirent volontairement en sacrifice. Diodore ajoute qu'il y avait une statue d'airain de Saturne, dont les mains étaient penchées vers la terre de telle sorte que l'enfant qu'on posait sur ces mains tombait aussitôt dans une ouverture et une fournaise pleine de feu.

Est-ce là, dit Plutarque, adorer les dieux? Est-ce avoir d'eux une idée qui leur fasse beaucoup d'honneur, que de les supposer avides de carnage, altérés du sang humain, et capables d'exiger et d'agréer de telles victimes? La religion, dit cet auteur sensé, est environnée de deux écueils, également dangereux à l'homme, également injurieux à la divinité : savoir, de l'impiété et de la superstition. L'une, par affectation d'esprit fort, ne croit rien ; l'autre, par une aveugle faiblesse, croit tout. L'impiété, pour secouer un joug et une crainte qui la gêne, nie qu'il y ait des dieux ; la superstition, pour calmer aussi ses frayeurs, se forge des dieux selon son caprice, non seulement amis, mais protecteurs et modèles du crime. Ne valait-il pas mieux, dit-il encore, que Carthage, dès le commencement, prît pour législateur un Critias, un Diagoras, athées reconnus et se donnant pour tels, que d'adopter une si étrange et si perverse religion ? Les Typhons, les Géants, ennemis déclarés des dieux, s'ils avaient triomphé du ciel, auraient-ils pu établir sur la terre des sacrifices plus abominables ?

Voilà ce que pensait un païen du culte carthaginois. On ne pourrait pas croire le genre humain susceptible d'un tel excès de fureur et de frénésie. Les hommes ne portent point communément dans leur propre fond un renversement si universel de tout ce que la nature a de plus sacré.

Immoler, égorger soi-même ses propres enfants et les jeter de sang-froid dans un brasier ardent !

Des sentiments aussi dénaturés, aussi barbares, adoptés cependant par des nations entières et policées ; par les Phéniciens, les Carthaginois, les Gaulois, les Scythes, les Grecs, les Romains, consacrés par une pratique constante de plusieurs siècles, ne peuvent avoir été inspirés que par celui qui a été homicide dès le commencement et qui ne prend plaisir qu'à la dégradation, à la misère et à la perte de l'homme.

Après ces *expiations*, on dépêcha vers Amilcar III qui tenait toujours en Sicile pour lui annoncer ce qui se passait en Afrique et le presser d'envoyer du secours.

Amilcar fit répandre le bruit de la défaite d'Agathocle et montra les ferrements des vaisseaux syracusains qu'on avait eu soin de lui envoyer.

Déjà Syracuse allait se rendre et capituler lorsqu'une galère à trente rames, qu'Agathocle avait fait construire à la hâte, arriva dans le port et parvint non sans peine et sans danger jusqu'aux assiégés. La nouvelle de la victoire d'Agathocle se répandant bientôt dans toute la ville, rendit la joie et le courage à tous les habitants. Amilcar fit un dernier effort pour emporter la ville d'assaut, et fut repoussé avec perte. Il leva le siège et envoya 5,000 hommes de secours à sa patrie. Quelque temps après, ayant repris le siège et croyant surprendre les Syracusains en les attaquant de nuit, son dessein fut découvert et il tomba vif entre les mains des ennemis qui lui firent souffrir les derniers supplices. La tête d'Amilcar fut envoyée sur-le-champ à Agathocle. Il s'approcha aussitôt du camp des ennemis, et y répandit une consternation générale en leur montrant en quel état étaient leurs affaires de Sicile.

307. — Aux ennemis étrangers s'en joignit un domestique, plus dangereux et plus à craindre que les autres : c'était Bomilcar, leur général, et qui actuellement exerçait la première magistrature. Il songeait depuis longtemps à se faire tyran dans Carthage et à s'y procurer une autorité souveraine. Il crut que les troubles présents lui en offraient une occasion favorable. Il entre donc dans la ville, dit

Rollin, et soutenu par un petit nombre de citoyens ses complices, et par une troupe de mercenaires, il se fait déclarer tyran et commence aussitôt à montrer qu'il l'était en faisant égorger sans pitié tous les citoyens qu'il rencontre. Un grand tumulte s'éleva dans Carthage, on crut un instant qu'Agathocle y était entré par trahison. Lorsque l'on sut la vérité, la jeunesse prit les armes et accabla du haut des toits les gens de Bomilcar, avec des pierres et des traits.

Bomilcar se retira sur une hauteur et fit promettre pour ses hommes une amnistie entière.

Bomilcar saisi par les Carthaginois fut crucifié. Du haut de l'instrument de son supplice, il harangua le peuple et se crut en droit de lui reprocher véhémentement son injustice, son ingratitude et sa perfidie, en faisant le dénombrement de beaucoup d'illustres généraux, dont il n'avait payé les services que par une mort infâme. Il expira en leur faisant ces reproches.

Deux cents villes d'Afrique sont prises par Agathocle qui fait assassiner Ophellas, roi de Cyrène, dont il avait flatté l'ambition et obtenu des secours à l'aide de promesses trompeuses.

Laissant le commandement à Archagathe, il revient en Sicile ; mais, après y avoir reçu la soumission de plusieurs villes, de mauvaises nouvelles le rappellent en Afrique.

La situation de ses troupes était gravement compromise ; les Carthaginois reprenaient le dessus ; les Africains avaient abandonné son parti.

Il avait perdu une partie de ses soldats : ce qui lui en restait n'était pas en état de tenir tête aux Carthaginois, et il ne pouvait les transporter en Sicile, parce qu'il manquait de vaisseaux et que les ennemis étaient maîtres de la mer : il ne pouvait espérer ni paix, ni traité de la part des Barbares, qu'il avait insultés d'une manière si outrageante, étant le premier qui eût osé faire une descente dans leur pays. Dans cette extrémité, il ne songea plus qu'à sauver sa vie. Après plusieurs aventures, lâche déserteur de son armée, et cruel traître de ses enfants qu'il abandonnait à la boucherie, il se déroba par la fuite aux maux qui le menaçaient, et arriva avec un petit nombre de personnes à Syracuse. Ses soldats, se voyant ainsi trahis, égorgèrent ses enfants et se rendirent à l'ennemi. Lui-même fit bientôt après une fin misérable, et termina par une mort cruelle une vie remplie de crimes.

On peut aussi placer ici un autre fait rapporté par Justin. Le bruit des conquêtes d'Alexandre le Grand fit craindre aux Carthaginois qu'il ne songeât à tourner ses armes du côté de l'Afrique.

Tyr était en son pouvoir, Alexandrie venait d'être bâtie sur les confins de l'Afrique et de l'Egypte, comme pour opposer une rivale à Carthage.

Pour découvrir la pensée du roi, les Carthaginois envoyèrent auprès de lui Amilcar, surnommé Rhodanus, qui feignit d'avoir été chassé de sa patrie.

Parménion le présenta à Alexandre auquel il offrit ses services et qui lui accorda plusieurs audiences.

A son retour à Carthage il fut mis à mort par une sentence qui prouve l'ingratitude et la cruauté de ses concitoyens.

278. — Pressés de nouveau par les Carthaginois, les Syracusains appellent à leur secours Pyrrhus, roi d'Epire.

Les Romains, à qui les desseins de ce prince ambitieux n'étaient pas inconnus, pour se fortifier contre les entreprises qu'il pourrait faire en Italie, avaient renouvelé leurs traités avec les Carthaginois (280 avant J.-C.), qui de leur côté ne craignaient pas moins qu'il passât en Sicile. On ajouta aux conditions des traités précédents, qu'en cas de guerre de la part de Pyrrhus, les deux peuples se prêteraient mutuellement du secours.

La prévoyance des Romains n'avait pas été vaine. Pyrrhus tourna ses armes contre l'Italie et y remporta plusieurs victoires. Les Carthaginois, en conséquence du dernier traité, se crurent obligés de secourir les Romains, et leur envoyèrent une flotte de cent vingt vaisseaux, commandée par Magon. Ce général, ayant été admis à l'audience du sénat, lui marqua la part que ses maîtres prenaient à la guerre qu'ils avaient appris qu'on leur suscitait et il leur offrit ses services. Le sénat témoigna sa reconnaissance pour la bonne volonté des Carthaginois, mais pour le présent n'accepta point leur secours.

Magon, quelques jours après, se transporta près de Pyrrhus, sous prétexte de pacifier ses différends au nom des Carthaginois, mais en effet pour le sonder, et pour pressentir ses desseins au sujet de la Sicile, où le bruit commun était qu'il avait résolu de passer. Ils craignaient également que Pyrrhus ou les Romains ne prissent connaissance des affaires de cette île, et n'y fissent passer des troupes.

En effet, les Syracusains, assiégés depuis quelque temps par les Carthaginois, avaient envoyé députés sur députés vers Pyrrhus, pour le presser de venir à leur secours. Ce prince avait une raison particulière de prendre les intérêts de Syracuse, ayant épousé Lanassa, fille d'Agathocle, dont il avait eu un fils nommé Alexandre. Il partit enfin de Tarente, passa le détroit, et entra en Sicile. Ses conquêtes d'abord y furent si rapides, qu'il ne resta dans toute l'île aux Carthaginois qu'une seule ville, qui était Lilybée. Il en forma le siège, mais il fut bientôt obligé de le lever, tant il y trouva une vigoureuse résistance ; et d'ailleurs on le pressait de retourner en Italie, où sa présence était absolument nécessaire. Elle ne l'était pas moins en Sicile, et dès qu'il en fut sorti, elle retourna à ses anciens maîtres. Ainsi il perdit cette île avec autant de rapidité qu'il l'avait conquise. Quand il se fut embarqué, tournant les yeux vers la Sicile : « *Quel beau champ de bataille, dit-il, nous laissons aux Romains et aux Carthaginois !* » Ce fut en effet pour la possession de la Sicile que la première guerre punique éclata. Cette fois Carthage se heurtait contre un peuple plus fort qu'elle ; parce que s'il avait moins de richesses, il avait plus de persévérance et de ce dévouement à la patrie qui ne se montre pas seulement dans les moments suprêmes, par le sacrifice de son existence, mais, ce qui est bien plus rare, dans la vie de chaque jour, par la pratique du désintéressement et le respect des lois, par le sacrifice partout et toujours de l'intérêt particulier à l'intérêt général. Voilà ce que les Romains de ce temps avaient au plus haut degré et ce qui manquait à Carthage. Voilà pourquoi les premiers ont vaincu, pourquoi l'autre est tombée. C'est dans l'histoire de Rome qu'il faut chercher le récit de ces guerres mémorables et de cette grande chute.

264. — Hannon III, suffète.

264-146. — Le but que nous nous proposons ne nous permet pas de nous attarder longtemps sur les guerres qui eurent lieu entre Carthage et Rome, aussi allons-nous faire tout notre possible pour ne donner ici qu'un résumé succinct de ces luttes mémorables qui ne durèrent pas moins de cent vingt-cinq ans, divisés en cinq intervalles.

I La première guerre punique dure vingt-quatre ans. 24

II. L'intervalle entre la première et la seconde guerre punique est aussi de vingt-quatre ans. 24

III. La seconde guerre punique dure dix-sept ans. 17

IV. L'intervalle entre la seconde et la troisième est de cinquante-cinq ans. 55

V. La troisième guerre punique, terminée par la destruction de Carthage, ne dure que cinq ans à peu de chose près. 5
_____
125

Avant d'entreprendre la narration des faits qui amenèrent la première guerre punique, empruntons à M. Gustave Flaubert une reconstitution très intéressante de Carthage au temps d'Amilcar :

Carthage était défendue dans toute la largeur de l'isthme : d'abord par un fossé, ensuite par un rempart de gazon et enfin par un haut mur de trente coudées, en pierres de taille et à double étage. Il contenait des écuries pour 300 éléphants avec des magasins pour leurs caparaçons, leurs entraves et leur nourriture, puis d'autres écuries pour 4,000 chevaux avec les provisions d'orge et d'harnachement et des casernes pour 20,000 hommes avec les armures et tout le matériel de guerre.

Des tours s'élevaient sur le second étage, toutes

garnies de créneaux et qui portaient en dehors des boucliers de bronze suspendus à des crampons.

Cette première ligne de murailles abritait Malqua, le quartier des gens de la marine et des teinturiers.

On apercevait des mâts où séchaient des voiles de pourpre, et, sur les dernières terrasses, des fourneaux d'argile pour cuire la saumure.

Par derrière, la ville étageait en amphithéâtre ses hautes maisons de forme cubique. Elles étaient en pierres, en planches, en galets, en roseaux, en coquillages et en terre battue. Les bois des temples faisaient comme des lacs de verdure dans cette montagne de blocs, diversement coloriés. Les places publiques la nivelaient à des distances inégales, d'innombrables ruelles s'entre-croisant la coupaient de haut en bas.

On distinguait les enceintes des trois vieux quartiers maintenant confondus ; elles se levaient çà et là comme de grands écueils ou allongeaient leurs pans énormes, à demi-couverts de fleurs, noircis, largement rayés par le jet des immondices et des rues, passant dans leurs ouvertures béantes comme des fleuves sous des ponts.

La colline de l'Acropole, au centre de Byrsa, disparaissait sous un désordre de monuments. C'étaient des temples à colonnes torses avec des chapiteaux de bronze et des chaînes de métal, des cônes en pierres riches à bande d'azur, des coupoles de cuivre, des architraves de marbre, des contreforts babyloniens, des obélisques posant sur leur pointe comme des flambeaux renversés.

Les péristyles atteignaient aux frontons ; les volutes se déroulaient entre les colonnettes ; des murailles de granit supportaient des cloisons de tuiles ; tout cela montait l'un sur l'autre en se cachant à demi, d'une façon merveilleuse et imcompréhensible. On y sentait la succession des âges et comme des souvenirs des patries oubliées.

Derrière l'Acropole, dans les terrains rouges, le chemin des Mappules, bordé de tombeaux, s'allongeant en ligne droite du rivage aux catacombes ; de larges habitations s'espaçaient ensuite dans des jardins, et ce troisième quartier, Mégara, la ville neuve, allait jusqu'au bord de la falaise, où se dressait un phare géant qui flambait toutes les nuits.

En 294 avait commencé la rivalité entre la famille Barca et la famille Hannon. Nous verrons plus tard quelles en furent les conséquences pour Carthage.

GUERRES PUNIQUES

265. — Les Mamertins, aventuriers amenés par Agathocle en Sicile, dont les colonies carthaginoises étaient gouvernées par Hannon II, prennent Messine ; pressés par les Romains ils choisissent Hiéron pour roi et demandent des secours à Hannon, tandis qu'une partie des habitants de Messine implore la protection des Romains.

Le sénat romain, voulant profiter de l'occasion pour arrêter les progrès des Carthaginois, envoya à Messine le consul Appius Claudius, qui trompe habilement la vigilance d'Hannon. Ce malheureux général retourne à Carthage ; il y est crucifié. Le suffète Amilcar IV et Annibal III sont envoyés en Sicile ; Agrigente devient le rempart des Carthaginois dans cette île.

Les Carthaginois perdent Agrigente, abandonnée par Hiéron en 262 et le suffète Hannon III qui meurt en croix à Carthage.

Les Romains entreprennent de disputer aux Carthaginois l'empire des mers.

Un vaisseau de Carthage leur sert de modèle et ils se mettent avec ardeur à en bâtir de semblables, en même temps qu'on exerçait des rameurs. En deux mois 100 galères à cinq rangs de rames et 20 à trois rangs furent construites.

Le consul Cneius Cornelius livre une première bataille navale à Lipari ; trahi par Boodès, il perd 17 galères.

Le consul Duilius, attribuant plus encore à l'inexpérience des marins romains qu'à la trahison la défaite de son collègue, imagine une nouvelle tactique.

Les Romains atteignirent la flotte ennemie non loin de Myles, on se prépara aussitôt au combat.

Comme les galères des Romains, construites grossièrement à la hâte, n'étaient pas fort agiles, ni faciles à manier, ils suppléèrent à cet inconvénient par une machine qui fut inventée sur-le-champ, et que depuis on a appelée *Corbeau*, par le moyen de laquelle ils accrochaient les vaisseaux des ennemis, passaient dedans malgré eux et en venaient aussitôt aux mains. On donna le signal du combat. La flotte des Carthaginois était composée de 130 vaisseaux, et commandée par un Annibal. Il montait une galère à sept rangs de rames, qui avait appartenu à Pyrrhus. Les Carthaginois, pleins de mépris pour des ennemis à qui la marine était absolument inconnue, et qui n'oseraient pas sans doute les attendre, s'avancent fièrement, moins pour combattre que pour recueillir les dépouilles dont ils se croyaient déjà maîtres. Ils furent pourtant un peu étonnés de ces machines qu'ils voyaient élevées sur la proue de chaque vaisseau et qui étaient nouvelles pour eux. Ils le furent bien plus lorsque ces machines, abaissées tout d'un coup et lancées avec force sur leurs vaisseaux, les accrochèrent et changèrent la forme du combat en obligeant les Carthaginois à en venir aux mains comme si l'on eût été à terre. Le carnage fut horrible ; les Carthaginois perdirent 80 vaisseaux, Annibal, leur chef, se sauva avec peine dans une chaloupe.

De son côté, Amilcar, défait à Panorme, va mourir sur la croix dans sa patrie.

Le sénat romain, surpris et charmé d'un succès aussi prompt qu'inespéré, imagina des honneurs inconnus dans ces temps de simplicité et de mœurs austères; il se relâcha de sa sévérité accoutumée et permit à Duilius de souper aux flambeaux et d'avoir de la musique à ses repas. On lui érigea également une colonne rostrale, pour perpétuer le souvenir de ses exploits. Cette colonne subsiste encore à Rome.

Pendant deux ans, les Romains se fortifièrent encore. Deux de leurs flottes furent détruites par la tempête. Ils ne se laissèrent pas abattre et construisirent d'autres navires. Puis, ils portèrent enfin la guerre en Afrique.

La flotte romaine, sous les ordres des consuls M. Attilius Régulus et L. Manlius, rencontra la flotte carthaginoise commandée par Hannon et Amilcar, près d'Ecume, en Sicile.

Le combat fut long, opiniâtre, acharné.

La victoire resta aux Romains qui firent immédiatement voile en Afrique et s'emparèrent de Clypéa. Les consuls expédièrent des courriers au sénat pour annoncer leur débarquement et saccagèrent le littoral, emmenant un grand nombre de troupeaux et 20,000 prisonniers.

Les courriers envoyés à Rome rapportèrent les ordres du sénat : Attilius Régulus devait rester en Afrique tandis que son collègue rentrerait en Italie et ramènerait une partie de la flotte, ne laissant à Régulus que 40 vaisseaux, 15,000 fantassins et 500 chevaux; c'était renoncer au bénéfice de la descente en Afrique effectuée si heureusement par Régulus et Manlius Vulso.

Carthage était cependant aux abois.

Tunis, dont la flotte s'était jointe à celle de Carthage, venait d'être prise par les Romains qui en firent leur principal point d'appui.

Régulus combat, sur les bords de la Medjerdah, un serpent monstrueux, ce qu'il considère comme un fâcheux présage.

200 places furent successivement enlevées aux Carthaginois.

Amilcar, défait à Panorme, meurt en croix à Carthage.

Malgré la poignée de soldats qu'il commandait, Régulus, persuadé qu'il en aurait bientôt terminé avec Carthage, fit faire aux vaincus des propositions telles qu'ils en furent exaspérés et qu'ils résolurent de périr les armes à la main plutôt que de rien consentir qui fût indigne de la grandeur et de l'honneur de leur patrie.

Hippone, la Corse et la Sardaigne, étaient passées sous la domination romaine.

Annibal avait péri à Carthage du même supplice que les généraux, ses devanciers.

Les suffètes Amilcar V et Hannon V, fils d'Asdrubal Bostar, luttaient en désespérés.

255. — Le sénat carthaginois accueille Xantippe, capitaine lacédémonien de grande valeur, qui réta-

blit la discipline, forme une armée et la conduit à la victoire sous les murs de Tunis.

236. — Xantippe mit à la tête de son armée et sur une même ligne ses éléphants. Derrière, à quelque distance, il rangea en phalange l'infanterie carthaginoise. Les troupes étrangères furent disposées : une partie à la droite entre la phalange et la cavalerie, l'autre, c'est-à-dire les soldats armés à la légère, fut rangée par pelotons à la tête des deux ailes de cavalerie.

Régulus, pour soutenir le courage des Romains qui devaient lutter avec les éléphants qui les effrayaient tant, distribua les troupes armées à la légère sur une ligne à la tête des légions; après elles, il plaça les cohortes les unes derrière les autres et mit sa cavalerie sur les ailes. En donnant ainsi au corps de bataille moins de front et plus de profondeur, il prenait à la vérité de justes mesures contre les éléphants, dit Polybe, mais il ne remédiait point à l'inégalité de la cavalerie, qui du côté des ennemis était beaucoup supérieure à la sienne.

Les deux armées ainsi rangées n'attendaient que le signal. Xantippe ordonne de faire avancer les éléphants pour enfoncer les rangs des ennemis, et commande aux deux ailes de la cavalerie de prendre en flancs les Romains. Ceux-ci en même temps, après avoir jeté de grands cris selon leur coutume, et fait grand bruit avec leurs armes, marchent contre l'ennemi. Leur cavalerie ne tint pas longtemps, elle était trop inférieure à celle des Carthaginois. L'infanterie de la gauche, pour éviter le choc des éléphants, et faire voir combien elle craignait peu les soldats étrangers, qui faisaient la droite dans l'infanterie ennemie, l'attaque, la renverse, et la poursuit jusqu'au camp. De ceux qui étaient opposés aux éléphants, les premiers furent foulés aux pieds, et écrasés, en se défendant vaillamment : le reste du corps de bataille tint ferme quelque temps à cause de sa profondeur. Mais lorsque les derniers rangs, enveloppés par la cavalerie, furent contraints de tourner face pour faire tête aux ennemis, et que ceux qui avaient forcé le passage au travers des éléphants rencontrèrent la phalange des Carthaginois qui n'avait point encore chargé, et qui était en bon ordre, les Romains furent mis en déroute de tous côtés, et entièrement défaits. La plupart furent écrasés sous le poids énorme des éléphants : le reste, sans sortir de son rang, fut criblé des traits de la cavalerie. Il n'y en eut qu'un petit nombre qui prit la fuite : mais comme c'était dans un pays plat, les éléphants et la cavalerie en tuèrent une grande partie. 500, ou environ, qui fuyaient avec Régulus, furent faits prisonniers. Les Carthaginois perdirent en cette occasion 800 soldats étrangers, qui étaient opposés à l'aile gauche des Romains ; et de ceux-ci, il ne se sauva que les 2,000, qui, en poursuivant l'aile droite des ennemis, s'étaient tirés de la mêlée. Tout le reste demeura sur la place, à l'exception de Régulus et de ceux qui furent pris avec lui. Les 2,000, qui avaient échappé au carnage, se retirèrent à Clypéa, et furent sauvés comme par miracle.

Les Carthaginois, après avoir dépouillé les morts rentrèrent triomphants dans Carthage, traînant après eux le général des Romains et 500 prisonniers. Leur joie fut d'autant plus grande, que quelques jours auparavant ils s'étaient vus à deux doigts de leur perte.

Aussitôt après sa victoire, Xantippe quitta sagement l'Afrique, sa qualité d'étranger, son triomphe, la jalousie, l'ingratitude de ceux qu'il avait sauvés mettaient sa vie en danger ; comment aurait-il pu se fier à un peuple qui, au premier revers, faisait mourir ses plus illustres généraux ?

Après quelques années de détention dans les prisons de Carthage, Régulus fut envoyé à Rome pour obtenir l'échange des prisonniers. Il dissuada le sénat de donner suite à cette proposition et repartit pour Carthage sans se laisser toucher par la douleur de ses amis, les larmes de sa femme et de ses enfants. Il n'ignorait pas cependant à quelles tortures il était voué.

Les Carthaginois l'enfermèrent dans un coffre hérissé de pointes, qui ne lui laissaient aucun moment de repos, ni jour, ni nuit. On lui avait auparavant coupé les paupières, puis on le faisait sortir tout à coup de son noir cachot pour l'exposer au soleil le plus vif et le plus ardent.

Enfin on le crucifia. Les Carthaginois se couvrirent par là d'une honte éternelle.

Par représailles les Romains livrèrent à la femme du consul les principaux prisonniers carthaginois.

Marcia fit subir à Amilcar le même tourment que celui qu'avait enduré son mari.

La mort de Régulus fut vengée par une défaite générale dans laquelle Carthage perdit 120 vaisseaux et l'espoir de continuer la guerre. Cette bataille eut lieu en vue de la Sicile.

Les Romains passèrent en Afrique et y recueillirent ceux des leurs qui avaient échappé à la défaite de Régulus et qui s'étaient courageusement défendus dans Clypéa où on les avait inutilement assiégés.

Deux tempêtes anéantissent les flottes romaines.

Néanmoins, ils reprennent bientôt l'offensive.

Le consul Cécilius Métellus rencontre le suffète Asdrubal III près de Palerme, le bat et lui prend 104 éléphants. Asdrubal s'enfuit à Carthage où il est puni de mort.

Désormais les soldats romains n'auront plus peur des éléphants puisqu'ils en auront eux-mêmes dans leurs armées.

Sur l'ordre du sénat, désireux de mettre fin à cette guerre, les consuls Manlius et Métellus arrivent en Sicile avec une flotte de 200 vaisseaux et forment le dessein d'attaquer Lilybée, la plus forte place des Carthaginois et dont la prise devait laisser aux Romains un libre passage en Afrique.

Imilcon commandait à Lilybée ; il avait 10,000 hommes de troupes, sans compter les habitants.

Le suffète Annibal III le Rhodien, fils d'Amilcar, force la flotte romaine et amène à Imilcon presque autant d'hommes qu'il en avait déjà.

248. — Les Romains avaient déjà entouré la ville de machines ; plusieurs tours avaient été renversées à coups de bélier. Imilcon résolut, pour sauver la ville, de mettre le feu à ces machines.

Dès la pointe du jour, il fit sortir ses troupes portant des flambeaux à la main, de l'étoupe et autres matières combustibles.

Le combat fut des plus sanglants. L'avantage resta aux Romains.

Dans la nuit, Annibal prit la mer et, dérobant sa marche, se rendit à Drépane où était le suffète Adherbal, chef des Carthaginois.

Les Romains encouragés par ce succès recommencèrent l'attaque avec plus d'ardeur encore qu'auparavant sans que les assiégés osassent penser à faire une nouvelle tentative pour brûler les machines, tant la première les avait rebutés par la perte qu'ils y avaient faite. Mais un vent très violent s'étant levé tout à coup, quelques soldats mercenaires en donnèrent avis au commandant, lui représentant que c'était une occasion tout à fait favorable pour mettre le feu aux machines des assiégeants, d'autant plus que le vent donnait de leur côté, et ils s'offrirent pour cette expédition. Leur offre fut acceptée. On leur fournit tout ce qui était nécessaire pour cette entreprise. En un moment le feu prit à toutes les machines, sans qu'il fût possible aux Romains d'y remédier, parce que, dans cet incendie qui était devenu presque général en fort peu de temps, le vent portait dans leurs yeux les étincelles et la fumée, et les empêchait de discerner où il fallait appliquer le secours, au lieu que les autres voyaient clairement où ils devaient porter leurs coups et jeter le feu. Cet accident fit perdre aux Romains l'espérance de pouvoir emporter la place de vive force. Ils changèrent donc le siège en blocus, entourèrent la ville par une bonne contrevallation et répandirent leur armée dans tous les environs, résolus d'attendre du temps ce qu'ils se voyaient hors d'état d'exécuter par une voie plus courte.

Quand on apprit à Rome ce qui venait de se passer au siège de Lilybée, chacun se hâta de se faire enrôler. On leva ainsi une armée de 10,000 hommes qui passa le détroit et vint se joindre aux assiégeants.

Le consul P. Claudius Pulcher est battu complétement par Adherbal devant Drépane.

Il ne s'échappa de la flotte romaine que 30 vaisseaux qui prirent la fuite avec le consul.

De son côté, le consul Junius bloquait la ville d'Eryx, défendue par l'ancien suffète Carthulon. Amilcar VI (Barca), père du fameux Annibal, trouva néanmoins le moyen d'y pénétrer et ne cessa pendant deux ans de harceler les Romains.

246. — Il ravage les côtes de la Sicile, tandis que les Romains désolent celles d'Afrique et reprennent Hippone.

241. — Hannon tente malheureusement de décharger des vivres et des renforts à Lilybée.

Hannon aurait voulu combiner son mouvement avec Amilcar. La défaite des Carthaginois fut complète. Le consul Lutatius, à Hiéronèse, fait 10,000 prisonniers, coule 50 navires, en prend 70.

Les Carthaginois chargèrent Amilcar Barca de négocier la paix.

Lutatius, qui savait combien les Romains étaient fatigués de la guerre, ne se montra point difficile et dicta les conditions suivantes :

Il y aura, si le peuple romain l'approuve, amitié entre Rome et Carthage aux conditions qui suivent : Les Carthaginois sortiront de toute la Sicile. Ils ne feront point la guerre à Hiéron, et ne porteront point les armes contre les Syracusains, ni contre leurs alliés. Ils rendront aux Romains sans rançon tous les prisonniers qu'ils ont faits sur eux. Ils leur paieront, dans l'espace de vingt ans, deux mille deux cents talents Euboïques d'argent. Il est bon de remarquer en passant la simplicité, la précision, la clarté de ce traité, qui dit tant de choses en si peu de mots, et qui règle en peu de lignes tous les intérêts de deux puissants peuples et de leurs alliés sur terre et sur mer.

Quand on eut porté ces conditions à Rome, le peuple ne les approuvant point envoya dix députés sur les lieux pour terminer l'affaire en dernier ressort. Ils ne changèrent rien dans le fond du traité. Ils abrégèrent seulement les termes du paiement, en les réduisant à dix années, ajoutèrent mille talents à la somme qui avait été marquée, qui seraient payés sur-le-champ; et exigèrent des Carthaginois qu'ils sortiraient de toutes les îles qui sont entre l'Italie et la Sicile. La Sardaigne n'y était pas comprise, mais elle fut englobée par les Romains dans un traité qui fut signé quelques années plus tard.

Au moment où commença la première guerre punique, qui dura 24 ans, les possessions de Carthage s'étendaient en Afrique, en Espagne et dans les îles de la Méditerranée; elles comprenaient:

En Afrique, l'Afrique propre, entre la Grande Syrte à l'est, le fleuve Tusca à l'ouest, la mer Méditerranée au nord et les monts Usaletus et Juchabarus au sud, qui faisaient partie de l'Atlas. Le lac Tritonis divisait cette contrée en deux parties:

1° la région des deux Syrtes à l'est; villes principales : Leptis-Magna (Lebida). Œa ou Occa (Tripoli), Sabrata (Sabart). Ces trois ports de mer avaient fait donner à cette partie de la côte le nom de Tripolitaine. On remarquait encore Tacapa (Gabès) et Charax (Cara-Caïca), tous deux sur la mer. 2° Le territoire carthaginois, renommé pour sa fécondité prodigieuse : il comprenait la Bysacène au sud, habitée primitivement par la peuplade des Bysantes ; villes principales : sur la côte, Thænæ (Taïneh), Taphrura ou Taphra (Sfax), Thapsus (Demsas), Leptis-Parva (Lempta), Adrumetum ; dans l'intérieur Thysdrus (El-Djem), Tala et Capsa (Cafla), forteresses importantes ; Suffetula. — La Zeugitane au nord, villes principales : à l'est, entre le Bagradas et la mer, Carthage, Zama ou Zagma (Zamora), à trois cents milles de Carthage ; Tunes ou Tunetum (Tunis), Aspis ou Clypea, Néphéris, Sicca (El-Kef), Utique (Satcor ou Booshalter) ; à l'ouest, entre le Bagradas (Medjerdah) et la Tusca. Hippo-Zarytus (Bizerte), Vacca ou Vaga (Vegia).

Les villes et les établissements que Carthage avait fondés sur la côte de la Méditerranée et de l'Océan Atlantique étaient, depuis l'embouchure de la Tusca, jusqu'aux colonnes d'Hercule : Tabraca, Rusicada (Sgigada), Sgilgilis (Djigelly), Rusucurru (Alger), Jol, Rusadir ou Rhyssidiron (Melilla) ; sur les côtes de l'Océan : Tingis (Tanger), Lixus, ancienne colonie phénicienne, Banasa et Sala, à l'embouchure du Chrétès ou Sala (Bucagrag).

Les peuples tributaires étaient : 1° les Machlyes, les Maxyes et les Ausences, au sud : les Lotophayes, les Maces et les Nasamons, à l'est.

2° En Espagne, les colonies phéniciennes que Carthage avait assujéties : Gadès (Cadix), Hispalis (Séville), Carteïa ou Héraclée, Tarsis ou Tartessus, Malaca (Malaga), etc.

3° Les îles dans l'Océan Atlantique : les îles Fortunées (îles Canaries) ; Cerné où Hannon, l'auteur du *Périple*, bâtit un fort : on ignore encore sa position ; dans la mer Méditerranée : Cercine, vis-à-vis de Taphrura ; Lopaduse (Lampédouse) ; Cothon, qui formait une partie du port de Carthage ; Meninx ou Gerba (Djerbi) au sud-est ; Cosyra (Pantellaria), en face du cap Hermien ; Mélita (Malte) ; Gaulos, au nord-ouest de Mélita ; la Sardaigne, ville principale : Caralis ou Calaris (Cagliari), fondée par les Carthaginois ; la Corse, villes principales : Aleria, fondée par les Phocéens ; Nicée, au sud-ouest ; la Sicile : les Carthaginois possédaient toute la partie occidentale de cette île jusqu'au fleuve Acrayas ; villes principales : Lilybée (Marsala), Panorme (Palerme), Motya (Il-Butrone), Soloïs ou Soluntum (Solanto), colonies phéniciennes ; Eryx ou Elym, Egeste ou Ségeste, Drépani (Trapani), colonies troyennes ; Sélinonte, Agrigente, etc., colonies grecques. Les îles Egates au nord-ouest, en face de Drépane et les îles d'Eole ou de Vulcain (îles Lipari) au nord, appartenaient aussi aux Carthaginois. Quant aux îles Baléares, il est probable qu'ils n'en firent la conquête que dans l'intervalle entre la première et la seconde guerre punique, sous la conduite de Magon, frère du grand Annibal.

Carthage eut bientôt à lutter sur le sol africain contre des ennemis plus terribles peut-être que les Romains.

Amilcar conduisit à Lilybée la garnison d'Eryx, et Giscon, gouverneur de la place, reçut l'ordre de faire partir successivement les troupes en Afrique afin qu'après leur avoir payé leur solde elles soient licenciées avant l'arrivée des autres.

Comme on n'avait plus d'argent à Carthage on préféra attendre qu'elles soient toutes arrivées, espérant obtenir ainsi la remise d'une partie de la dette

Les désordres commis par les mercenaires à Carthage obligèrent les Carthaginois à les faire conduire par leurs chefs à Sicca.

Ces mercenaires se composaient d'Espagnols, de Gaulois, qui déjà avaient voulu livrer Eryx aux Romains (243), de Liguriens, de Baléares, de Grecs, d'Africains, etc. Au nombre de 20,000 ils se dirigent sur Carthage et prennent Tunis.

Giscon fut chargé de les apaiser. Il allait réussir lorsque Autarite, Spendius de Capoue et Mathos, se jettent dans sa tente, pillent le trésor destiné au paiement des troupes, l'entraînent en prison à Tunis, avec sa suite et commencent le siège d'Utique et d'Hippacra.

Tous les Carthaginois en état de porter les armes s'enrôlent sous les ordres d'Hannon.

Les révoltés eurent de suite une armée de 60,000 hommes et tinrent Carthage étroitement bloquée.

Hannon fut bientôt remplacé par Amilcar qui fit lever le siège d'Utique et s'empara des principaux points occupés par les mercenaires.

Un seigneur numide, Naravase, vint se joindre à lui avec 2,000 cavaliers. Amilcar reçut avec bienveillance les mercenaires qui passaient de son côté.

Spendius, pour forcer Barca à la sévérité, fit massacrer Giscon et 700 Carthaginois. On leur coupa les mains, on leur brisa les cuisses et on les enfouit vivants dans une fosse. On refusa de rendre leurs corps aux Carthaginois.

Les troupes d'Amilcar usèrent de représailles.

Utique et Hippacra se déclarèrent tout à coup pour les mercenaires et égorgèrent les chefs et les soldats carthaginois.

Les mercenaires mirent le siège devant Carthage, mais ils durent bientôt le lever.

La division se mit dans leurs rangs.

Amilcar remporta une éclatante victoire sur eux; ayant fait avancer ses éléphants, ils furent écrasés ou tués au nombre de 40,000.

Amilcar parut bientôt sous les murs de Tunis, et fit attacher à une potence Spendius et ceux qui avaient été pris avec lui.

Mathos, dans une sortie, s'empara d'Annibal qui

commandait une partie de l'armée assaillante, détacha Spendius de la potence et y fit placer Annibal après l'avoir horriblement torturé.

On envoya de Carthage Hannon pour collègue à Amilcar. Des sénateurs l'accompagnèrent pour amener, au nom du salut de l'Etat, ces deux chefs à se réconcilier. Ils le firent aussitôt et s'embrassèrent mutuellement.

A la suite d'un combat opiniâtre, Mathos fut pris vivant et conduit à Carthage, où il périt dans d'atroces supplices après avoir servi d'ornement au triomphe de ses vainqueurs.

237. — Cette guerre dura trois ans et quatre mois.

Tandis que Carthage se défendait en Afrique contre les mercenaires, les troupes également salariées de Sardaigne se révoltèrent, égorgèrent leur commandant Bostar et tous les Carthaginois. Les Sardes les chassèrent, ils se réfugièrent en Italie et la Sardaigne fut perdue pour Carthage.

Les Romains, encouragés par les mercenaires, passèrent en Sardaigne et Carthage épuisée dut céder et signer un traité nouveau par lequel elle abandonnait cette île à Rome et s'obligeait à payer 1,200 talents pour se rédimer de la guerre qu'on voulait lui faire.

229. — Amilcar VI passe en Espagne, accompagné de son fils Annibal, âgé de neuf ans, après

4.

avoir combattu les Numides, et soumet la plupart des peuples de la péninsule. Il perd la vie dans une bataille qui se livra en Lusitanie, au pays des Vectones.

228. — Le suffète Asdrubal IV, son gendre, envoyé pour le remplacer, bâtit Carthage-la-Neuve, aujourd'hui Carthagène.

231. — Il est assassiné par un Gaulois qui se vengea ainsi d'un ressentiment que lui avait fait concevoir un châtiment mérité.

Trois ans avant sa mort il avait demandé au sénat qu'on lui adjoignît Annibal, âgé alors de vingt-deux ans.

Dès l'année 289 le sénat était partagé par deux puissantes factions, celle des Barca et celle des Hannon.

La faction Barcine, dont le chef était Amilcar Barca, formait un parti opposé à celui de la famille Hannon; elle était l'ennemie jurée des Romains. Asdrubal, Amilcar et Annibal appartenaient à cette famille.

La faction des Hannon combattit en toute occasion les Barca et plus tard Annibal. Elle était partisante de la guerre et fit, comme on le verra, refuser à Annibal les secours dont il avait besoin pour se maintenir en Italie et le força à abandonner ses conquêtes.

La faction des Hannon représenta donc combien

la présence d'Annibal serait dangereuse en Espagne et finit par dire qu'il était à craindre que cette étincelle allumât un jour un grand incendie. La faction Barcine l'emporta et Annibal alla rejoindre son beau-frère.

Annibal avait dès l'âge de neuf ans fait, sur les autels, le serment de haïr éternellement les Romains, et il garda ce serment jusqu'à son dernier soupir.

Dès son arrivée en Espagne il s'attira les regards de toute l'armée qui crut voir revivre en lui Amilcar. Il fit trois campagnes sous Asdrubal.

Nommé en 221 à la place de ce dernier, il fut en même temps élevé à la haute dignité de suffète. Cornélius Népos, parlant de la préture qui fut donnée au même Annibal après son retour à Carthage et la conclusion de la paix, dit que ce fut vingt-deux ans depuis qu'il avait été nommé roi.

219. — Dès qu'il eut le commandement en chef, Annibal, après avoir pris Salamanque, tourne toutes ses vues sur l'Italie et finit par faire le siège de Sagonte, qu'il prit habilement tandis que les délégués de cette ville, après avoir été à Rome solliciter des secours et à Carthage où ils avaient été fort mal reçus, arrivaient juste à temps pour assister à la ruine de leur riche et opulente cité.

Tite-Live raconte ainsi le siège de Sagonte :

Pendant qu'à Rome on se préparait et on délibérait ainsi, déjà le siège de Sagonte était poussé avec la plus grande vigueur. Cette cité, de beaucoup la plus puissante au-delà de l'Èbre, était située à environ un mille de la mer. A ses premiers habitants, originaires de l'île de Zacynthe, s'étaient joints quelques Rutules de la ville d'Ardée. Au reste, cette puissance considérable, elle l'avait rapidement acquise, qu'elle la dût aux richesses du sol ou au commerce maritime, ou bien à l'accroissement de la population, ou bien enfin à cette inflexible austérité de principes qui lui fit conserver jusqu'à la mort sa fidélité à ses alliés. Annibal, à la tête d'une nombreuse armée, envahit son territoire, dans lequel il promena la dévastation, et vint attaquer la ville de trois côtés différents. Un angle du rempart faisait face à une vallée plus unie et plus ouverte que tous les alentours. C'est sur ce point qu'Annibal fit dresser les mantelets pour pouvoir battre les murs au moyen du bélier. Mais si le sol, à quelque distance de la muraille, se prêta à la construction des mantelets, on ne trouva pas du tout la même facilité lorsqu'on voulut commencer les attaques. Une tour énorme commandait cet endroit, dont on avait deviné la faiblesse, et où la muraille avait beaucoup plus d'élévation et de solidité que partout ailleurs. Des soldats d'élite avaient choisi ce poste, le plus difficile et le plus dangereux, et y faisaient une énergique résistance. La grêle de traits qu'ils lançaient éloignait d'abord l'ennemi, puis inquiétait et décourageait les travailleurs ; ensuite, ils ne se contentèrent pas d'atteindre l'ennemi du haut des murs et de la tour, ils eurent l'audace de faire des sorties contre les postes et les travaux des assiégeants, et dans ces engagements succombèrent presque autant de Carthaginois que de Sagontins. Enfin, Annibal lui-même, s'avançant sans précaution vers les remparts, reçut à la cuisse un coup de javeline qui le blessa grièvement et le jeta sur le sol. Alors il y eut un désordre et une confusion tels, que les Carthaginois furent sur le point d'abandonner leurs travaux d'approche. (Liv. XXI, ch. VII.)

Pendant les quelques jours qui suivirent, ce fut un blocus plutôt qu'un siège. On attendait que la blessure du général fût guérie, et si durant ce temps tout combat cessa, on n'interrompit en rien les préparatifs d'attaque ou de défense. Aussi la lutte se renouvela avec plus d'énergie ; sur nombre de points où le sol ne permettait cependant guère de faire des travaux d'approche, on se mit à dresser des mantelets pour employer le bélier. Annibal possédait une multitude de soldats ; on croit, en effet, qu'il en avait environ 150,000 sous les armes. Les assiégés, pour se défendre et faire face partout, durent se disséminer sur une foule de points : encore ne suffisaient-ils pas à la tâche. Déjà, en effet, le bélier battait les murs qui s'ébranlaient en bien des endroits. Une large brèche avait mis la ville à découvert ; trois tours à la file et tout le mur qui les reliait étaient tombés avec un grand fracas : les Carthaginois s'étaient imaginé que cet écroulement leur livrait la ville. Cependant chacun des deux partis marcha au combat avec autant de calme que s'il eût été couvert par un rempart. La lutte n'avait rien de cette irrégularité des combats de siège, où un parti surprend l'autre : les deux armées se tenaient rangées en bataille comme dans une plaine découverte, entre les débris des murailles et les maisons de la ville situées à quelque distance. L'espérance d'un côté, le désespoir de l'autre, irritent les courages : les Carthaginois pensent que quelques efforts de plus vont les rendre maîtres de la ville, les Sagontins font à leur patrie démantelée un rempart de leurs corps et personne ne recule, de peur de livrer à l'ennemi le point qu'il aurait abandonné. (Liv. XXI, ch. vii.)

Le sénat romain envoya des députés à Carthage pour savoir si c'était par ordre de la République que Sagonte avait été assiégée, et en ce cas pour lui déclarer la guerre ; ou pour demander qu'on leur livrât entre les mains Annibal, s'il avait entrepris ce siège de son autorité. Comme ils virent que dans le Sénat on ne répondait point précisément à leur demande, l'un d'eux montrant un pan de sa robe qui était plié : *Je porte ici*, dit-il d'un ton fier, *la paix et la guerre ; c'est à vous de choisir l'un des deux.* Sur la réponse qu'on lui fit qu'il pouvait lui-même choisir : *Je vous donne la guerre*, dit-il, en déployant le pli de sa robe. *Nous l'acceptons de bon cœur et la ferons de même*, répliquèrent les Carthaginois avec la même hauteur. Ainsi commença la seconde guerre punique.

DEUXIÈME GUERRE PUNIQUE

Ce fut moins la prise de Sagonte que le désir de la revanche qui fut cause de la seconde guerre punique. La fierté de Carthage n'avait supporté qu'en frémissant la loi du vainqueur romain.

Annibal était alors âgé de 26 ou 27 ans. Il pourvoit à la sûreté de l'Afrique et de l'Espagne où il laisse son frère Asdrubal.

Tite-Live nous apprend qu'avant de partir pour l'Italie, Annibal se rendit à Cadix afin de s'acquitter des vœux qu'il avait faits à Hercule et qu'il renouvela pour obtenir un heureux succès dans la guerre formidable qu'il allait entreprendre.

Polybe nous donne en peu de mots une idée fort nette de l'espace des lieux que devait traverser Annibal pour arriver en Italie. On compte depuis Carthagène d'où il partit jusqu'à l'Ebre, deux mille deux cents stades (110 lieues). Depuis l'Ebre jusqu'à Emporium, petite ville maritime qui sépare l'Espagne des Gaules, selon Strabon, seize cents stades (80 lieues). Depuis le passage du Rhône jusqu'aux Alpes, quatorze cents stades (70 lieues). Depuis les Alpes jusque dans les plaines de l'Italie, douze cents stades (60 lieues). Ainsi depuis Carthagène jusqu'en Italie l'espace est de huit mille stades, c'est-à-dire quatre cents lieues.

Annibal avait, avant son départ, pris toutes ses précautions pour n'être ni arrêté, ni inquiété dans sa marche par les différentes nations au milieu ou près desquelles il passerait.

Il partit au printemps de Carthagène, où il avait résidé l'hiver.

Son armée était alors composée de plus de 100,000 hommes, dont 12,000 cavaliers, et 40 éléphants.

Il laissa pour commander le pays entre l'Ebre et les Pyrénées avec 11,000 hommes, Hannon, auquel il confia les bagages de ceux qui devaient le suivre.

Il renvoya 11,000 hommes, dont il s'était assuré la bonne volonté en cas de besoin; il fit entrevoir aux autres une espérance de retour quand ils le voudraient.

Puis il franchit les Pyrénées et s'avança jusque sur les bords du Rhône avec 50,000 hommes de pied, 9,000 chevaux. Ses soldats avaient été soigneusement choisis parmi les vétérans des guerres d'Espagne et y avaient appris à combattre sous les plus habiles officiers qu'ait jamais eus Carthage.

Il achète des habitants du pays tous les canots disponibles. Il fait construire des radeaux, des nacelles. Les Gaulois voulaient lui disputer le passage du fleuve.

Il envoie Hannon, fils de Bomilcar, avec un

détachement considérable passer le Rhône plus haut. Hannon partit pendant la nuit. Le lendemain Hannon franchit avec ses troupes sans résistance le fleuve.

Pendant la nuit suivante il avança avec précaution vers l'endroit où se trouvait l'ennemi.

Le matin, quand ils eurent donné les signaux dont on était convenu, Annibal se mit en état de tenter le passage. Une partie des chevaux tout équipés était dans les bateaux, afin que les cavaliers pussent à la descente attaquer sur-le-champ les ennemis : les autres passaient à la nage aux deux côtés des bateaux, du haut desquels un homme seul tenait les brides de trois ou quatre chevaux. Les fantassins étaient ou sur des radeaux ou dans de petites barques, et dans des espèces de petites gondoles qui n'étaient autre chose que des troncs d'arbres qu'ils avaient eux-mêmes creusés. On avait rangé les grands bateaux sur une même ligne au haut du courant, pour rompre la rapidité des flots et rendre le passage plus aisé au reste de la petite flotte. Quand les Gaulois la virent s'avancer sur le fleuve, ils poussèrent, selon leur coutume, des cris et des hurlements épouvantables, heurtèrent leurs boucliers les uns contre les autres, en les élevant au-dessus de leurs têtes, et lancèrent force traits. Mais ils furent bien étonnés quand ils entendirent derrière eux un grand bruit, qu'ils aperçurent le feu qu'on avait mis à leurs tentes, et qu'ils se sentirent attaqués vivement en tête et en queue. Ils ne trouvèrent de sûreté que dans la fuite et se retirèrent dans leurs villages. Le reste des troupes passa ensuite fort tranquillement.

Les éléphants seuls causèrent beaucoup d'embarras. Voici comment on s'y prit :

On avança du bord du rivage dans le fleuve un radeau long de 200 pieds, et large de 50, qui était fortement attaché au rivage par de gros cables, et tout couvert de terre, en sorte que ces animaux en y entrant s'imaginaient marcher à l'ordinaire sur la terre. De ce premier radeau ils passaient dans un second, construit de la même sorte, mais qui n'avait que 100 pieds de longueur et tenait par des liens faciles à délier. On faisait marcher à la tête les femelles ; les autres éléphants les suivaient : et quand ils étaient passés dans le second radeau, on le détachait du premier, et on le conduisait à l'autre bord en le remorquant par le secours des petites barques. Puis il venait reprendre ceux qui étaient restés. Quelques-uns tombèrent dans l'eau, mais ils arrivèrent comme les autres sur le rivage, sans qu'il s'en noyât un seul.

Les consuls romains étaient partis au commencement du printemps pour leurs provinces.

P. Scipion marchait vers l'Espagne avec 60 vaisseaux, deux légions, 14,000 fantassins et 12,000 cavaliers alliés.

Sempronius était en Sicile avec 160 vaisseaux,

2 légions, 16,000 fantassins et 18,000 cavaliers alliés.

Il avait fait à Lilybée de grands préparatifs pour passer en Afrique.

P. Scipion, croyant qu'Annibal était encore en Espagne, comptait le combattre dans cette contrée.

Son étonnement fut grand lorsqu'en arrivant à Marseille il apprit que son adversaire avait passé le Rhône. Il détacha 300 cavaliers pour aller en reconnaissance.

Annibal envoya dans le même but 500 Numides, tandis que l'on faisait franchir le Rhône aux éléphants.

Le combat de cavalerie fut favorable aux Romains.

Le lendemain, Annibal continua sa marche, remontant vers le nord pour éviter Scipion qui n'arriva à l'endroit où Annibal avait passé le Rhône vers Avignon, que trois jours après que le général carthaginois en était parti.

Il envoya son frère Cnéius pour faire tête au suffète Asdrubal V en Espagne, et se rendit à Gênes pour s'opposer à l'entrée d'Annibal en Italie.

Celui-ci, après une marche de quatre jours, arriva à une espèce d'île formée par le confluent de deux rivières qui se joignent en cet endroit. Là il fut pris pour arbitre envers deux frères qui se disputaient le royaume. Celui à qui il l'adjugea fournit à toute l'armée des vivres, des habits et des armes.

C'était le pays des Allobroges: on appelait ainsi les peuples qui occupent maintenant les diocèses de Genève, de Vienne et de Grenoble. Sa marche fut assez tranquille, jusqu'à ce qu'il fût arrivé à la Durance; et il s'avança de là aux pieds des Alpes, sans trouver d'obstacle.

PASSAGE DES ALPES

Tite-Live raconte ainsi le passage des Alpes:

Au point du jour, on leva le camp et le reste de l'armée se mit en marche. Déjà les montagnards, au signal donné, quittaient leurs bourgades pour reprendre leur poste habituel, quand tout à coup ils aperçurent sur leur tête une partie des ennemis établis dans ce poste, tandis que le reste défilait le long du chemin. Cette double découverte les frappa pendant quelques instants d'immobilité et de stupeur. Mais bientôt ils virent que le désordre régnait dans le défilé et que la marche se faisait sans ordre par suite de l'agitation même de l'armée et surtout de l'épouvante des chevaux. Alors ils se persuadent que, si peu qu'ils ajouteront à l'épouvante, cela suffira pour perdre les Carthaginois et, accoutumés à braver les escarpements et les précipices, ils s'élancent en franchissant des rochers impraticables. Ainsi l'ennemi et les difficultés du terrain s'unissent pour accabler les Carthaginois qui luttent plutôt entre eux, chacun d'eux s'efforçant d'échapper le premier au péril, que contre l'ennemi. Mais c'étaient les chevaux surtout qui jetaient le désordre dans la marche. Les cris sauvages des barbares, que l'écho des bois et des vallées répétait et rendait plus effrayants encore, jetaient parmi eux l'épouvante et l'agitation ; le moindre coup, la plus légère blessure les faisaient cabrer, si bien qu'ils renversaient en masse et pêle-mêle hommes et bagages de toute espèce. Deux précipices taillés à pic bordaient le défilé : la foule et la confusion lancèrent plusieurs soldats à des profondeurs énormes ; quant aux bêtes de somme, elles roulaient avec leurs fardeaux comme un éboulement. (Liv. XXI, ch. xxxiii.)

Malgré toutes ces difficultés, Annibal avançait toujours ; enfin il prit le parti de faire camper et reposer son armée pendant quelque temps sur le sommet de cette colline qui avait assez de largeur, après en avoir fait nettoyer le terrain et ôter toute la neige qui le couvrait, tant la nouvelle que l'ancienne, ce qui coûta des peines infinies. On creusa ensuite par son ordre dans le rocher même, et ce travail fut poussé avec une ardeur et une constance étonnante. Pour ouvrir et élargir cette route, on abattit tous les arbres des environs ; et à mesure qu'on les coupait, le bois était rangé autour du roc, après quoi on y mettait le feu. Heureusement il faisait un grand vent, qui alluma bientôt une flamme ardente : de sorte que la pierre devint aussi rouge que le brasier même qui l'environnait. Alors Annibal, si l'on en croit Tite-Live (car Polybe n'en dit rien), fit verser dessus une grande quantité de vinaigre, qui, s'insinuant dans les veines du rocher entr'ouvert par la force du feu, le calcina et l'amollit; de cette sorte, en prenant un long circuit, afin que la pente fût plus douce, on pratiqua le long du rocher un chemin qui donna un libre passage aux troupes, aux bagages, et même aux éléphants. On employa quatre jours à cette opération. Les bêtes de somme mouraient de faim, car on ne trouvait rien pour elles dans ces montagnes toutes couvertes de neige. On arriva enfin dans des endroits cultivés et fertiles, qui fournirent abondamment du fourrage aux chevaux et toutes sortes de nourriture aux soldats.

Le passage des Alpes avait coûté cher à Annibal, il ne lui restait que 12,000 Africains, 8,000 Espagnols et 6,000 chevaux.

Lui-même a marqué ces chiffres sur une colonne près du promontoire Lacinien.

Il y avait cinq mois et demi qu'il était parti de Carthagène lorsqu'il planta ses tentes à l'entrée du Piémont.

Il débuta par prendre Turin dont les habitants furent passés au fil de l'épée.

BATAILLE DU TÉSIN

L'alarme fut grande à Rome : Sempronius reçut l'ordre de quitter la Sicile pour venir au secours de sa patrie ; son collègue P. Scipion passa le Pô et alla camper près du Tésin.

Scipion et Annibal, au moment d'en venir aux mains, exhortent leurs troupes.

Scipion fait marcher à la première ligne les gens de trait avec la cavalerie gauloise, et forme sa seconde ligne d'élite de la cavalerie des alliés, puis avance au petit pas. Annibal marche au devant de lui avec toute sa cavalerie, plaçant au centre la cavalerie à frein et la numide sur les ailes, pour envelopper l'ennemi. Les chefs et la cavalerie ne demandant qu'à combattre, on commence à charger. Au premier choc, les soldats de Scipion armés à la légère eurent à peine lancé leurs premiers traits, qu'épouvantés par la cavalerie carthaginoise qui venait sur eux, et craignant d'être foulés aux pieds par les chevaux, ils plièrent et s'enfuirent par les intervalles qui séparaient les escadrons. Le combat se soutint longtemps à forces égales. De part et d'autre beaucoup de cavaliers mirent pied à terre, de sorte que l'action devint d'infanterie comme de cavalerie. Pendant ce temps-là les Numides enveloppent l'ennemi et fondent par les derrières sur ces gens de trait, qui d'abord avaient échappé à la cavalerie, et les écrasent sous les pieds de leurs chevaux. Les troupes qui étaient au centre des Romains avaient combattu jusque-là avec beaucoup de valeur : de part et d'autre il était resté sur la place bien du monde, et plus même du côté des

Carthaginois. Mais les troupes romaines furent mises en désordre par l'attaque des Numides qui les prirent en queue et par la blessure du consul qui fut mis hors de combat.

Scipion ne dut son salut qu'à son fils, âgé de 17 ans, et qui faisait ses premières armes.

BATAILLE DE LA TRÉBIE (218)

Sempronius étant revenu de Sicile à Rimini se joignit à Scipion. Il remporta un léger avantage qui lui donna trop d'assurance.

Malgré les avis sages de Scipion, Sempronius voulut tenter une action générale. Il avait sous ses ordres 16,000 Romains, 20,000 alliés, sans compter la cavalerie.

Annibal avait à peu près un nombre égal de combattants.

Il ordonna à son lieutenant Magon de se placer en embuscade avec 2,000 hommes sur les bords d'un petit ruisseau.

Les Numides passèrent la Trébie et s'avancèrent pour attirer les Romains au combat.

Sempronius envoya contre les Numides sa cavalerie et 6,000 hommes de trait, qui furent bientôt suivis du reste de l'armée. Les Numides lâchèrent pied à dessein. Les Romains les poursuivirent, passèrent la Trébie sans résistance, ayant de l'eau jusque sous les aisselles, parce qu'ils trouvèrent le ruisseau enflé par les torrents qui y étaient tombés des montagnes voisines pendant la nuit. On était pour lors vers le solstice d'hiver c'est-à-dire en décembre. Il neigeait ce jour-là même, et faisait un froid glacial. Les Romains, étaient sortis à jeûn, et sans avoir pris aucune précaution : au lieu que les Carthaginois, par l'ordre d'Annibal, avaient bu et mangé sous leurs tentes, avaient mis leurs chevaux en état, s'étaient frottés d'huile et revêtus de leurs armes auprès du feu.

On en vint aux mains en cet état. Les Romains se défendirent assez longtemps et avec assez de courage : mais la faim, le froid, la fatigue leur avaient ôté la moitié de leurs forces.

La cavalerie carthaginoise qui surpassait de beaucoup la romaine en nombre et en vigueur, l'enfonça et la mit en fuite. Le désordre pénétra bientôt aussi dans l'infanterie. L'embuscade étant sortie à propos vint fondre tout à coup sur elle par les derrières, et acheva la déroute. Un gros de troupes, au nombre de plus de 10,000 hommes, eut le courage de se faire jour à travers les Gaulois et les Africains, dont ils firent un grand carnage ; et ne pouvant ni secourir les leurs, ni retourner au camp, dont la cavalerie numide, la rivière et la pluie ne leur permettaient pas de reprendre le chemin, ils se retirèrent en bon ordre à Plaisance. La plupart des autres qui restèrent périrent sur le bord de la rivière, écrasés par les éléphants et par la cavalerie. Ceux qui purent échapper allèrent joindre le gros dont nous avons parlé. Scipion se rendit aussi à Plaisance la nuit suivante. La victoire fut complète du côté des Carthaginois, et la perte peu considérable, si ce n'est que le froid, la pluie, la neige leur firent périr beaucoup de chevaux, et que de tous les éléphants on n'en put sauver qu'un seul.

En Espagne, Cnéius Scipion subjugua la région qui s'étend jusqu'à l'Ebre, défit Hannon et le fit prisonnier.

Annibal profita de l'hiver pour faire reposer ses troupes et se concilier l'affection des peuples alliés des Romains.

L'hiver fini, il prit le chemin de la Toscane, où il avait hâte de passer pour éviter les effets de la mauvaise volonté des Gaulois qui se lassaient du séjour de son armée sur leurs terres et pour augmenter par une marche hardie la réputation qu'il avait déjà en Italie.

Une tempête l'assaillit au passage de l'Apennin et lui fit perdre beaucoup de monde.

Vers Plaisance, il livra un combat à Sempronius, combat dont les résultats furent négatifs de part et d'autre.

Ce fut dans ce même quartier d'hiver qu'il s'avisa d'un stratagème vraiment carthaginois. Il était environné de peuples légers et inconstants : la liaison qu'il avait contractée avec eux était encore toute récente. Il avait à craindre que changeant à son égard de dispositions ils ne lui dressassent des pièges et n'attentassent à sa vie. Pour la mettre en sûreté, il fit faire des perruques et des habits pour toutes les différentes sortes d'âge. Il prenait tantôt l'un, tantôt l'autre, et se déguisait si souvent, que non seulement ceux qui ne le voyaient qu'en passant, mais ses amis même avaient peine à le reconnaître.

On avait nommé à Rome pour consuls Cn. Servilius et C. Flaminius. Annibal ayant appris que celui-ci était déjà arrivé à Arrétium, ville de la Toscane, crut devoir hâter sa marche pour l'atteindre au plus tôt. De deux chemins qu'on lui indiqua, il prit le plus court, quoiqu'il fût très difficile et presque impraticable, parce qu'il fallait passer à travers un marais. L'armée y souffrit des fatigues incroyables. Pendant quatre jours et trois nuits elle eut le pied dans l'eau, sans pouvoir prendre un moment de sommeil. Annibal lui-même, monté sur le seul éléphant qui lui restait, eut bien de la peine à en sortir. Les veilles continuelles, jointes aux vapeurs malsaines qui s'exhalaient de ces lieux marécageux et à l'intempérie de la saison, lui firent perdre un œil.

Annibal alla ensuite camper entre Arrétium et Fésule, dans le territoire le plus riche et le plus fertile de la Toscane. Il s'attacha à connaître le caractère de Flaminius et il commença à irriter sa témérité par les dégâts et les incendies qu'il fit faire à sa vue dans les campagnes.

Tout en agissant ainsi, il s'avançait toujours sur Rome, ayant Cortone à sa gauche et le lac de Trasymène à sa droite.

Flaminius s'embarrassa dans un défilé près de ce lac, non loin de Pérouse.

BATAILLE DE TRASYMÈNE (217)

Annibal l'ayant laissé avancer avec toutes ses troupes plus de la moitié du vallon, et voyant l'avant-garde des Romains assez près de lui, donna le signal du combat, et envoya ordre à ses troupes de sortir de leur embuscade pour fondre en même temps sur l'ennemi de tous côtés. On peut juger du trouble des Romains.

Ils n'étaient pas encore rangés en bataille, et n'avaient pas préparé leurs armes, lorsqu'ils se virent pressés par devant, par derrière, et par les flancs. Le désordre se met en un moment dans tous les rangs. Flaminius seul intrépide dans une consternation si universelle, ranime ses soldats de la main et de la voix, et les exhorte à se faire un passage par le fer à travers les ennemis. Mais le tumulte qui règne partout, les cris affreux des ennemis, et le brouillard qui s'était élevé, empêchent qu'on ne puisse ni le voir ni l'entendre. Cependant, lorsqu'ils s'aperçurent qu'ils étaient enfermés de tous côtés ou par les ennemis, ou par le lac, l'impossibilité de se sauver par la fuite rappela leur courage, et l'on commença à combattre de tous côtés avec une animosité étonnante. L'acharnement fut si grand dans les deux armées, que personne ne sentit un tremblement de terre qui arriva dans cette contrée, et qui renversa des villes entières. Dans cette confusion, Flaminius ayant été tué par un Gaulois insubrien, les Romains commencèrent à plier, et prirent ensuite ouvertement la fuite. Un grand nombre cherchant à se sauver se précipita dans le lac : d'autres, ayant gagné le chemin des montagnes, se jetèrent eux-mêmes au milieu des ennemis qu'ils voulaient éviter. 6,000 seulement s'ouvrirent un passage à travers les vainqueurs, et se retirèrent en un lieu de sûreté : mais ils furent arrêtés et faits prisonniers le lendemain. Il y eut 15,000 Romains de tués dans cette bataille. Environ 10,000 se rendirent à Rome par différentes voies. Annibal renvoya les Latins alliés des Romains sans rançon. Il fit chercher inutilement le corps de Flaminius pour lui donner la sépulture. Il mit ensuite ses troupes en quartiers de rafraîchissement, et rendit les derniers devoirs aux principaux de son armée, qui étaient restés sur le champ de bataille, au nombre de trente. De son côté la perte ne fut en tout que de 1,500 hommes, la plupart Gaulois.

Annibal envoya un courrier à Carthage pour y porter la nouvelle de ses succès.

A Rome, la douleur et la terreur furent à leur comble, lorsque le préteur, du haut de la tribune aux harangues, eut prononcé ces mots : *Nous avons perdu une grande bataille.*

Quintus Fabius fut nommé *dictateur*; on lui donna pour général de cavalerie Marcus Minucius. C'était la seconde année de la guerre.

Silius Italicus nous a laissé un fragment qui peint assez fidèlement la situation :

Un bruit se répand qui jette le trouble dans les villes de l'Ausonie : on dit que ces montagnes qui touchent les nuages, que ces rochers qui menacent le ciel, ont subi le joug et que les Carthaginois s'avancent, marchant par des voies impraticables ; qu'un général arrive qui se vante d'égaler les exploits d'Hercule. L'ardente renommée colporte ces bruits alarmants, faisant chaque jour de nouveaux progrès, et, plus rapide que le rapide Eurus, elle jette la consternation dans les villes épouvantées. La frayeur qui sait si bien entretenir les rumeurs au sein des peuples par des nouvelles imaginaires, la frayeur exagère la réalité. Aussitôt tous les soins se portent sur la terrible guerre ; une ardeur belliqueuse transporte à l'instant toute l'Ausonie ; on crie aux armes ; on convoque les guerriers. On fabrique de nouveaux traits ; on polit le fer cruel rongé par la rouille et on lui rend son éclat primitif. Les jeunes gens replacent sur leur tête le casque à l'aigrette étincelante ; les piques sont garnies de courroies neuves, et les haches retournent à la fournaise. On façonne pour les combattants des boucliers impénétrables, des cuirasses capables de résister à tous les coups, à toutes blessures. Les uns s'occupent des arcs ; les autres s'exercent à dompter les coursiers ou à aiguiser les épées sur la pierre tranchante.

Quintus Fabius Maximus comprit que le général de Carthage n'avait de ressources que dans ses succès, et qu'en temporisant il parviendrait à le ruiner. Ce système contenait aussi les alliés, qui ne se décident guère que pour le plus heureux : tant que l'issue de la guerre serait douteuse, ils n'oseraient abandonner Rome. Telles furent les réflexions de Fabius ; il ne tarda pas à en obtenir le résultat qu'il s'était promis. Annibal se trouva arrêté tout à coup au milieu de ses victoires, et ne put jamais attirer Fabius au combat ; toutes ses ruses lui furent inutiles, ou ne servirent qu'à le tirer lui-même d'embarras. Ainsi, se trouvant un jour enfermé dans un défilé, il y aurait perdu son armée, s'il ne se fût avisé d'attacher des flambeaux aux cornes des bœufs qui servaient aux charrois et aux provisions de ses troupes. Les Romains effrayés le laissèrent échapper ; mais un tel succès prouvait la détresse où Fabius avait su réduire Annibal.

Les Romains ne comprenant pas la tactique de Fabius commencèrent à murmurer et finirent par lui ôter son commandement pour le donner à Térentius Varron et à Paul Emile.

BATAILLE DE CANNES (216)

Tite-Live nous donne l'ordre de bataille d'Annibal :

La cavalerie gauloise et espagnole, appuyée au fleuve, prit place à l'aile gauche et fit face à la cavalerie romaine ; la cavalerie numide à l'aile droite ; l'infanterie forma un centre solide. Les deux extrémités étaient occupées par les Africains, entre les rangs desquels on avait placé les Gaulois et les Espagnols. Il eût été facile de prendre les Africains pour des Romains, car les armes étaient les mêmes, la plupart ayant été prises sur les bords de la Trébie ou près du lac Trasimène. Les Gaulois et les Espagnols avaient des boucliers à peu près semblables ; leurs épées étaient différentes. Celles des Gaulois étaient très longues et sans pointe ; celles des Espagnols, habitués à frapper l'ennemi plutôt d'estoc que de taille, étaient courtes, faciles à manier, et munies d'une pointe. Du reste, tout l'extérieur des soldats de ces deux peuples, leur haute taille comme leur air, était bien propre à inspirer la terreur. Les Gaulois avaient le buste nu : des tuniques de lin, bordées de pourpre et resplendissant d'un vif éclat, relevaient la taille des Espagnols. Quant au nombre total des fantassins et des cavaliers qui prirent part à l'action, on le porte à 40,000 fantassins et 10,000 cavaliers. Asdrubal commanda l'aile gauche, Maharbal la droite ;

Annibal, secondé par son frère Magon, garda pour lui le centre. Soit intention, soit hasard, les deux armées se disposèrent de telle façon qu'elles recevaient les rayons du soleil de côté : les Romains s'étaient tournés vers le midi, les Carthaginois vers le nord. (Liv. XXXI, ch. xlvi.)

On en vint bientôt aux mains, et les légions romaines qui étaient aux deux ailes, voyant leur centre vivement attaqué, s'avancèrent pour prendre l'ennemi en flanc. Le corps d'Annibal, après une vigoureuse résistance, se voyant pressé de toutes parts, céda au nombre et se retira par l'intervalle qu'il avait laissé dans le centre de la ligne. Les Romains l'y ayant suivi pêle-mêle avec chaleur, les deux ailes de l'infanterie africaine qui était fraîche, bien armée et en bon ordre, s'étant tout d'un coup, par une demi-conversion, tournées vers ce vide dans lequel les Romains déjà fatigués s'étaient jetés en désordre et en confusion, les chargèrent des deux côtés avec vigueur, sans leur donner le temps de se reconnaître, ni leur laisser de terrain pour se former. Cependant les deux ailes de la cavalerie venaient de battre celle des Romains qui leur étaient fort inférieures ; et n'ayant laissé à la poursuite des escadrons rompus et défaits que ce qu'il fallait pour en empêcher le ralliement, elle vinrent fondre par derrière sur l'infanterie romaine, qui étant en même temps enveloppée de toutes parts par la cavalerie et l'infanterie des ennemis fut taillée en pièces, après avoir fait des prodiges de valeur. Emilius, qui avait été couvert de blessures dans le combat, fut tué ensuite par un gros d'ennemis qui ne le reconnurent point et avec lui 2 questeurs, 25 tribuns militaires, plusieurs hommes consulaires qui avaient été préteurs, Servilius, consul l'année précédente ; Minucius qui avait été maître de la cavalerie sous Fabius, et 80 sénateurs. 70,000 hommes restèrent sur la place ; les Carthaginois ne cessèrent leur boucherie que quand Annibal se fut écrié plusieurs fois : *Arrête, soldat, épargne le vaincu.*

Varron s'enfuit à Venouse avec 70 cavaliers. Annibal perdit dans cette journée 4,000 Gaulois, 1,500 Espagnols et Africains et 500 chevaux.

Le suffète Maharbal, l'un des généraux carthaginois voulait que l'on marchât immédiatement sur Rome, promettant à Annibal de le faire souper au Capitole. Et comme Annibal répliquait qu'il fallait délibérer avant de prendre une aussi grave décision, Maharbal lui dit : « Je vois bien que les dieux n'ont pas donné au même homme tous les talents. Vous savez vaincre, Annibal, mais vous ne savez profiter de votre victoire. »

Ce délai sauva en effet Rome et la République.

Annibal envoya à Carthage trois boisseaux contenant les anneaux d'or que les chevaliers portaient au doigt.

Puis, il s'empara de Capoue et y établit ses quartiers d'hiver.

MAGON A CARTHAGE

Magon, frère d'Annibal se rendit à Carthage pour demander des secours afin de terminer la guerre. Il fit au sénat un magnifique discours.

Hannon, chef de la faction de ce nom, prit la parole pour combattre l'envoi des secours :

« J'ai taillé en pièces, disait-il en reprenant le
« discours de Magon, les armées romaines: envoyez-
« moi des soldats. Que demanderiez-vous autre
« chose se vous aviez été vaincu ? Je me suis
« deux fois rendu maître du camp ennemi, plein
« apparemment de toutes sortes de provisions :
« envoyez-moi des vivres et de l'argent. Tiendriez-
« vous un autre langage si vous aviez perdu votre
« camp ? » Ensuite il demanda à Magon si quelqu'un des peuples latins s'était venu rendre à Annibal, si les Romains lui avaient fait quelques propositions de paix. Magon avait été forcé d'avouer qu'il n'en était rien.

« Rien de plus facile à savoir, reprit Hannon. Quels députés les Romains ont-ils envoyés à Annibal pour traiter de la paix ? Enfin vous a-t-on dit qu'on ait jamais parlé de paix à Rome ?

— Non, répondit encore Magon.

— La guerre, s'écria alors Hannon, n'est donc pas plus avancée que le jour où Annibal entra en Italie. Presque tous ici, contemporains de la première guerre punique, nous nous rappelons combien les succès ont été balancés. Jamais notre situation, soit sur terre, soit sur mer, n'a paru plus prospère qu'avant le consulat de C. Lutatius et d'A. Posthumius, et c'est sous le consulat de Lutatius Posthumius que nous avons éprouvé le désastre des îles Égates. Qu'aujourd'hui encore (puissent les dieux détourner ce présage !) la fortune nous trahisse : espérez-vous obtenir de la défaite une paix que la victoire vous refuse ? Donc, si nous délibérons pour savoir s'il faut ou proposer la paix ou l'accepter de l'ennemi, je sais ce que je dirai : si, au contraire, nous délibérons sur les demandes de Magon, je crois que nous ne devons rien envoyer à un général réellement victorieux ; si ce dernier nous trompe par le vain appât d'une victoire imaginaire, je crois que nous devons bien moins encore lui envoyer. »

Le discours d'Hannon toucha peu de monde. D'abord sa rivalité avec la famille des Barca diminuait l'autorité de son langage, et l'enthousiasme du succès présent remplissait si bien les cœurs, que personne ne voulait rien écouter qui pût altérer sa joie : on était persuadé qu'on touchait au triomphe définitif si l'on voulait faire quelques efforts. (Tite-Live, Liv. XIII, ch. XIII.)

Sa conclusion fut qu'il ne fallait leur envoyer ni hommes ni argent. Comme la faction d'Annibal était alors la plus puissante, on n'eut aucun égard aux remontrances d'Hannon, qui furent regardées comme l'effet de sa jalousie et de sa prévention, et il fut ordonné qu'on ferait incessamment des levées d'hommes et d'argent pour envoyer à Annibal les secours qu'il demandait.

Magon partit sur-le-champ en Espagne pour lever 21,000 hommes d'infanterie et 4,000 chevaux.

Mais ce secours fut arrêté dans la suite et envoyé d'un autre côté, tant la faction contraire était appliquée à traverser les desseins d'un général qu'elle ne pouvait souffrir.

Pendant qu'à Rome on remerciait un consul qui avait fui de n'avoir pas désespéré de la République, à Carthage on savait presque mauvais gré à Annibal de la victoire qu'il venait de remporter.

Hannon ne pouvait lui pardonner les avantages d'une guerre entreprise contre son avis.

Plus jaloux de l'honneur de ses sentiments que du bien de l'Etat, plus ennemi du général des Carthaginois que des Romains, il n'oubliait rien pour empêcher les succès qu'on pouvait avoir, ou pour ruiner ceux qu'on avait eus.

Asdrubal reçoit l'ordre de quitter l'Espagne où il luttait contre les deux Scipions avec avantage et d'aller au secours d'Annibal. Himilcon le remplaça dans la Péninsule.

Asdrubal fut arrêté dans sa marche et complètement défait.

En Sardaigne, les Carthaginois subissent aussi un grave échec. Les Romains font un grand nombre de prisonniers parmi lesquels Asdrubal Calvus, Hannon et Magon.

Les Romains déclarent la guerre à Philippe, roi de Macédoine, et font partir des recrues pour leurs armées.

212. — Marcellus prend Syracuse d'assaut après un siège très long, dont le succès fut retardé par Archimède, célèbre géomètre, qui inventait chaque jour de nouvelles machines. « Archimède décrivait sur le sable des figures de géométrie, dit Cicéron, lorsqu'il fut interpellé par un soldat romain auquel il ne répondit pas, trop occupé qu'il était dans ses calculs. Le soldat, croyant qu'Archimède le faisait exprès, lui passa son épée au travers du corps. »

211. — Les Romains, sous la conduite d'Appius, prennent Capoue, malgré Annibal qui, pour opérer une diversion, vint camper sous les murs de Rome.

Asdrubal, son frère, et Magon font périr par la ruse les deux Scipions qui soutenaient dignement en Espagne l'honneur du nom romain.

Le jeune Scipion, neveu de ces deux généraux leur succéda et rétablit bientôt les affaires des Romains. Il n'avait que 24 ans.

En Italie, Marcellus succomba dans une embuscade d'Annibal.

207. — Asdrubal, dont les lettres étaient tombées entre les mains du consul Néron, ne peut rejoindre son frère Annibal.

Claudius Néron et Livius l'attaquent sur les bords du fleuve Métaure. Les Carthaginois perdent 55,000 hommes et 6,000 prisonniers.

Claudius Néron fit jeter dans le camp d'Annibal la tête d'Asdrubal qui reconnut à ce coup la fortune de Carthage : « C'en est fait, dit-il, je ne lui enverrai plus de superbes courriers. En perdant Asdrubal, je perds toute mon espérance et mon bonheur. »

Il se retira à l'extrémité du Brutium.

204. — Scipion, après avoir affermi en Espagne la domination romaine et anéanti les forces carthaginoises, se rend en Sicile où il se prépare à faire une expédition en Afrique.

Dès son arrivée en Afrique, il détruit les armées de Carthage et celles des Numides. Massinissa, roi des Numides, qui venait d'être détrôné par Syphax se joint aux Romains.

En une seule nuit Scipion brûle les camps de Syphax et d'Hannon. Massinissa est rétabli sur son trône. Il épouse Sophonisbe, la veuve de Syphax, la nièce d'Annibal. Celle-ci boit une coupe de poison et meurt courageusement pour être fidèle à Syphax et éviter d'être menée en triomphe parmi les vaincus.

ANNIBAL EN AFRIQUE

Annibal est rappelé à Carthage. Il quitte avec émotion cette Italie où depuis seize ans il a remporté tant de victoires.

« Ce n'est plus par des détours, s'écria-t-il, c'est ouvertement qu'ils me rappellent ceux qui, en empêchant tout envoi de renforts et d'argent, cherchaient depuis longtemps à m'arracher d'ici. Aussi n'est-ce pas Rome, dont j'ai tant de fois battu et taillé en pièces les armées, qui a vaincu Annibal, mais le sénat de Carthage, à force de dénigrement et de jalousie ! Non, la honte de mon retour sera moins un sujet d'orgueil et de triomphe pour P. Scipion que pour Hannon qui, ne trouvant pas d'autre moyen, a enseveli ma maison sous les ruines de Carthage ! » Le pressentiment de ce qui lui arrivait lui avait fait préparer des navires à l'avance. Aussi, pour la masse des soldats incapables de servir, il les distribua comme pour y tenir garnison dans les quelques villes du Brutium que la crainte, plutôt que l'affection, lui avait conservées : quant à l'élite de ses troupes, il les embarqua pour l'Afrique. Un grand nombre d'Italiens refusèrent de le suivre en Afrique et se réfugièrent dans le temple de Junon Lacinienne, qui avait été respecté jusqu'à ce jour ; il eut la barbarie de les y faire massacrer. Jamais peut-être banni, en quittant sa patrie pour l'exil, ne témoigna tant de douleur qu'Annibal n'en témoigna, dit-on, en quittant le sol ennemi : souvent il détourna les regards vers les rives de l'Italie, accusant les dieux et les hommes, et appelant lui-même sur sa tête toutes les malédictions, parce qu'il n'avait pas conduit à Rome ses soldats, encore tout sanglants du massacre de Cannes. Scipion avait bien osé marcher sur Carthage quoique durant son consulat il n'eût pas même vu les Carthaginois en Italie; et lui, après avoir tué cent mille soldats romains au Trasymène et à Cannes, il avait misérablement vieilli autour de Casilinum, de Cumes et de Nole! (Tite-Live, Livre XXX, ch. xx.)

BATAILLE DE ZAMA (202)

Annibal réélu suffète rejoignit Scipion vers Zama, à cinq lieues de Carthage et lui fit demander une entrevue qu'il obtint. Ils se regardèrent quelque temps en silence, comme pénétrés d'admiration l'un pour l'autre. Ils sentaient que le sort de Rome et de Carthage était dans leurs mains. Enfin ils parlèrent, Scipion refusa les propositions d'Annibal, il fallut combattre, tous deux déployèrent leurs talents : Annibal fut vaincu.

202. — La bataille de Zama termina la seconde guerre punique.

Scipion s'avançait sur Carthage lorsqu'il rencontra un vaisseau couvert de banderolles et de branches d'olivier, qui portait dix ambassadeurs carthaginois venant implorer sa clémence.

Il les renvoya sans réponse, avec ordre de venir le trouver à Tunis.

Ils y revinrent au nombre de trente, Scipion leur accorda une trêve de trois mois pendant laquelle d'autres délégués se rendraient à Rome pour discuter avec le sénat des conditions de la paix.

AMBASSADE CARTHAGINOISE A ROME

L'ambassade partit quelques jours plus tard. Elle se composait des hauts dignitaires carthaginois.

Entre eux tous se distinguait Asdrubal, qui avait toujours été opposé à la guerre et s'était montré l'adversaire inflexible de la faction Barcine. Et cela lui donnait plus de crédit, en l'autorisant à rejeter sur les égarements de quelques hommes ce qui était le fait du gouvernement lui-même. Son discours, passant d'un sujet à l'autre, fut tantôt une justification, tantôt un aveu ; car il craignait, s'il niait impudemment ce qui était certain, de rendre le pardon plus difficile à obtenir ; puis, osant même conseiller aux pères conscrits la modération dans la prospérité, il ajouta : « Si mes concitoyens avaient écouté mes paroles et celles d'Hannon ; s'ils avaient su profiter des circonstances, ils dicteraient aujourd'hui aux Romains les conditions de la paix, au lieu de les leur demander. Rarement les hommes ont tout à la fois le bonheur et la sagesse, et, si le peuple romain est invincible, il le doit aux bonnes et prudentes mesures qu'il prend au milieu du succès. » Quant aux autres députés, leur langage était fait pour inspirer la pitié. « Voyez, dirent-ils, de quelle hauteur sont tombés les Carthaginois ; renfermés, à l'heure qu'il est, entre les murailles de leur ville, ils ne possèdent plus rien, ni sur terre ni sur mer ; ils conserveront leur ville et leurs pénates, et encore ne faut-il pas que le peuple romain prenne la fantaisie de vouloir les évincer de ces possessions, après lesquelles il ne reste plus rien. » Les sénateurs semblaient sur le point de se laisser attendrir, lorsqu'un d'entre eux, plein de ressentiment contre la perfidie des Carthaginois, demanda, dit-on, aux députés quels dieux ils prendraient pour garants de leur bonne foi, puisqu'ils avaient déjà menti à leurs premiers serments. « Nous jurerons, répondit Asdrubal, par ces mêmes dieux qui punissent les violateurs des traités. »

Carthage renonça à toutes ses possessions hors de l'Afrique, livra ou brûla tous ses vaisseaux excepté dix ; s'engagea à ne pas faire la guerre même en Afrique, sans l'autorisation des Romains, et à payer trente millions de francs.

Quand il fallut donner cet or, les Carthaginois pleurèrent. Annibal leur dit avec une juste ironie, en se mettant à rire :

« Si l'on pouvait pénétrer dans le fond de mon cœur, et en démêler les dispositions, comme on voit ce qui se passe sur mon visage, on reconnaîtrait bientôt que ce rire que l'on me reproche n'est pas un rire de joie, mais l'effet du trouble et du transport que me causent les maux publics. Et ce rire après tout, est-il plus hors de saison que ces larmes que je vous vois répandre? C'était lorsqu'on nous a ôté nos armes, brûlé nos vaisseaux, interdit toute guerre contre les étrangers, c'était alors qu'il fallait pleurer; car voilà le coup et la plaie mortelle qui nous ont abattus. Mais nous ne sentons les maux publics qu'autant qu'ils nous intéressent personnellement; et ce qu'ils ont pour nous de plus affligeant et de plus douloureux, est la perte de notre argent. C'est pourquoi, lorsqu'on enlevait à Carthage vaincue ses dépouilles, lorsqu'on la laissait sans armes et sans défense au milieu de tant de peuples d'Afrique puissants et armés, personne de vous n'a poussé un soupir. Et maintenant, parce qu'il faut contribuer par tête à la taxe publique, vous vous désolez comme si tout était perdu. Ah! que j'ai lieu de craindre que ce qui vous arrache aujourd'hui tant de larmes ne vous paraisse bientôt le moindre de vos malheurs! »

Scipion, après que tout fut terminé, s'embarqua pour repasser en Italie. Il arriva à Rome à travers une multitude infinie de peuples que la curiosité attirait sur son passage. On lui décerna le triomphe le plus magnifique qu'on eût encore vu, et on lui donna le surnom d'*Africain*, honneur inouï jusque-là, personne avant lui n'ayant pris le nom d'une nation vaincue. Ainsi fut terminée la seconde guerre punique, après avoir duré 17 ans.

Annibal avait alors 45 ans. Ses concitoyens le

maintiennent dans sa dignité de suffète. Il fit tous ses efforts pour panser les blessures de sa patrie désolée et si cruellement meurtrie.

Il entreprit des réformes dans les finances et dans la magistrature.

Ces réformes lui créèrent beaucoup d'ennemis qui ne cessèrent d'écrire à Rome qu'il entretenait des relations secrètes avec Antiochus, roi de Syrie, et que, de concert avec ce prince, il préparait une nouvelle guerre contre Rome.

Ces délations finirent par trouver de l'écho; d'autant plus que Massinissa, raffermi sur son trône de Numidie par les Romains et qui avait enlevé des provinces à Carthage, accusait Annibal de traiter également contre Rome avec Persée, roi de Macédoine, auquel Caton et Quintus Flaminius avait pris plus de 400 villes en Grèce.

Le sénat romain nomma trois commissaires qui se rendirent à Carthage et demandèrent qu'on leur livrât Annibal.

Ce dernier à leur arrivée comprit bien, quoiqu'ils couvrissent leur voyage d'un prétexte tout autre, qu'on lui en voulait.

Il se sauva sur un navire, gagna l'île de Kerkenah et s'enferma dans une tour qui porte encore son nom ; de là, il s'embarqua pour l'Asie. Il fut reçu triomphalement à Tyr; quelques jours plus tard, il partit pour Ephèse.

Les Carthaginois firent savoir aux Romains qu'Annibal était à la cour d'Antiochus, ce qui fut pour eux un grand sujet d'inquiétude.

Un sentiment de basse jalousie anima bientôt Antiochus contre Annibal qui se retira dans l'île de Crète. De là, il gagna encore l'Asie où il trouva asile chez Prusias, roi de Bithynie; il fit remporter aux troupes de celui-ci plusieurs victoires sur Eumène, roi de Pergame, allié des Romains.

Quintus Flaminius vint demander Annibal à Prusias. Toutes les issues étant gardées par les soldats du roi qui voulait faire sa cour aux Romains en trahissant lâchement son hôte, Annibal se fit apporter du poison qu'il gardait depuis longtemps pour s'en servir à l'occasion et le tenant entre ses mains :

« Délivrons, dit-il, le peuple romain d'une in-
« quiétude qui le tourmente depuis longtemps,
« puisqu'il n'a pas la patience d'attendre la mort
« d'un vieillard. La victoire que remporte Flami-
« nius sur un homme désarmé et trahi ne lui fera
« pas beaucoup d'honneur. Ce jour seul fait voir
« combien les Romains ont dégénéré. Leurs pères
« avertirent Pyrrhus de se garder d'un traître qui
« voulait l'empoisonner, et cela dans le temps que
« ce prince leur faisait la guerre dans le cœur de
« l'Italie; et ceux-ci ont envoyé un homme consu-
« laire pour engager Prusias à faire mourir par un
« crime abominable son ami et son hôte. » Après

avoir fait des imprécations contre Prusias, et invoqué contre lui les dieux protecteurs et vengeurs des droits sacrés de l'hospitalité, il avala le poison, et mourut, âgé de 70 ans.

183. — Cette année fut célèbre par la mort d'Annibal et de Scipion, son vainqueur.

Pour Scipion, il se condamna lui-même à un exil volontaire afin d'éviter une injuste accusation et mourut dans une sorte d'obscurité.

Les partis divisent de plus en plus Carthage. Celui qui prône la paix attire la guerre par des faiblesses.

159. — Mort de Térence, né à Carthage, l'un des plus célèbres écrivains qui ont illustré l'Afrique. Il ne nous reste de lui que six comédies en latin. Dans un voyage en Grèce, il perdit 108 pièces qu'il avait traduites de Ménandre. Il mourut à 35 ans.

Citons encore un autre écrivain, Magon. Il composa 28 ouvrages sur l'agriculture, et le sénat romain en fit tant de cas, qu'après la prise de Carthage, lorsqu'il distribuait aux princes de l'Afrique les bibliothèques qui s'y trouvèrent, il donna l'ordre qu'on traduisît en latin l'œuvre du général carthaginois.

Nous avons donné plus haut la traduction de la relation du Périple d'Hannon.

152. — Massinissa, à la tête de ses Numides,

fait subir toutes sortes de vexations à Carthage. Ce prince fut père de 43 enfants, dont 3 légitimes.

Quoique continuellement en guerre, il sut faire fleurir dans ses Etats les arts, les sciences et l'agriculture.

Les Carthaginois se plaignent aux Romains de ses incursions. Rome répond en envoyant Caton aider Massinissa contre les malheureux Carthaginois.

A son retour, Caton détermina le sénat à faire la guerre à Carthage et à mettre en action ce qu'il ne cessait de répéter : *Delenda Carthago* ; il faut détruire Carthage !

TROISIÈME GUERRE PUNIQUE

149. — Nous voici arrivés à la troisième et dernière guerre punique.

On défendit à Carthage de continuer la guerre contre Massinissa ; on lui signifia de livrer ses armes et de brûler ses vaisseaux. Les consuls M. Manilius et L. Marcius Censorinus présidèrent à tout cela.

Après ce sacrifice, ils exigèrent des Carthaginois qu'ils abandonnassent leur ville. La fureur, le désespoir, la rage s'emparent des citoyens: jour et nuit ils fabriquent des armes ; des maisons abattues fournissent du bois pour les vaisseaux ; les cordages manquaient, les femmes sacrifient le plus bel ornement de leur sexe : leurs cheveux sont tressés et servent aux agrès des vaisseaux ; les habillements les plus précieux sont changés en voiles ; tout l'or et l'argent des particuliers est versé dans les caisses publiques. Carthage était plus redoutable que jamais.

Les consuls Népos et Martius marchèrent contre cette infortunée cité, avec 80,000 hommes, 4,000 chevaux et 56 galères.

Carthage opposa une telle résistance que Rome crut que la victoire allait lui échapper. Les soldats étaient découragés, démoralisés.

Scipion Emilien, fils de Paul Emile, tué à Cannes, et petit-fis adoptif de Scipion, le vainqueur d'Annibal, prit la direction des opérations. Les choses changèrent aussitôt.

Les Carthaginois se battirent avec le même courage, mais leurs forces étaient épuisées. De 700,000 hommes, il n'en restait plus que 50,000.

Scipion, après avoir rétabli la discipline, songea à pousser sérieusement le siège.

Ayant fait prendre à ses troupes des haches, des leviers et des échelles, il les conduisit de nuit, en grand silence, vers une partie de la ville appelée Mégare ; et ayant fait jeter tout d'un coup de grands cris, il l'attaqua fort vivement. Les ennemis qui ne s'attendaient pas à être assaillis de nuit, furent d'abord fort effrayés, mais ils se défendirent avec beaucoup de courage, et Scipion ne put pas escalader les murs. Mais ayant aperçu une tour qu'on avait abandonnée qui était hors de la ville, fort près des murs, il envoya plusieurs soldats hardis et déterminés, qui, par le moyen des pontons passèrent de la tour sur les murs, entrèrent dans Mégare dont ils brisèrent les portes.

Scipion y pénétra aussitôt. Les troupes carthaginoises se réfugièrent dans la citadelle.

Voici quelle était la situation et la grandeur de Carthage, qui, nous l'avons dit plus haut, contenait, au commencement de la troisième guerre punique, 700,000 habitants.

Elle était située dans le fond d'un golfe, environnée de mer en forme d'une presqu'île, dont le col, c'est-à-dire l'isthme qui la séparait du continent, était large d'une lieue et quart. La presqu'île avait dix-huit lieues de circuit. Du côté de l'occident, il en sortait une longue pointe de terre large à peu près de 25 mètres, qui s'avançait dans la mer, la séparait d'avec le marais et était fermée de tous côtés de rochers et d'une simple muraille. Du côté du midi et du continent, où était la citadelle appelée *Byrsa*, la ville était close d'une muraille haute de 15 mètres sans le parapet, et les tours qui la flanquaient tout à l'entour par égales distances, éloignées l'une de l'autre de 150 mètres. Chaque tour avait quatre étages ; les murailles n'en avaient que deux ; elles étaient voûtées, et dans le bas il y avait des étables pour mettre 300 éléphants avec les choses nécessaires pour leur nourriture. Il s'y trouvait aussi de quoi y loger 20,000 fantassins et 4,000 cavaliers. Enfin, tout cet appareil de guerre était renfermé dans les seules murailles. Il n'y avait qu'un endroit de la ville dont les murs fussent faibles et bas : c'était un angle négligé qui commençait à la pointe de terre dont nous avons parlé et continuait jusqu'aux ports, qui étaient du côté du couchant. Il y en avait deux, qui se communiquaient l'un à l'autre, mais qui n'avaient qu'une seule entrée, large de 25 mètres, et fermée avec des chaînes. Le premier était pour les marchands, où l'on trouvait plusieurs et diverses demeures pour les matelots. L'autre était le port des navires de guerre, au milieu duquel on voyait une île nommée *Cothon*, bordée, aussi bien que le port, de grands quais, où il y avait des loges séparées pour mettre à couvert 220 navires; et des magasins au-dessus, où l'on gardait tout ce qui est nécessaire à l'armement des vaisseaux. L'entrée de chacune de ces loges, destinées à retirer les vaisseaux, était ornée de deux colonnes de marbre d'ouvrage ionique ; de sorte que tant le port que l'île représentaient des deux côtés deux magnifiques galeries. Dans cette île était le palais de l'amiral ; et comme elle était vis-à-vis de l'entrée du port, il pouvait de là découvrir tout ce qui se passait dans la mer, sans que de la mer on pût rien voir de ce qui se passait dans l'intérieur du port. Les marchands de même n'avaient aucune vue sur les vaisseaux de guerre, les deux ports étant séparés par une double muraille, et il y avait dans chacun une porte particulière pour entrer dans la ville, sans passer par l'autre port. On peut donc distinguer trois parties dans Carthage. Le port, qui était double, appelé quelquefois *Cothon*, à cause de la petite île de ce nom ; la citadelle, appelée *Byrsa* ; la ville proprement dite, où demeuraient les habitants, qui environnait la citadelle et était nommée *Megara*. (Nos lecteurs remarqueront que M. G. Flaubert, cité plus haut, a dû s'inspirer de Rollin.)

Asdrubal fit avancer sur les murs les prisonniers romains, afin qu'ils fussent en vue de toute l'armée. On leur creva les yeux; on leur coupa le nez, les oreilles, les doigts; on leur arracha la peau avec des peignes de fer, et finalement on les précipita du haut des murs.

Scipion, maître de l'isthme, brûla le camp abandonné et en construisit un autre pour ses troupes, de forme carrée, environné de profonds retranchements armés de bonnes palissades. Du côté de l'ennemi, il éleva un mur de 4 mètres, flanqué de tours et de redoutes; de la tour située au milieu on découvrait tout ce qui se passait dans la ville. Ce mur occupait toute la largeur de l'isthme, soit une lieue et quart.

Pour couper encore davantage les vivres, Scipion ferma l'entrée du port par une levée.

L'entreprise parut insensée aux assiégés, et ils

insultaient aux travailleurs. Mais quand ils virent que l'ouvrage avançait extraordinairement chaque jour, ils commencèrent véritablement à craindre, et songèrent à prendre des mesures pour le rendre inutile. Femmes et enfants, tout le monde se mit à travailler, mais avec un tel secret, que Scipion ne put jamais rien apprendre par les prisonniers de guerre, qui rapportaient seulement qu'on entendait beaucoup de bruit dans le port, mais sans qu'on sût pourquoi. Enfin, tout étant prêt, les Carthaginois ouvrirent tout d'un coup une nouvelle entrée d'un autre côté du port, et parurent en mer avec une flotte assez nombreuse qu'ils venaient tout récemment de construire des vieux matériaux qui se trouvèrent dans les magasins. On convient que s'ils avaient été sur-le-champ attaquer la flotte romaine, ils s'en seraient infailliblement rendus maîtres, parce que, comme on ne s'attendait à rien de tel, et que tout le monde était occupé ailleurs, ils l'auraient trouvée sans rameurs, sans soldats, sans officiers. Mais, dit l'historien, il était arrêté que Carthage serait détruite. Ils se contentèrent donc de faire comme une insulte et une bravade aux Romains et rentrèrent dans le port.

Deux jours après, ils firent avancer leurs vaisseaux pour se battre tout de bon, et ils trouvèrent l'ennemi bien disposé. Cette bataille devait décider du sort des deux partis. Elle fut longue et opiniâtre, les troupes de côté et d'autre faisant des efforts extraordinaires, celles-là pour sauver leur patrie réduite aux abois, celles-ci pour achever leur victoire. Dans le combat, les brigantins des Carthaginois se coulant par dessous le bord des grands vaisseaux des Romains, leur rompaient tantôt la poupe, tantôt le gouvernail et tantôt les rames, et s'ils se trouvaient pressés, ils se retiraient avec une promptitude merveilleuse pour revenir incontinent à la charge. Enfin, les deux armées ayant combattu avec égal avantage jusqu'au soleil couchant, les Carthaginois jugèrent à propos de se retirer, non qu'ils se comptassent vaincus, mais pour recommencer le lendemain. Une partie de leurs vaisseaux ne pouvant entrer assez promptement dans le port, parce que l'entrée en était trop étroite, se retira devant une terrasse fort spacieuse qu'on avait faite contre les murailles pour y descendre les marchandises, sur le bord de laquelle on avait élevé un petit rempart durant cette guerre, de peur que les ennemis ne s'en saisissent. Là, le combat recommença encore plus vivement que jamais et dura bien avant dans la nuit. Les Carthaginois y souffrirent beaucoup.

Dès le matin, Scipion attaqua la terrasse et s'y logea, s'y fortifia, y fit faire une muraille de briques du côté de la ville, fort rapprochée des murs et de même hauteur.

Il y plaça 4,000 hommes, qui lancèrent sans discontinuer des traits et des dards sur l'ennemi.

Pendant les quartiers d'hiver, Scipion s'appliqua

à se débarrasser des troupes du dehors, qui incommodaient ses convois et facilitaient l'entrée de ceux qu'on envoyait aux Carthaginois.

Il attaqua Néphéris. Dans une seule action il périt, du côté des ennemis, 70,000 hommes tant soldats que paysans ramassés; la place fut prise après vingt-deux jours de siège. Cette victoire fut suivie de la reddition de presque toutes les villes fortes d'Afrique, et contribua beaucoup à la chute de Carthage, où, depuis ce temps-là, il n'était presque plus possible de faire entrer des vivres.

Au commencement du printemps, Scipion attaqua en même temps le port appelé *Cothon* et la citadelle. S'étant rendu maître de la muraille qui environnait ce port, il se jeta dans la grande place de la ville qui en était proche, d'où l'on montait à la citadelle par trois rues en pente bordées de côté et d'autre par un grand nombre de maisons du haut desquelles on lançait une grêle de dards sur les Romains qui furent contraints, avant de passer outre, de forcer les premières maisons et de s'y poster, pour pouvoir, de là, chasser ceux qui résistaient des maisons voisines. Le combat au haut et au bas des maisons dura pendant six jours, et le carnage fut horrible. Pour nettoyer les rues et en faciliter le passage aux troupes, on tirait avec des crocs les corps des habitants qu'on avait tués ou précipités du haut des maisons, et on les jetait dans des fosses, la plupart encore vivants et palpitants. Dans ce travail, qui dura six jours et six nuits, les soldats étaient relevés de temps en temps par d'autres tout frais, sans quoi ils auraient succombé à la fatigue. Il n'y eut que Scipion qui, pendant tout ce temps-là, ne dormit pas, donnant partout des ordres et prenant à peine le temps de manger.

Le septième jour, on vit paraître des hommes en habits de suppliants qui demandèrent aux Romains la vie de ceux qui sortiraient de la citadelle. On la leur accorda, à l'exception de celle des transfuges. 50,000 hommes et femmes sortirent et furent conduits sous bonne garde dans les champs.

Les transfuges se retranchèrent dans le temple d'Esculape, avec Asdrubal, sa femme et ses enfants.

Pressés par la faim, les veilles et la crainte, ils abandonnèrent le bas du temple et se retirèrent au dernier étage, résolus de ne le quitter qu'avec la vie.

Cependant Asdrubal, songeant à sauver la sienne, descendit secrètement vers Scipion, portant en main une branche d'olivier, et se jeta à ses pieds. Scipion le fit voir aussitôt aux transfuges, qui, transportés de fureur et de rage, vomirent contre lui mille injures et mirent le feu au temple. Pendant qu'on l'allumait, on dit que la femme d'Asdrubal se para le mieux qu'elle put, et se mettant à la vue de Scipion avec ses deux enfants, lui

parla à haute voix en cette sorte : « Je ne fais point
« d'imprécations contre toi, ô Romain, car tu ne
« fais qu'user des droits de la guerre. Mais puis-
« sent les dieux de Carthage, et toi de concert
« avec eux, punir, comme il le mérite, ce perfide,
« qui a trahi sa patrie, ses dieux, sa femme et ses
« enfants! » Puis adressant la parole à Asdrubal :
« Scélérat, dit-elle, perfide, le plus lâche de tous
« les hommes, ce feu va nous ensevelir moi et mes
« enfants; pour toi, indigne capitaine de Carthage,
« va orner le triomphe de ton vainqueur et subir
« à la vue de Rome la peine que tu mérites! »
Après ces reproches, elle égorgea ses enfants, les
jeta dans le feu, puis s'y précipita elle-même. Tous
les transfuges en firent autant.

Scipion ne put s'empêcher de verser des larmes
en songeant à la destinée de cette cité, si florissante
pendant sept siècles.

Plein de pensées lugubres, il prononça deux
vers d'Homère, dont voici le sens : *Il viendra un
temps où la ville sacrée de Troie et le belliqueux
Priam et son peuple périront*, désignant par ces
vers le sort futur de Rome, comme il l'a avoué à
Polybe, qui lui en demandait l'explication.

Carthage périssait parce que l'avarice, la perfidie, la cruauté y étaient arrivées à leur comble.
Rome devait avoir plus tard le même sort lorsque
son luxe, son ambition, son orgueil, ses iniques
usurpations forcèrent le maître des empires à

donner par sa chute une leçon à l'univers entier.

146. — Carthage ayant été prise de la sorte, Scipion en abandonna le pillage aux soldats pendant quelques jours, à la réserve de l'or, de l'argent, des statues et des autres offrandes qui se trouveraient dans les temples. Ensuite il leur distribua plusieurs récompenses militaires, aussi bien qu'aux officiers, parmi lesquels deux s'étaient surtout distingués : Tib. Gracchus et Cai. Fannius, qui les premiers avaient escaladé le mur. Il fit parer des dépouilles des ennemis un navire fort léger et l'envoya à Rome porter la nouvelle de la victoire.

En même temps, il fit savoir aux habitants de la Sicile qu'ils eussent chacun à venir reconnaître et reprendre les tableaux et les statues que les Carthaginois leur avaient enlevés dans les guerres précédentes. Et en rendant à ceux d'Agrigente le fameux taureau de Phalaris, il leur dit que ce taureau, qui était en même temps un monument de la cruauté de leurs anciens rois et de la bonté de leurs nouveaux maîtres, devait leur apprendre s'il leur serait plus avantageux d'être sous le joug des Siciliens que sous le gouvernement du peuple romain.

Ayant mis en vente toutes les dépouilles qu'on avait trouvées à Carthage, il fit de sévères défenses à ses gens de rien prendre ni même de rien acheter de ces dépouilles, tant il était attentif à écarter de sa personne jusqu'au plus léger soupçon d'intérêt. L'incendie de Carthage dura dix-sept jours.

On se livra à Rome à une grande joie.

On sacrifia aux dieux, puis on envoya dix commissaires en Afrique pour en régler le sort et l'avenir avec Scipion. On démolit tout ce qui restait de Carthage. Défenses furent faites, au nom du peuple romain, d'y habiter désormais, avec d'horribles imprécations contre ceux qui, au bénéfice de cet interdit, essaieraient d'y rebâtir quelque chose, et principalement le lieu nommé Byrsa et la place appelée Mégare. Au reste, on n'en défendait l'entrée à personne : Scipion n'étant pas fâché qu'on vît les tristes débris d'une ville qui avait osé disputer de l'empire avec Rome. Ils arrêtèrent encore que les villes qui dans cette guerre avaient tenu le parti des ennemis seraient toutes rasées, et donnèrent leur territoire aux alliés du peuple romain ; et ils gratifièrent en particulier ceux d'Utique de tout le pays qui est entre Carthage et Hippone. Ils rendirent tout le reste tributaire et en firent une province de l'empire romain, où l'on enverrait tous les ans un préteur.

Quand tout fut réglé, Scipion retourna à Rome, où il entra en triomphe. On n'en avait jamais vu de si éclatant, car ce n'étaient que statues, que raretés, que pièces curieuses et d'un prix inestimable, que les Carthaginois, pendant le cours d'un grand nombre d'années, avaient apportées en Afrique, sans compter l'argent qui fut porté dans le trésor public, et qui montait à de très grandes sommes.

Quelques précautions qu'on eût prises pour empêcher que jamais on ne pût songer à rétablir Carthage, moins de trente ans après, et du vivant même de Scipion, l'un des Gracques, pour faire sa cour au peuple, entreprit de la repeupler, et y conduisit une colonie composée de 6,000 citoyens. Le sénat ayant appris que plusieurs signes funestes avaient répandu la terreur parmi les ouvriers lorsqu'on désignait l'enceinte et qu'on jetait les fondements de la nouvelle ville, voulut en surseoir l'exécution ; mais le tribun, peu délicat sur la religion et peu scrupuleux, pressa l'ouvrage malgré tous ces présages sinistres, et le finit en peu de jours. Ce fut là la première colonie romaine envoyée hors de l'Italie.

On n'y bâtit apparemment que des espèces de cabanes, puisque lorsque Marius, dans sa fuite en Afrique, s'y retira, il est dit qu'il menait une vie pauvre sur les ruines et les débris de Carthage, se consolant par la vue d'un spectacle si étonnant, et pouvant aussi en quelque sorte, par son état, servir de consolation à cette ville infortunée.

Appien rapporte que Jules César, après la mort de Pompée, étant passé en Afrique, vit en songe un grande armée qui l'appelait en versant des larmes ; et que, touché de ce songe, il écrivit dans ses tablettes le dessein qu'il avait de rebâtir Carthage.

Strabon nous apprend que Jules César fit relever Carthage en même temps que Corinthe. Plutarque consigne le même fait. Carthage, depuis cette époque, fut la résidence d'un proconsul ; elle subsista encore pendant sept siècles. Elle fut alors détruite par les Sarrazins sans que dans le pays même on puisse en retrouver le nom, ni des vestiges importants.

Utique s'était donnée aux Romains peu de temps avant l'arrivée de Scipion.

143. — Mort de Massinissa, roi de Numidie, qui nomme les Romains ses légataires universels. Trois de ses fils prennent ensemble le pouvoir.

Micipsa règne seul à Cirtha, puis ses fils Adberbal et Hiempsal.

Jugurtha, fils naturel de Manas.

134. — Tabal part pour Rome, d'où il revient comblé d'éloges.

124. — Micipsa adopte Jugurtha, son neveu.

122. — Caïus Gracchus relève Carthage de ses ruines et y établit une colonie romaine de 6,000 personnes.

118. — Jugurtha tue Hiempsal et vainc Adherbal qui s'enfuit à Rome. Son or corrompt le sénat, qui lui donne la meilleure part de l'héritage de Micipsa.

Jugurtha attaque sans motif Adherbal et met le siège devant Cirtha, où Adherbal s'est retiré.

(Cirtha (*Constantine*) était bâtie sur un plateau élevé et escarpé. Le torrent du Rummel tourne autour de ce plateau. Il l'entoure presque entièrement : ses chutes à travers des ravins sauvages et le caractère grandiose des montagnes qui entourent la ville font des environs de Constantine un des endroits les plus pittoresques de l'Algérie. Constantine a conservé quelques ruines antiques, les restes d'un théâtre, d'un arc de triomphe, d'un cirque, des fragments de mosaïques et des inscriptions qui attestent sa grandeur passée. C'était une ville importante de Numidie.)

114. — Adherbal implore en vain la protection du sénat. Il est tué par Jugurtha avec plusieurs Romains.

112. — Calpurnius Bestia marche enfin contre Jugurtha, mais traite avec lui au lieu de combattre.

Jugurtha se rend à Rome pour se disculper devant le sénat.

Un prince numide, petit-fils de Massinissa, était alors à Rome. Jugurtha le fit assassiner.

Pour tout châtiment, il reçut l'ordre de sortir de l'Italie. Il était venu à Rome sous la garantie du peuple romain.

La guerre recommença; Métellus et Marius en furent chargés. Elle avait fort mal débuté sous le consul Albinus, dont le frère Aulus avait dû, avec ses troupes, passer sous le joug et promettre qu'il sortirait sous dix jours de la Numidie.

Métellus et Marius prennent Vacca.

Nous lisons dans Salluste :

« Cependant Jugurtha, instruit par ses émissaires de la conduite de Métellus, dont il avait reconnu à Rome l'intégrité, commence à douter du succès définitif, et songe enfin à faire sincèrement sa soumission. Il adresse donc des supplications au consul par des ambassadeurs qui étaient chargés de demander seulement la vie sauve pour lui et pour ses enfants, et d'abandonner tout le reste à la discrétion du peuple romain. Métellus avait reconnu plus d'une fois par expérience la perfidie naturelle aux Numides, leur inconstance et leur amour des nouveautés; il sonde en conséquence chacun des ambassadeurs en particulier; et lorsque, après des tentatives ménagées, il les eut trouvés dans des dispositions favorables à ses vues, il les engage, avec force promesses, à tâcher de lui amener Jugurtha en vie, sinon à le lui livrer mort : au reste, il leur fait publiquement une réponse de nature à satisfaire le roi et leur ordonne de lui en rendre compte. Lui-même, peu de jours après, fait entrer en Numidie son armée bien ordonnée et prête à combattre; les cabanes, comme en pleine paix, étaient habitées et les campagnes couvertes de bestiaux et de laboureurs; les officiers du roi venaient des villes et des hameaux au-devant de l'armée et offraient de fournir du blé, de porter les provisions, de faire enfin tout ce qui leur serait ordonné. Métellus n'en marchait pas moins pour cela toujours prêt à combattre et comme si les ennemis eussent été proches; il envoyait au loin à la découverte et croyait que ces marques de soumission n'étaient que pour la montre et que Jugurtha cherchait à l'attirer dans un piège. » (*Guerre de Jugurtha,* Ch. XLVI.)

Jugurtha massacre les Romains à Vacca; laissons parler Salluste :

« Jugurtha, ne songeant plus à se rendre, recommence la guerre avec autant de soin que d'activité; il lève des troupes; il emploie, pour ramener à lui les villes qui l'avaient abandonné, soit la peur, soit l'espoir des récompenses; il fortifie ses places; il achète ou fait fabriquer des armes, des traits, tous les objets que lui a fait sacrifier l'espérance de la paix; il cherche à attirer à lui les esclaves romains, à séduire par son or jusqu'aux soldats de nos garnisons; en un mot, pas de moyens qu'il ne tente, pas d'intrigue qu'il ne mette en jeu; ses manœuvres réussissent auprès des habitants de

Vacca, où Métellus, après les premières propositions de paix de Jugurtha, avait mis une garnison. Cédant enfin aux instances du roi, pour lequel, du reste, ils n'avaient jamais eu d'éloignement, les principaux de la ville forment un complot en sa faveur ; car le peuple, qui partout ailleurs, mais surtout en Numidie, est mobile, séditieux, avide de nouveautés, aspirait à une révolution et détestait le repos et l'inaction : leurs mesures concertées entre eux, ils fixèrent l'exécution à trois jours de là : c'était une fête solennelle, célébrée par l'Afrique entière, où tout éveillait l'idée des jeux et du plaisir, et nullement celle de la crainte. Cependant, au jour marqué, centurions, tribuns militaires, le commandant même de la place, T. Turpilius Silanus, sont invités chacun chez un des principaux habitants et tous, excepté ce dernier, sont massacrés au milieu du festin ; les conjurés tombent ensuite sur nos soldats, qui, profitant de la fête et de l'absence des officiers, courent la ville sans armes ; la populace les imite : les uns étaient initiés au complot par la noblesse, les autres poussés par leur goût pour ces sortes d'exécutions, ignorant ce qui s'est fait, ce qui se prépare, assez flattés de prendre part au désordre et à une révolution. Dans cette alarme imprévue, les soldats romains déconcertés, ne sachant quel parti prendre, veulent gagner promptement la citadelle où sont leurs enseignes et leurs boucliers ; mais une garde ennemie, la précaution qu'on a eue de fermer les portes, empêchent leur retraite ; et, pour comble de malheur, les femmes et les enfants, du haut des toits, les accablent de traits, de pierres, de tous les projectiles qui se trouvent sous leurs mains. Double péril qu'ils ne peuvent éviter : les plus vaillants sont sans défense contre le sexe le plus timide ; braves ou lâches, forts ou faibles, tous sont massacrés sans pouvoir se venger. Au milieu de cet affreux carnage, malgré l'acharnement des Numides, quoique les portes de la ville fussent fermées, le gouverneur Turpilius fut le seul des Italiens qui échappa sain et sauf. Fut-ce compassion de la part de son hôte, connivence avec l'ennemi, ou effet du hasard, je l'ignore; mais l'homme qui, dans un pareil désastre, préféra une vie honteuse à une réputation sans tache, doit être tenu pour un misérable sans honneur. »

Rivalité de Métellus et de Marius. Métellus retourne à Rome et y est créé consul et revient en Afrique. Il est joué par Lucius Sylla qui devait lui conduire des troupes.

104.—Marius triomphe de Jugurtha. Sylla s'empare de Jugurtha par trahison et le conduit aussitôt à Marius. Jugurtha avait été livré par Bocchus, roi de Mauritanie, et alla mourir de faim dans les cachots de Rome.

86. — A la suite de sa rivalité avec Sylla, Marius sachant que sa tête avait été mise à prix, s'enfuit

de Rome ; personne n'osait le recevoir. Il arriva en Afrique ; là encore, le gouverneur lui fit dire qu'il ne pouvait lui donner asile. *Va dire à ton maître*, répondit Marius à l'envoyé, *que tu as vu Marius assis sur les ruines de Carthage !*

85. — Ascalis est roi de Mauritanie, ses successeurs sont Bagud (46-48) et Bocchus II (38 à 30).

La partie de l'Afrique qui nous intéresse (Tunisie) devient province romaine. Le seul nom de Carthage éveille le souvenir de l'une des plus puissantes civilisations de l'antiquité. Les rares débris que l'on y a découverts appartiennent à l'époque romaine. En consultant les passages épars des auteurs anciens on peut se rendre compte de l'importance de cette cité.

Les Romains appelaient Afrique les pays situés entre la Grande Syrte et l'Atlantique, qui ont formé les États barbaresques.

La Mauritanie était le point extrême du monde romain. Dans ses forêts, on prenait les bêtes féroces pour les cirques. Les Numides menaient le genre de vie des Bédouins nomades, des Kabyles arabes. C'étaient d'excellents cavaliers, vivant habituellement sous la tente au milieu de leurs troupeaux.

Juba, fils d'Hiempsal, est nommé roi par Pompée. Il se donna la mort après la bataille de Tapsa où ses troupes et celles de Scipion furent défaites par celles de Jules César.

(Les médailles de Juba Ier contiennent d'un côté la tête de Jupiter Ammon, avec sa corne, de l'autre un éléphant).

46. — Guerre du centurion Curion.

45. — Jules César, vainqueur, laisse 3,000 hommes à Carthage, qu'il fait rebâtir.

44. — La Numidie et la Mauritanie sont placées sous les ordres du proconsul et historien Salluste.

Les Romains creusent les citernes d'Oudena, l'antique Utina ; de Sousa, l'antique Hadrumète ; d'Utique, de Thysdrus, de Lamta.

18. — Juba II, fils de Juba, qui trouva la mort à la bataille de Tapsa, avait été envoyé en Italie. Il y étudia les sciences et les arts et oublia ainsi la perte de son royaume que lui rendit l'empereur Auguste. L'empereur le maria avec une fille d'Antoine et de Cléopâtre, reine d'Egypte.

Juba II régna sur la Gétulie et la Mauritanie. Il se fit remarquer par ses talents et son heureux caractère.

11-17 après. J.-C.—Ptolémée, fils de Juba, succède à son père. Il lutte avec le consul Dolabella contre le mouvement insurrectionnel de Tacfarinas, chef numide, qui fut tué l'an 25.

32. — Ptolémée est nommé roi de Mauritanie. Il ne régnait auparavant que sur la Gétulie.

39. — Il est tué par ordre de l'empereur Caligula.

Son royaume sert à former une province romaine divisée en Mauritanie Césarienne (d'une ville que Juba avait appelée *Julia Cœsarea* en l'honneur d'Auguste, son bienfaiteur) et en Mauritanie Tingitane.

L'histoire de la Tunisie pendant un laps de temps considérable n'offre rien de particulier, sauf que nous devons mentionner les persécutions endurées par les chrétiens à l'aurore du catholicisme.

Nous souhaitons qu'un de nos imitateurs soit plus heureux que nous et puisse combler cette lacune.

117-138. — Une médaille de l'empereur Adrien représente l'Afrique personnifiée sous les traits d'une femme couchée qui tient dans sa main droite un scorpion et dans la gauche une corne d'abondance remplie de fleurs et de fruits. Une dépouille d'éléphant lui sert de coiffure. Elle a devant elle une corbeille avec des épis.

202. — Martyre, à Carthage, des chrétiens Révocat, Saturnin et de leurs coréligionnaires Perpétue et Félicité, sous l'empereur Sévère, le proconsulat de Minuce Trinitien ou Firminien ; Hilarien étant intendant de la province.

Après les avoir exposés aux bêtes, on les fit sortir par la porte Sanevivaria, et on se disposait à les exécuter dans le *spoliarium*, lorsque le peuple demanda qu'ils eussent la tête tranchée au milieu de l'amphithéâtre.

200-215. — Les évêques d'Afrique et de Numidie sont réunis en concile à Carthage par l'évêque Aggripin.

237. — Révolte de l'Afrique contre la tyrannie de l'empereur Maximin. Proclamation du vieux Gordien, proconsul d'Afrique et de son fils Gordien II.

Ce dernier est vaincu et tué devant Carthage ; son père s'étrangle de désespoir. Son petit-fils fut néanmoins empereur sous le nom de Gordien III.

240. — Concile de Lambessa contre l'hérétique Privat.

251. — Concile de Carthage assemblé par saint Cyprien, évêque de cette ville. On y confirme l'élection du pape Corneille.

252. 15 mai. — Concile réuni à Carthage par saint Cyprien également. 42 évêques d'Afrique y assistaient.

253. — Concile de Carthage, convoqué encore par saint Cyprien. 70 évêques y prennent part et décident que l'on doit baptiser les enfants et non attendre qu'ils aient un certain âge.

254. — Concile de Carthage. 36 prélats confirment la déposition des évêques d'Espagne, Basilide et Martial, et valident l'élection de Sabin et de Félix.

255. — Concile de Carthage. 32 évêques décident qu'il faut baptiser tous ceux qui l'avaient été hors de l'église.

256. — Concile de Carthage. 71 prélats confirment la décision du concile précédent touchant l'invalidité du baptême hors de l'église.

256. 1er septembre. — Concile de Carthage. 85 évêques d'Afrique, de Numidie et de Mauritanie confirment les décisions des conciles précédents.

253. — Martyre de l'évêque de Carthage, Cyprien, sous l'empereur Valérien.

265. — Usurpations des trente tyrans. Le tribun légionnaire Cornélius Celsus est nommé empereur à Carthage ; il est tué et son corps dévoré par des chiens.

284 à 305. — Dioclétien embellit Carthage de magnifiques monuments.

L'Afrique, troublée par des révoltes ou attaquée par les Maures, occupa plus d'une fois son collègue en occident Maximien Hercule.

293. — Fondation de Tripoli.

305. — Concile de Cirtha, du 4 au 5 mars.

308. — Alexandre, préfet du prétoire, se fait empereur dans Carthage. Il règne trois ans. Les

troupes de Maxime, fils de Maximien, le renversent, entrent à Carthage et la détruisent en partie.

311. — Concile de Carthage. Cécilien est nommé évêque de cette ville. Des évêques de Numidie s'assemblent à Carthage et déposent Cécilien. Ils ordonnent à sa place Majorin. C'est ce qui forme le schisme des Donatistes.

312. — Constantin relève Carthage qui redevient plus florissante que jamais.

348 ou 349. — Concile de Carthage sous l'évêque Gratus. On y fit 13 canons sur la discipline. Tous les évêques d'Afrique y assistaient.

350. — Les constructions bysantines deviennent fréquentes en Tunisie jusqu'en 700.

Des garnisons de moines soldats occupent Leptis, Ruspina (Monastir actuelle) ; Sousa, Tsaâr-el-Rbatt (château ou faubourg).

Les monastères de Carthage et d'Hadrumète défendent l'entrée de ces ports.

Celui de Carthage s'appelait *Mandración*, de mândra ou maândra, place carrée, ou du grec μάνδρα, cloître. C'étaient des forteresses à quatre faces, flanquées de tours à chaque angle, plus ou moins vastes, selon l'importance de la ville et du terrain. Le régime cellulaire y était en vigueur. Il y avait peu de défenseurs. A chaque angle, une tour ronde ; d'autres tours demi-rondes s'espaçaient sur les flancs. Le tout était percé de meurtrières et crénelé. Sous les courtines du couronnement des murs se trouvaient les cellules des moines-soldats. Sous la cour était ménagée une citerne. La porte était entre deux demi-tours et garnie de herses. Un fossé précédait et faisait le tour du pied de la forteresse. C'était l'ensemble de défense du système phénicien.

355. — Naissance de saint Augustin à Tagaste, sous l'empereur Constance. Sa jeunesse est signalée par de grands désordres. Il remporte d'éclatants succès littéraires à Carthage, à Rome et à Milan. Là, il entend les prédications de saint Ambroise. Sa mère Monique vient le rejoindre, ses exhortations et l'influence de saint Ambroise lui enlèvent le voile qu'il avait sur l'esprit. Il reconnaît qu'il n'avait eu jusque-là horreur de la religion catholique que parce qu'il prenait pour elle le fantôme qu'il s'en était formé. Les épîtres de saint Paul achevèrent de l'éclairer. Pontitien, l'un de ses amis d'Afrique, lui rend visite et lui raconte la conversion de quelques seigneurs, lui apprend les exercices de la pénitence auxquels s'est livré saint Antoine et une multitude de moines rangés sous sa règle. Augustin se convertit. Il va avec son ami porter cette bonne nouvelle à Monique. Il se prépare à recevoir le baptême par une retraite de cinq mois et arrive à Milan avec ses parents et amis en 388. Il partit pour l'Afrique aussitôt après. A Carthage, il loge chez le lieutenant du gouverneur,

puis se rend à Tagasta, vend tous ses biens et en consacre l'argent en bonnes œuvres. Ordonné prêtre sur la demande du peuple d'Hippone qui voulait l'avoir pour évêque, il se distingua dans un concile tenu dans cette ville et l'évêque le nomma son coadjuteur pour qu'il ne lui échappe pas. Pendant dix ans, il combat l'hérésie de Pélage. Il le fit avec une éloquence sublime et si admirable que s'il surpassa de beaucoup les autres docteurs de l'Église dans ses ouvrages, il semble s'être surpassé lui-même. Il écrit au comte Boniface pour le dissuader d'appeler les Vandales en Afrique. Il meurt le 4 août 430, à 76 ans. Il y avait 34 ans qu'il était évêque d'Hippone.

360. — Flavien est nommé évêque d'Hippone.

364-375. — Firmus, prince d'origine maure, se fait proclamer roi en Afrique. Il est châtié par le comte Théodose, père de l'empereur de ce nom, à la suite d'une lutte qui rappelle les efforts de Métellus contre Jugurtha.

382-394. — Révolte de Gildon, frère de Firmus. Pendant douze ans, il domine à Carthage en despote cruel et voluptueux, il brave l'autorité des empereurs Gratien et Théodose. Enfin, il est accablé par son frère Mazezel, resté fidèle à Honorius, fils de Théodose.

390. 16 juin. — Concile de Carthage, sous l'évêque Généthius. On y voit entre les canons que

l'évêque était le ministre ordinaire de la pénitence et le prêtre seulement en son absence, en cas de nécessité et par son ordre.

395. — Concile d'Hippone. Saint Augustin y fut ordonné évêque, contre les règles, malgré lui, du vivant de l'évêque Valère, par l'autorité de ce concile, un peu avant Noël.

397. 28 août. — Concile de Carthage. 48 évêques y assistent et adoptent 50 canons.

398. 8 novembre. — Concile de Carthage. 214 évêques y approuvent 104 canons, la plupart sur l'ordination et les devoirs des évêques et des clercs.

399. 27 avril. — Concile de Carthage. Deux évêques y furent désignés pour obtenir des empereurs une loi qui défendît d'enlever des églises ceux qui s'y réfugiaient, prévenus de quelque crime.

401. 7 juin. — Concile de Carthage. Aurélius y propose de députer à Rome et à Milan pour obtenir l'autorisation de recevoir dans le clergé les enfants des Donatistes, convertis en âge de raison.

13 septembre. — Concile de Carthage, réunissant toutes les provinces d'Afrique. On y nomme les évêques qui se rendront à Rome pour faire voir au pape Anastase la nécessité de recevoir les clercs donatistes dans les rangs du clergé.

403. 24 août. — Concile de Carthage. On y décide que l'on invitera les Donatistes à se trouver

avec les catholiques pour examiner les raisons qui les séparent de la communion.

406. — Godégésile, roi des Vandales, étant allé au secours des Alains, est tué dans un combat contre les Francs. Son fils Gondéric lui succède. Il pénètre dans les Gaules qu'il ravage pendant trois ans. Il passe en Espagne en 409 ; s'empare de la Galicie en 411 et étend ses conquêtes jusqu'en 428, année de sa mort. Genséric, son frère, est nommé à sa place. C'était, disent certains auteurs, un apostat qui de catholique était devenu arien.

407. 16 juin.—Concile de Carthage. On y résolut d'écrire au pape Innocent pour le rétablissement de la paix entre l'église de Rome et celle d'Alexandrie, divisées au sujet de saint Chrysostome. On y fit quelques canons.

408. — Concile de Carthage. On y députa l'évêque Fortunatus à l'empereur contre les païens et les hérétiques.

409. — Héraclius, comte d'Afrique, défend Carthage et son gouvernement contre les troupes envoyées par Attale, fantôme d'empereur, qu'Alaric, roi des Wisigoths, oppose au lâche Honorius, renfermé dans Ravenne. La fidélité d'Héraclius, en causant la disette à Rome que nourrissaient les moissons de Carthage, fait tomber Attale sous le poids du mépris public et des mécontentements qui s'élèvent de toutes parts.

410. 14 juin. — Concile de Carthage. A la demande de ce concile, l'empereur Honorius révoque aux Donatistes la liberté qu'il leur avait donnée d'exercer librement leur religion.

Après la prise de Rome par Alaric, les riches Romains allèrent chercher à Carthage les plaisirs de la capitale de l'ancien monde.

« Où y a-t-il, s'écrie Salvien, des trésors plus grands que ceux des Africains ? Où trouve-t-on un commerce plus florissant ? Des magasins mieux remplis ? »

« Carthage, la Rome d'Afrique, la Tyr d'Afrique, est le siège de la magistrature et des institutions de l'Etat ; elle possède des écoles pour les arts libéraux ; ses philosophes y donnent des conférences ; chaque branche du droit public y est représentée. Sa garnison est nombreuse. En outre de l'autorité militaire il y a un gouverneur civil ou proconsul, aussi puissant qu'un consul et qui administre avec habileté. Chaque rue, chaque place, chaque avenue de la ville, chaque classe de la population a ses magistrats. »

411. — Des conférences ont lieu les 1er, 3 et 8 juin, en présence du comte Marcellin, par ordre d'Honorius, entre les catholiques et les Donatistes qui y furent condamnés. Plusieurs se convertirent et revinrent à l'Eglise.

412. — Concile de Cirtha. Saint Augustin, au nom

du concile, écrit aux Donatistes pour les désabuser du bruit que leur évêque faisait courir que le comte Marcellin avait été corrompu avec de l'or pour les condamner.

Concile de Carthage. Célestius, disciple de Pélage, y est condamné.

413. — Un gouverneur d'Afrique équipe à Carthage une flotte de 700 vaisseaux et de 3,200 hommes pour détrôner l'empereur Honorius.

415. — Concile de Diospolis. Pélage y évite sa condamnation par sa dissimulation et ses mensonges. Saint Augustin a souvent reproché aux Pélagiens que leur chef s'y était condamné par sa propre bouche.

416. — Concile de Carthage. 78 évêques y anathématisent Pélage et Célestius s'ils n'anathématisent pas eux-mêmes leurs crimes et ils en écrivent au pape pour qu'il scellât ce jugement de son autorité.

Concile de Milève (Numidie). 71 évêques, comme ceux du concile de Carthage, écrivent au pape Innocent. Saint Augustin lui adresse au nom de cinq évêques une lettre dans laquelle il lui explique plus en détail l'affaire de Pélage. Dans sa réponse du 27 janvier 417 le pape condamna Pélage, Célestius et leur secte

417. Novembre. — Concile de Carthage. 214 évêques écrivent au pape Zozime qui s'était laissé

tromper par Pélage et Célestius afin que la sentence prononcée par le pape Innocent subsiste toujours.

418. 1ᵉʳ mai. — Concile de Carthage. Plus de 200 évêques y décident 8 ou 9 articles contre les Pélagiens. Le pape Zozime, mieux informé, condamne Pélage et Célestius et confirme les décrets du concile tenu à Carthage au mois de novembre 417.

419. 25 et 30 mai. — Concile de Carthage. Général d'Afrique. Le légat du pape y assistait. Il y propose les canons du concile de Sardique, sous le nom de Nicée, ce qui causa quelques contestations avec les évêques africains qui n'avaient pas connaissance de ces canons. Ils envoyèrent à Constantinople et à Alexandrie pour en avoir une copie exacte. Ils firent ou renouvelèrent 36 canons adoptés dans les conciles précédents.

422. — Concile d'Hippone. Antoine, évêque de Fussale, y est déposé. Cet évêque surprit ensuite le primat et le pape Boniface. Saint Augustin déclara qu'il préférait quitter l'épiscopat plutôt que voir Antoine rétabli.

425. — Concile de Carthage. Appiarius mal rétabli par le pape y confesse enfin ses crimes et les évêques écrivent au pape Célestin en révoquant aux Africains la permission d'en appeler aux Souverains Pontifes qui leur avait été octroyée en 419, résolus qu'ils étaient, en 425, à juger et à finir en

Afrique toutes les affaires qui y naissaient, suivant les vrais canons du concile de Nicée.

426. — Concile d'Hippone. Saint Augustin déclare le 26 septembre Fraclius pour son successeur mais en le laissant dans l'ordre de prêtre jusqu'à sa mort. Deux évêques, sept prêtres et tout le peuple d'Hippone consentent à cette déclaration.

427. — Les Vandales pillent la cathédrale de Séville.

Boniface, comte d'Afrique, associé à Castin, ne s'entendit pas longtemps avec son collègue. Les armées impériales éprouvent de grands revers en Espagne. Honorius n'ose pas retirer le commandement à Boniface qui secourt Placidie, sœur de cet empereur. Il opère une diversion contre Jean le Notaire qui avait revêtu le manteau de pourpre. Il entoure Carthage de fortifications. Il épouse Pélagie, d'origine vandale. Aétius, général resté à la cour, use de son crédit pour ruiner Boniface dans l'esprit de ses maîtres. Il va jusqu'à contrefaire l'écriture du comte d'Afrique et à livrer ainsi une lettre compromettante pour celui-ci. Il fait donner à Boniface l'ordre de venir se disculper, espérant par là le perdre entièrement.

Boniface refuse d'obéir. Des troupes sous les ordres de Mavorce, Galbion et Sinocès, sont envoyées contre lui. Sigiswalde est nommé à sa place. Boniface, méprisant les sages et patriotiques conseils de saint Augustin, appelle les Vandales à son secours et leur propose de partager l'Afrique avec les deux fils de Godégésile : Gundéric et Giséric. Giséric, après le pillage de la cathédrale de Séville par Gundéric, noie la femme de son frère dans l'Ampsaga et fait mettre à mort ses dix enfants.

LES VANDALES EN AFRIQUE

429. — Les Vandales s'étant organisés sur la côte espagnole de Gibraltar allaient passer le détroit lorsqu'arrive le suève Hermigaire. Giséric retarde son départ, l'atteint en Lusitanie et le défait. Hermigaire se noie, emporté par son cheval dans la Guadiane, près de Mérida. Giséric, après cette victoire, rejoint sa flotte qui porte 80,000 hommes et arrive en Afrique.

Les habitants des régions menacées par les Vandales sont plongées dans la frayeur et la consternation ; ils se réfugient dans des cavernes. Les Vandales promènent le fer et le feu ; ils dévastent les villes qu'ils brûlent, massacrent les habitants, les femmes et les enfants, détruisent jusqu'aux arbres fruitiers, afin que les hommes valides ne trouvent plus rien à manger s'ils se rassemblaient sur leurs derrières, à mesure qu'ils approchaient de la Numidie.

Giséric entre à Carthage. Le pillage est régularisé. Il arrête les destructeurs.

Saint Prosper place cette invasion en 427 ; le cardinal Baronius, en 428 ; Pagi la fixe en 429.

430. — Le comte Boniface, rentré dans le devoir essaie, mais en vain, de s'opposer aux Vandales. Il est défait et assiégé dans Hippone à la fin du mois de mai, trois mois avant la mort de saint Augustin. Boniface s'était d'abord maintenu sur le territoire situé entre la Petite Syrte et la Medjerdah, vers El-Kibbir.

Giséric fait égorger sous les murailles d'Hippone une multitude de prisonniers afin que l'infection de leurs cadavres porte la mort chez l'assiégé.

L'impératrice Placidie envoie des secours en Afrique sous le commandement du comte Darius.

431. — Giséric empoisonne les fontaines et les puits avec des ordures et des plantes vénéneuses afin de détruire l'armée des Romains. Il remporte une victoire sur Aspar et Boniface. Celui-ci est rappelé en Italie et est blessé à la bataille de Ravenne de la main même d'Aétius. Il engage sa femme Placidie à épouser son vainqueur.

Giseric lève le siège d'Hippone qu'il investissait depuis 14 mois.

432. — Les Vandales brûlent Hippone abandonnée par ses habitants.

435. — Le 11 février, par les soins du comte Trigétius, la paix est conclue à Hippone entre les

Romains et les Vandales. Le comte Trigetius signe au nom de l'empereur Valentinien.

437. — Persécution de Giséric contre les catholiques d'Afrique. Il ordonne la fermeture de 467 églises et l'enlèvement des livres de piété ; les sièges épiscopaux restent vacants à la mort de leurs titulaires.

439. — Le 19 octobre, Carthage est prise par les Vandales, qui la brûlent. Giséric date les années de son règne de cette époque et fait de Carthage sa capitale.

440. — Pendant deux ans, Giséric laisse à Carthage la liberté de religion ; mais il finit par chasser le clergé et force les fonctionnaires de son empire à embrasser l'arianisme. Sans prévenir les Romains, il occupe les villes de l'Afrique proconsulaire et du Bysacium.

Giséric avait ses vues.

Une *novelle* impériale datée du 23 février 440, frappait les terres de la couronne, les biens des églises, les biens-fonds de tous les sujets de l'empire, d'un impôt extraordinaire de 12 0/0 des contributions que chaque terre payait.

Les personnes qualifiées durent, comme les autres contribuables de l'empire, fournir des miliciens, des vivres pour les troupes, faire fabriquer des armes, réparer les fortifications, les chemins publics, etc.

Tout cela suscita de grandes difficultés au gouvernement impérial en facilitant les plans de Giséric.

Avant de s'engager au-delà des mers, Giséric voulut se concilier les peuplades maures et pendant plusieurs années, de 442 à 445, il n'eut pas d'autre préoccupation.

441. — Théodose envoie contre lui une flotte de 1,100 navires. Giséric, par des atermoiements habiles, sait temporiser. Attila force Théodose à rappeler ses troupes et à faire la paix avec Giséric.

442. — L'empereur Valentinien traite avec Giséric, qui obtient les terres comprises entre la mer et la Petite Syrte et les villes de Theveste (Téfas), Sicca Veneria (à 8 kilomètres du Kefl), Vacca, aujourd'hui Vegga. Valentinien garde les trois Mauritanies et la partie de la Numidie située à l'ouest de ces trois villes avec la Tripolitaine.

443. — Giséric étouffe une conspiration dirigée contre lui. Ayant cru entrevoir que la femme de son fils Hunéric voulait l'empoisonner, il lui fit couper le nez et les oreilles et la renvoya ainsi à son père Théodoric, roi des Wisigoths.

448. — Giséric démantèle les villes d'Afrique, à l'exception de celle de Carthage, afin que les habitants, soulevés par les Romains, soient dans l'impossibilité de s'y fortifier, ni qu'elles puissent servir à des troupes envahissantes.

Les Vandales commençaient néanmoins à s'amollir.

« Parmi les peuples dont nous avons entendu parler, dit Procope, il n'y en a pas de plus sensuels que les Vandales. Depuis qu'ils ont habité l'Afrique, ils prennent des bains tous les jours et garnissent leurs tables de ce que la terre et la mer produisent de plus délicat et de plus recherché. L'or brille en quantité sur leurs vêtements mêdes tissus de soie et qu'on appelle maintenant *sériques*. Ils passent leur temps aux théâtres, aux cirques, etc. On trouve chez eux force danseurs et mimes, enfin tout ce qu'il peut y avoir, chez les hommes, de flatteur pour les sens. On se refuse à croire qu'il s'agit des belliqueux descendants d'Odin.

Sidoine Apollinaire, évêque de Clermont, dit à Rome, en parlant de Carthage:

« Ne crains pas que la bravoure du brigand m'ait rendue inaccessible : la vie voluptueuse de son peuple a tué toute sa force..... Le luxe lui a enlevé la vigueur dont il était doué tant qu'il fut pauvre. »

LES VANDALES EN ITALIE

455-460. — Giséric ne redoute néanmoins pas de tenter un important coup de main. Il équipe une flotte qualifiée de *haud parva* par la *novelle* du 25 juin, envahit la Sicile, prend Lilybée et fait entrer ses vaisseaux dans le Tibre. Il occupe Rome le 15 juin 455, où l'impératrice Eudoxie l'avait appelé pour venger la mort de son premier mari Valentinien, tué par Maxime qui avait forcé Eudoxie à l'épouser. Le 12 juin, à l'approche des Vandales, Maxime avait été assassiné et jeté dans le Tibre.

Le pape saint Léon sauve Rome du fer et de la flamme, mais la ville fut pillée pendant 14 jours.

Les trésors du palais, les ornements impériaux, les vases sacrés, le toit doré du temple de Jupiter Capitolin, les statues des dieux du paganisme, tout fut embarqué, plusieurs milliers de Romains, entre autres le fils d'Aétius, Gaudentius.

Giséric saccagea une partie de l'Italie : Capoue, Noles. Naples put lui résister.

Parmi son lot se trouvaient les vases du temple de Jérusalem apportés à Rome par Titus. — Bélisaire, vainqueur des Vandales, fit plus tard transporter ces objets à Constantinople.

462. — L'impératrice et ses deux filles (Placidie et Eudoxie) furent conduites en Afrique, avec un grand nombre de prisonniers.

Giséric maria Eudoxie avec son fils Hunéric et renvoya à Constantinople Placidie et sa mère. Placidie épousa le patrice Olybrius qui fut pendant quelques mois empereur d'Occident.

Les Carthaginois et les catholiques de l'Afrique se cotisèrent pour racheter les autres captifs. Deogratias, évêque de Carthage, vendit, à cet effet, les vases de son église et transforma deux basiliques en hôpitaux où il reçut les malades.

Deux généraux de Giséric résidèrent à Capsa (Gafsa) et à Culala, près de Gabès.

470. — Basilisque, envoyé par l'empereur Léon contre les Vandales, trahit son maître.

476. — Giséric fait rouvrir les églises et rappelle les évêques.

477. — Mort de Giséric. Il est remplacé par son fils Hunéric. Giséric décédé le 4 janvier avait régné 37 ans, 9 mois et 8 jours depuis la prise de Carthage.

Hunéric est plus modéré que son père à l'égard des catholiques.

481. — Carthage obtient d'Hunéric la permission d'avoir un métropolitain. Carthage était sans pasteur depuis l'an 455.

Les Maures luttent contre les Vandales.

On exportait des contrées soumises aux Vandales : du blé, des olives, de l'huile, des raisins, du vin, des figues, des dattes, des citrons, des oranges, du lin, de la garance, du sel, de l'alun, des limaçons à pourpre qui se trouvaient dans les rochers du grand Atlas (Les Vandales avaient un corps spécial chargé par l'Etat d'aller, à ses frais, à la recherche de ces animaux), des vêtements, des tapis faits d'étoffes teintes en rouge, du bois de cèdre avec lequel on fabriquait des tables que les Romains achetaient fort cher. (Juba, au commencement de l'ère chrétienne, roi de Mauritanie, fit établir dans plusieurs îlots situés sur la côte occidentale de ce pays, des fabriques où l'on teignait en rouge avec des colimaçons, des étoffes, de toutes espèces (Pline, VI. 36). Au cinquième siècle il existait encore des fabriques de ce genre dans l'île Djerba. Les empereurs romains les offraient en cadeau (*Vospicius, in Aureliano*, cap. 12. Solin, cap. 29). Les dames romaines auxquelles leurs maris reprochaient le luxe des perles répondirent en les invitant à se guérir de la manie des tables).

On en tirait aussi des instruments à vent confectionnés avec du bois de lotus arbre (Rhamnus lotus Linnæi; zyzyphus lotus Desfont.), du marbre tacheté (Sid. Apollinaire, Pline, Solin, Sénèque, Strabon), des pierres gemmes, famille des jaspes rubannées : des rubis, des cornidons, escarboucles (Carchedonii) ; des éléphants, des lions, des tigres, des léopards, des singes, des autruches, des perroquets, des bêtes fauves destinées aux cirques et aux jardins publics, de l'ivoire, des peaux, des esclaves noirs, dont le prix augmenta dans les six premiers siècles de l'ère chrétienne, à mesure qu'on avait moins de chance de voir en Europe les guerres augmenter les esclaves blancs, des argiles, du sinope, de la terre sigillée, etc.

La fabrication des épées et des sabres en Afrique date des Vandales. Un marchand vandale fut élevé à la dignité de *comte* par Giséric en raison de son habileté à fabriquer des armes. Les travaux hydrauliques des Vandales sont également dignes d'être mentionnés.

Giséric était parvenu à faire comprendre aux Maures qu'il serait, pour eux, avantageux de le seconder. Les Maures descendaient des vaisseaux gardés par les Vandales et pillaient autant que les circonstances le permettaient.

« Un bon Maure, dit Victor de Cartenne, doit faire pour celui qui lui ménage les moyens de faire du butin, ce que le cheval maure fait pour son maître, quand il est en danger ; le cheval aime mieux être tué ou pris lui-même que de voir son maître perdre la vie ou la liberté. Le Maure risque d'avoir la tête coupée par les hommes de sa tribu, il n'imite pas cet exemple : il est battu à coup de fouet s'il se plaint que celui qui le mène au pillage n'a pas fait assez de sacrifices pour lui au moment du danger. »

Les Maures, avant de s'embarquer, recevaient le prix de leur engagement. On les nourrissait pendant l'expédition et au retour ils avaient droit à une part dans le butin.

Lorsque Bélisaire attaqua les Vandales, les Maures restèrent spectateurs ; mais quand les Vandales eurent disparu, ils entrèrent en scène pour chasser les Grecs. A l'arrivée des Arabes, il s'agissait bien moins de savoir qui dominerait à l'avenir sur la côte septentrionale de l'Afrique, des Grecs ou des Arabes, que de savoir si les Maures se retireraient devant les Arabes ou ceux-ci devant les autres derrière la plaine du Nil.

483. — Hunéric commence à persécuter les catholiques. Cette persécution fut l'une des plus cruelles que les chrétiens aient eu à souffrir ; elle dura deux ans.

484. — Hunéric meurt le 11 décembre après avoir régné 7 ans 10 mois et 10 jours.

Gunthamond ou Gondemond lui succède et expire le 21 septembre 496, ayant régné 11 ans, 9 mois et 11 jours. — La 10e année de son règne, il rappela les évêques exilés et leur permit d'ouvrir les églises d'Afrique qui étaient fermées depuis dix ans.

496. — Gondemond eut pour successeur son frère Trasamond ou Trasimond. Ce fut un terrible persécuteur du catholicisme. Il relégua jusqu'à 120 évêques, l'an 504 ou 505. Saint Fulgence, si célèbre par sa doctrine et sa piété, fut du nombre des exilés.

Il meurt le 24 mai 523, après 27 ans de règne.

523. — Hildéric succède à Trasimond son cousin germain. Il rappelle les évêques catholiques qui reviennent triomphalement de l'exil.

524. — Concile de Jungue. Saint Fulgence le présida.

Concile de Suffète, où par modestie le même saint fit donner la présidence à l'évêque Quodvultdeusqui lui avait disputé la présidence au concile de Jungue.

525. 5 février. — Concile de Carthage. Boniface, évêque de cette ville, à la tête de 60 prélats y rend grâce à Dieu de ce que la paix ait enfin été rendue à l'Eglise d'Afrique.

On y fit un grand nombre de canons et on y ordonna en général que les monastères seraient libres et indépendants des clercs, comme ils l'avaient toujours été.

CHUTE DE L'EMPIRE VANDALE EN AFRIQUE

530. — Vers le milieu du mois d'août, Hildéric est détrôné par l'usurpateur Gélimer et enfermé dans une étroite prison. Son règne avait duré 7 ans et 3 mois.

L'empereur Justinien, qu'une étroite amitié unissait à Hildéric, ayant appris cette révolution, fait la paix avec les Perses et tourne ses armes contre l'Afrique.

Le célèbre général Bélisaire fut chargé de cette

guerre, qu'il termina au bout de deux ans par la conquête de tous les pays soumis aux Vandales tant en Afrique, qu'en Sicile et en Sardaigne.

533. — Prise de Carthage par Bélisaire.

534. — Gélimer est obligé de se rendre au général Phara que Bélisaire avait envoyé contre lui.

Ainsi finit la domination vandale qui avait duré en Afrique 105 ans.

Carthage redevient métropole romaine.

535. — Concile de Carthage. 217 évêques demandent à l'empereur Justinien la restitution des droits et des biens de l'Église d'Afrique, usurpés par les Vandales, ce qui leur fut accordé le 1er août de la même année.

570. — Mort d'Abdallah, père de Mahomet.

573. — Naissance d'Abou-Bekr, le premier des kalifes arabes, mort à Médine en 634. Beau-père de Mahomet. Fit transcrire sur des feuilles de palmier ou des peaux de brebis les doctrines orales du Prophète et forma ainsi le *Coran*.

(Le mot kalife, que les Arabes prononcent kalifè ou kalifa, signifie *vicaire; successeur* sous-entendu *du Prophète*. Abou-Bekr-Es-Siddik, ou le Véridique, beau-père de Mahomet, disait : « Je ne suis pas le kalife de Dieu, mais seulement le kalife du Prophète. » Omar refusa le titre de kalife en faisant observer qu'il ne pouvait être appelé que le successeur du successeur du Prophète. Mogaira, fils de Shaab, se leva et dit : « Omar est notre prince (émir) et nous sommes les croyants (mumenim); je propose donc qu'on l'appelle : prince des croyants (Emir-Al-Mumenim). » Le titre de kalife fut conservé au souverain représentant du Prophète, mais on y ajouta celui d'*émir* ou de prince temporel ; on y joignit aussi le titre d' « Iman-Al-Moslamin, » chef religieux des musulmans, juge, interprète du Coran.)

590. — Le pape saint Grégoire le Grand use de son influence pour protéger et établir la hiérarchie contre les Donatistes.

594. — Concile de Carthage. Il y fut ordonné que tous les évêques veilleraient à la recherche des Donatistes, sous peine de perdre leurs bénéfices et leur dignité.

Chosroès II habite Cirtha, pendant que Maurice, empereur d'Orient (assassiné en 602, par l'usurpateur Phocas), fait préparer des troupes pour le rétablir sur le trône de Perse.

C'est au séjour de ce prince en Afrique que l'on doit certaines versions prétendant que Chosroès II prit Carthage.

Chosroès a pu passer dans cette ville, mais il n'y entra jamais en vainqueur.

595. — Les principales villes de la contrée qui

nous occupent tout spécialement, sont : Bizerte, Utique, Carthage, Tunis, Adrumète, Caput-Vada, Madaure, Tagasta, Tépasa, Tricameron, Bulta et Lambessa.

Le diocèse d'Afrique comprenait : la Mauritanie Césarienne, Sitifienne ; la Numidie ; l'Afrique propre ; la Bysacène ; la Tripolitaine et la région dont dépendait le promontoire Hermien.

602. — *Mahomet se donne comme prophète.*

610. — Usurpation de l'empire par Phocas. Une flotte carthaginoise conduit à Constantinople le jeune Héraclius, qui y est proclamé empereur. Son père était exarque d'Afrique. (Tous les vaisseaux avaient arboré pour enseignes l'image de la Vierge Marie. — Nicétus, cousin d'Héraclius prit, avec des troupes, la route de terre).

L'HÉGIRE

622. — Fuite de Mahomet à Yatreb, le vendredi 16 juillet. Cette cité s'appela depuis *Médina Nabi*, ville du prophète ; commencement de l'Hégire.

626. — Les Grecs sont chassés de l'Espagne, où ils avaient été appelés par Athanagilde, roi des Wisigoths. Ils passent en Afrique.

628. — Mahomet envoie Abd-Allah, fils d'Hodofah, à Chosroès II, pour le presser d'embrasser l'islamisme.

Chosroès, après d'épouvantables revers, s'était réfugié dans la Susiane, où l'empereur Héraclius, fils de l'exarque d'Afrique, le poursuivait.

Chosroès déchira, foula aux pieds la lettre de Mahomet et donna à Badan, gouverneur persan de l'Yémen, l'ordre de lui amener, chargé de chaines, le perturbateur de l'Arabie.

En apprenant comment Chosroès avait accueilli son message, Mahomet s'écria : « *Malheureux roi, Dieu déchirera bientôt ton royaume !* »

Cette prophétie ne tarda pas à se réaliser.

630. — Les impériaux cherchent à se maintenir en Afrique.

CALIFES D'ORIENT

632. — *Mort de Mahomet.* Abou-Bekr, premier kalife d'Orient.

644. — La bibliothèque d'Alexandrie est brûlée par Omar, deuxième kalife d'Orient.

646. — Plusieurs conciles ont lieu en Afrique contre les Monothélites ; un en Numidie ; un dans la Bysacène ; un troisième en Mauritanie ; le quatrième à Carthage, dans la province proconsulaire.

648. — Publication du *Coran* grâce au manuscrit d'Abou-Bekr, premier kalife.

Incursions des Sarrasins ou Arabes en Afrique et en Sicile.

656. — Othman, troisième kalife d'Orient.

LES ARABES EN AFRIQUE

655-666. — Les Africains appellent les Arabes qui répondent à leur désir et font 80,000 prisonniers.

660. — Ali, quatrième kalife d'Orient, est remplacé à sa mort, l'année suivante, par Haçan.

FONDATION DE KAIROUAN

663. — Fondation de Kairouan par Oucba-Ben-Nazic, successeur de Ben-Hadidje, général du kalife Moravid I*er*, fils d'Abou-Soffian.

(Kairouan est la troisième ville en vénération dans l'islamisme.)

LES BERBÈRES

La reine des Berbères, Kakina, battue par Sidi-Oucba, le conquérant de l'Afrique du Nord, s'enferma dans Thysdrus, se retrancha dans l'amphithéâtre de cette place et y résista pendant trois ans à tous les efforts de Sidi-Oucba et de ses lieutenants. Le grand axe extérieur de l'ellipse de l'amphithéâtre mesurait 162 mètres; le petit axe extérieur 118 mètres. L'épaisseur de la maçonnerie entre dans ces chiffres pour 54 mètres; le grand axe intérieur avait 108 mètres; le petit axe extérieur 64 mètres.

Pour arrêter l'invasion, la reine Kakina fit brûler d'immenses forêts.

(Le 13 novembre 1879, M. Masqueray, professeur au lycée d'Alger, fit, à la deuxième section de la Société géographique commerciale de Paris, un récit fort intéressant sur ses longs et fructueux voyages dans le Sahara, entrepris sous les auspices du ministère de l'instruction publique.

L'éminent voyageur, qui a visité les Berbères, les M'sabites ou Beni-M'zab, s'est exprimé ainsi :

« J'attaquerai d'abord une erreur historique encore très répandue aujourd'hui, et qui attribue aux populations algériennes les invasions de la France et de l'Italie. Or, d'après les textes des historiens arabes que j'ai consultés, l'armée mahométane qui fut battue par Charles-Martel à Poitiers ne comptait que 27,000 Africains. Les envahisseurs avaient fait de vains efforts pour s'adjoindre l'élément berbère déjà réfractaire à toute assimilation. Les Berbères, chrétiens d'abord, puis Donatistes, s'étaient, il est vrai, convertis à l'islamisme ; mais, dans leur religion nouvelle, ils avaient apporté l'esprit puritain du donatisme et ils avaient formé une nouvelle secte mahométane, au milieu des sectes déjà si nombreuses de l'islamisme.

« Les Berbères résistèrent à la domination des kalifes, pontifes et rois, comme ils avaient résisté à celle des Césars et à la domination spirituelle des papes.

« Ce n'est qu'en 1050 que les Arabes, émigrant en hordes formidables de l'Égypte, envahirent l'Afrique, brûlant, pillant, tuant et refoulant les Berbères sur les plateaux élevés et vers les plaines du Soudan.

« Le temps amena entre ces deux races ennemies un certain rapprochement. Un parti mixte prit naissance, un groupe resta obstinément à l'écart et refusa tout accommodement, s'isola et est encore isolé : ce sont les Mozabites, qu'on appelle aussi M'zabites ou Beni-M'zab (1). »

Jusqu'en 1840, les M'zabites habitèrent, au nombre de 300,000, les villes de Gardhaïa, Meika, Bainoura, et ont formé entre autres trois colonies.

A cette époque, ils se sont répandus sur le littoral de la Méditerranée, où ils exercent les professions de bouchers, maraîchers, épiciers.

En Algérie, leur habileté commerciale et leur probité sont devenues proverbiales.)

668. — Les Arabes refont les murs d'Hadrumète qui prend le nom de Souze ; de Ruspina (Monastir) ; de Méhédia ; de Thysdrus (El Djem) ; de Leptis Parva (Lamta) ; de Horrea Cœlia (Heryx) ; de Neapolis (Nebel); de Tacapa (Gabès) ; de Taphrura (Sfax) ; de Capsa (Kafsa) ; de Thunés (Tunis). Carthage et Utique gardent leurs noms, mais leurs fortifications tombent en ruines.

(1) Au mois de novembre 1882, le général de la Tour d'Auvergne est entré à Gardhaïa et a pris, au nom de la France, possession du pays.

672. — Enveloppé par les Berbères, vers Zab (Biskra), réunis par l'émir Aben-Kakina et le prince maure Kuscilé qui commandait non-seulement des Berbères mais aussi des Romains, Oucba fit venir son compétiteur Mouhégir-al-Ansari, qu'il menait enchaîné dans ses expéditions, depuis qu'il était resté maître du commandement : « Ami, lui dit-il, voici le jour de la délivrance, du martyre, du plus riche gain que puisse faire un musulman. Je n'ai pas voulu te priver de cette heureuse fortune. » Après s'être réconciliés, ils montèrent à cheval, se jetèrent, tête baissée, à travers les escadrons ennemis et périrent avec toute leur armée. (Ce trait qui est excessivement curieux explique les prodiges des armes arabes.)

676. — Formation du premier kalifat arabe à Kairouan.

LES OMMIADES

680. — Moaviah ou Moravid I⁰, sixième kalife d'Orient. *Ommiade.* 683. Jésid I⁰, septième kalife d'Orient. — 684. Moravid II, huitième kalife. — 685. Merwan I⁰, neuvième kalife.

688. — Zabéir, général d'Abd-El-Malek, kalife de Damas, passe en Afrique, à la tête d'une armée puissante, reprend Kairouan, à la suite d'une bataille livrée aux Grecs et aux Maures, commandés par Kuscilé qui la perd avec la vie.

L'armée de Zabéir s'avance vers Carthage. Une flotte envoyée par l'empereur Justinien y débarque à temps des troupes. Zabéir est vaincu et tué.

697. — Le wali d'Egypte, Hassan-Aben-Naanam, rentre en Afrique sur l'ordre d'Abd-el-Malek. Il reprend Kairouan sans éprouver de résistance. Il défait les Berbères et s'empare de leur héroïne Kakina, qui était sans doute la femme de l'émir de ce nom. Les Berbères sont rejetés en Mauritanie.

698. — Hassan marche sur Carthage, dont les habitants se réfugient à bord des navires du patrice Jean ou se sauvent en Espagne et en Sicile. Le patrice tente un combat naval ; sa flotte égalait celle d'Hassan. Celui-ci l'emporta. Carthage fut entièrement détruite par son vainqueur. Carthage avait duré 830 ans depuis que la colonie de Gracchus l'avait fait sortir de ses ruines. Il n'en resta, désormais, plus qu'une forteresse et quelques habitations.

Ses hommes célèbres furent Annibal-le-Grand, Térence, Tertullien, saint Cyprien, saint Fulgence, le pape Gélase et l'incomparable saint Augustin.

Les Romains se retirèrent dans Safatcoura et Hippo-Zarytus (Byserte). Les Berbères, ennemis des Arabes, se joignirent à eux. Ils furent défaits par Hassan, surnommé le Gassanide, à Safatcoura et à Hippo-Zarytus qui eurent à subir le sort des villes vaincues.

Les Romains ne conservèrent plus qu'Hippone (Bône).

Hassan revint avec un immense butin à Kairouan.

698. — Le corsaire Aben-Chapella s'empare de la Mauritanie Tingitane.

699. — Abou-Hanifah, commentateur du *Coran* et auteur du *Seved*, naît à Koufah.

Les Vandales avaient apporté l'arianisme, les Arabes propagèrent la loi du Coran, mais on ne retrouve aucune tradition nationale, aucune coutume de races, aucun mode d'architecture ou de construction propre.

Les auteurs anciens nous donnent quelques descriptions sur Utique et d'autres villes de la côte ; elles n'offrent rien d'assez intéressant pour que nous en profitions.

700. — Naissance de la chimie chez les Arabes.

Les Maures se donnent et se mêlent aux Arabes avec lesquels ils passeront en Espagne.

702. — Mouza-Aben-Nossaïr, lieutenant du kalife Abd-El-Malek, bat les Berbères et les refoule au sud de l'Atlas, secondé par ses deux fils Abd-Al-Azyz et Mérouân. Le kalife Abd-El-Malek passe pour avoir, le premier, fait frapper de la monnaie arabe.

705. — Mouza-Aben-Nossaïr est maître de toute la province d'Al-Garb, ou du couchant du golfe de

Carthage, aux lieux où Oucba avait naguère poussé son chameau dans la mer en disant : « Allah, je te prends à témoin que si ces eaux profondes ne m'arrêtaient pas, j'irais porter plus loin la connaissance de ton saint nom. »

710. — Le comte Julien voulant venger l'honneur de sa fille outragée par Rodéric, roi des Wisigoths, appelle les Arabes en Espagne.

Ceux-ci s'empressent de répondre à ce désir et envahissent pour longtemps cette riche contrée.

715. — Walid Ier, onzième kalife d'Orient.

717. — Mouza, après avoir fait la conquête de l'Espagne, revient à Damas. Il comparaît devant le kalife Soliman ou Soleyman, ainsi que son rival Tarik. Celui-ci, ayant faussement démontré que c'était lui et non Mouza qui avait pris la célèbre table d'émeraude, surnommée « table de Salomon » le vieux Mouza fut battu à coups de verges, condamné à une amende de cent mille mithals d'or et exilé à Médine. Il y mourut, en apprenant la fin tragique de l'un de ses fils. Mouza avait donné au Croissant le Magreb et l'Espagne et on l'en avait récompensé par une disgrâce !

720. — Omar II, treizième kalife d'Orient. — **724.** Jésid II, quatorzième kalife d'Orient.

730. — Abdérame, après s'être rendu indépendant en Espagne, fonde le kalifat de Cordoue ; puis, dans l'espoir d'agrandir son empire, il envahit le midi de la France, ravage d'abord la Septimanie et prend Narbonne, Carcassonne, Albi, Pau, Tarbes, Nîmes, Bordeaux, la Réole, Agen, Marmande, Avignon, Carpentras, Orange, Marseille, Fréjus ; il remonte le Rhône et la Saône, il brûle Mâcon dont la cathédrale antique avait une sonnerie curieuse, Tournus, Chalon-sur-Saône ; de là, il passe à Auxerre et va jusqu'à Sens.

732. — Charles-Martel, à la tête de ses Francs, lui inflige une telle défaite à Poitiers qu'Abdérame reprend aussitôt la route d'Espagne, poursuivi par son heureux vainqueur qui ne cesse de harceler sa retraite jusqu'au pied des Pyrénées.

736. — Soulèvement du Magreb, comprimé par Okbah-Ben-Al-Hedjadj-Al-Kaijzy.

741. — Nouvelle insurrection des Berbères. Les troupes du wali d'Egypte, Hantallah-Ben-Séfouan-Al-Kebby, commandées par Baledj-Ben-Baschyr et Thaalébah-Ben-Salémah, vont chercher les rebelles au-delà de l'Atlas et y sont anéanties aussi bien par la chaleur et la soif que par les Berbères.

743. — Hescham, quinzième kalife d'Orient.

744. — Walid II, Jésid III et Ibrahim, seizième, dix-septième et dix-huitième kalifes d'Orient.

750. — Merwan II, dix-neuvième kalife d'Orient.

LES ABBASSIDES

750. — Aboul-Abbas-Es-Saffeh, fondateur de la dynastie des Abassides, est proclamé à Koufah. Il fait tuer le dernier kalife des Ommiades après l'avoir vaincu. Il règne à Damas, où il meurt en 754, laissant le trône à son frère Al-Manzor. (Les Abassides comptèrent 37 souverains, depuis 749, jusqu'en 1258, époque à laquelle cette dynastie fut renversée par Houlagou, petit-fils de Gengis-Khan. Quelques rejetons de cette famille vivaient encore en Egypte au xvie siècle).

755. — Abdallah, oncle d'Aboul-Abbas, revendique le kalifat à la mort de ce dernier. Il est tué.

756. — Le kalifat de Cordoue appartient désormais aux Ommiades. — **757.** Fondation de Bagdad.

775. — Abou-Gialar-Al-Manzor, vingt et unième kalife d'Orient.

777-869. — On remarque l'absence des évêques d'Afrique aux conciles de Nicée et de Constantinople.

785. — Mohammed-Madhi, vingt-deuxième kalife d'Orient. — **786.** Hadi, vingt-troisième kalife d'Orient.

788. — Edris fonde le royaume de Fez.

Les Fatimites (descendants d'Ali et de sa cousine

Fathima, fille de Mahomet) se rendent indépendants et prennent Kairouan. Leur chef était Obéid-Allah.

LES AGLABITES

800. — Tunis passe sous la domination des Aglabites, dont le chef est Ibrahim-Ben-Aglab qui s'était révolté contre les kalifes arabes.

809. — Haroun-Al-Raschid, vingt-quatrième kalife d'Orient. — 813. Hamyn, vingt-cinquième kalife.

820. — Les Arabes de Kairouan, indépendants en 800, passent en Sicile, où les appelle le gouverneur Euphémius ; de là, ils pénètrent dans la Pouille (Italie) qu'ils prennent. L'Eglise seule s'oppose à leur invasion. Ils pillent Saint-Pierre de Rome.

828. — Boniface de Lucques poursuit les flottes arabes jusque dans le golfe de Tunis, où il opère un débarquement.

833. — Al-Mamoun, vingt-sixième kalife d'Orient.

842. — Motassem, vingt-septième kalife d'Orient.

Les Arabes continuent leurs incursions en Sicile.

844.—Les Normands sont rejetés en Afrique par les Arabes d'Espagne, où ils avaient pénétré en 843.

847. — Vatah-Billah, vingt-huitième kalife d'Orient.

852. — Prise de la Sicile par les Aglabites. Ils ne peuvent s'y maintenir et en sont bientôt chassés par les Normands.

861. — Mothavakel, vingt-neuvième kalife d'Orient. — 862. Mostancer, trentième kalife. — 866. Mostaïn-Billah, trente et unième kalife. — 869. Motaz, trente-deuxième kalife. — 870. Mothadi-Billah, trente-troisième kalife.

870. — Les Fatimites dominent sur une grande partie de l'Afrique. Ils se répandent dans l'empire grec et rejoignent leurs coréligionnaires en Espagne.

888. — Fondation du royaume de Kairouan.

891. — Les Fatimites détruisent en Afrique les Aglabites et attaquent les Edrissites soutenus par Abdérame III qui porte le kalifat de Cordoue à son apogée et apaise les troubles. Sous son règne, on compte dans la ville de Cordoue 600 mosquées, 70 bibliothèques, 50 hôpitaux, 17 académies. 400 autres cités fleurissent.

892. — Motammed-Billah, trente-quatrième kalife d'Orient.

893. — Les évêques d'Afrique, divisés par un schisme, invoquent la décision du Souverain-

Pontife et envoient une députation spéciale au pape Formose.

900. — De graves dissensions politiques s'élèvent entre les Edrissites de Fez, les Aglabites de Kairouan et les Fatimites.

902. — Motadeb-Billah, trente-cinquième kalife d'Orient.

903. — Les Fatimites règnent sur la Tunisie. La Tunisie répondait, à cette époque, au territoire de Carthage sous les Romains, à l'Afrique proprement dite et à la Bysacène.

908. — Moctafi-Billah, trente-sixième kalife d'Orient.

LES FATIMITES

909. — Les Fatimites renversent les Aglabites et prennent leur place. Abdallah, premier kalife Fatimite.

911. — Le royaume de Kairouan est conquis par les Fatimites. Ils détruisent la dynastie des Rostamides qui possédaient les côtes maritimes depuis Tunis jusqu'au détroit de Gibraltar.

920. — Les Fatimites soutiennent les Edrissites, mais retiennent leurs conquêtes.

D'El-Méhadia (Africa), capitale des Fatimites, bâtie sur une presqu'île réputée inexpugnable de la Bysacène, partent des flottes nombreuses qui portent le ravage et l'effroi dans la chrétienté.

936. — Kaiem-Aboul-Casem, deuxième kalife fatimite.

946. — Mort du kalife Kaiem-Aboul-Casem, deuxième Méhadi, dans Méhadia, assiégée par Yésid. Al-Manzor devient le troisième kalife fatimite.

Les pèlerins qui se rendent en Palestine, visiter les Saints-Lieux, sont persécutés ; ils étaient libres depuis le kalifat d'Haroun-Al-Raschid, c'est à-dire depuis plus d'un siècle, ce kalife, né en 765, étant mort en 809. L'Occident s'indigne. Les Arabes détruisent le Saint-Sépulcre pour empêcher les pèlerinages. On en accuse les Juifs en Europe et on les persécute à leur tour.

953. — Moez-Lédinillah, quatrième kalife fatimite.

960-969. — A l'approche d'Alhacem qui va soumettre toute l'Afrique, les Fatimites s'enfuient en Egypte, où ils créent un kalifat. Moez-Ledinillah, quatrième Méhadi, est le premier kalife fatimite égyptien. C'est en Egypte que Saladin trouvera les Fatimites.

LES ZÉYRITES

Tunis est livrée aux gouverneurs Zéyrites.

965. — Les rébellions des Berbères du Magreb (soumis aux Fatimites) sont réprimées par les généraux d'Al-Haken II, Al-Mostancer-Bi'llah, kalife de Cordoue.

972. — Les relations des dynasties parvenues au trône du Maroc, après les Edrissites et avant les Almoravides (Miknaça en 917 ; Magraoua en 1001), sont et seront différentes de celles des Zéyrites qui remplacèrent les Fatimites (972-1048).

Les Fatimites transportent le siège de leur empire au Caire, qu'ils avaient fait bâtir pour éclipser Cordoue et Bagdad. Moez-Ledinillah, maître de l'Egypte, cède le gouvernement de Kairouan à Ioussouf-Ben-Zeiri.

975. — Aziz, cinquième kalife fatimite.

976. — Al-Mansour, ministre de Hescham II, surnommé All-Mowayad Bi'llah, qui n'avait que dix ans à la mort du kalife de Cordoue, met fin à la guerre du Magreb, en concédant des trèves aux tribus révoltées.

986. — L'émir édrissite Al-Hassen-Ben-Khenouz, dernier de sa race, refuse de se soumettre à l'autorité des Ommiades. Il fait cesser, dans le Magreb, la prière et le tribut. Al-Mansour envoie d'Andalousie son fils Abd-Al-Malek. Hassan battu a la tête tranchée.

988-999. — Les Fatimites perdent ce qui leur restait de possessions en Afrique.

Un fils d'Abdul-Aziz fonde une nouvelle dynastie.

996. — Hakem-Biamrillah, sixième kalife fatimite.

1006. — Le Maroc est libre. Les Almoravides s'y fixent.

1007-1090. — Les Zéirites d'El-Méhadia et de Kairouan perdent les territoires de Tunis et de Carthage.

1012. — Yahyah, fils d'Ali-Ben-Hamoud, gouverneur du Magreb, en apprenant que son père avait été étouffé dans un bain à Cordoue, passe en Espagne avec toutes les forces qu'il put rassembler, jusqu'à des nègres de Souze. (Ali-Ben-Hamoud, parti avec ses Berbères en Espagne pour délivrer le peuple arabe de la domination de Soleiman, avait réussi et était entré victorieusement dans Cordoue quand il fut assassiné). D'abord vainqueur, Yahyah fut ensuite obligé de s'enfermer dans Algésiras, où il forma un petit royaume.

1021. — Daher, septième kalife fatimite.

1033. — Fin du kalifat de Cordoue. Dix royaumes se fondent.

1034. — Prise de Bône par une flotte pisane, renforcée de navires génois et provençaux. De la Proconsulaire à Carthage, la côte est ravagée.

Les Almoravides et les Almohades sont en lutte continuelle et deviennent de plus en plus irréconciliables.

1036. — Abou-Jamin-Mostancer, huitième kalife fatimite.

1038. — Invasion des Seldjoucides en Asie.

1040-1070. — Fondation du royaume de Maroc.

1048. — El-Moez, le zéyrite, gouverneur de l'Afrique orientale pour les Fatimites, se déclare indépendant à El-Méhadia. Le kalife Al-Mostancer lance contre lui les tribus des Arabes Hilatiens qui envahissent cette partie de l'Afrique de 1051 à 1062 (443 de l'hégire) et mettent tout à feu et à sang. Ils prennent Kairouan, El-Méhadia, Cirtha, mais ne peuvent s'y maintenir. El-Moez revient à El-Méhadia et ses enfants, quoique affaiblis par la révolte et la perte des provinces orientales y compris Tunis, règnent encore près d'un siècle.

1053. — Aux xᵉ et xiᵉ siècles, la Bysacène comprenait 14 évêchés, parmi lesquels on cite ceux de Carthage (*Proconsularis Carthago*); Gafsa ; Hadrumète, etc. 15 autres sièges épiscopaux se trouvaient à Guelma, Bône, Constantine, etc. En 1053, trois évêques d'Afrique voulant revenir à l'ancienne discipline, le pape Léon XI leur écrit, le 17 décembre, deux lettres décrétales et maintient la prééminence de l'archevêque de Carthage.

Il loue les évêques Pierre et Jean de leur déférence envers l'Église romaine et du zèle qu'ils montrent en défendant les droits de l'archevêque de Carthage contre les prétentions de l'évêque de Gummi ; les engage à persévérer dans ces sentiments, attendu que l'archevêque de Carthage, alors que cette ville deviendrait entièrement déserte et inhabitée, doit conserver la prééminence que lui ont donnée sur toute l'Afrique le pontife de Rome, les conciles et les décisions du siège apostolique.

(La ville de Gummi est probablement El-Kala des Beni-Hammad, fondée par Hammad, en 1008, dans l'intérieur de la Mauritanie et qui était alors la capitale des Hammadites.)

De tous les évêchés d'Afrique, il n'en subsistait que cinq en 1043; celui de Carthage avait été érigé en archevêché par le pape Léon IX; c'était la métropole de l'Afrique.

1033-1082. — Les Almoravides étaient de vieille souche berbère et sanadjienne. Comme les Touaregs et les Lamta, ils avaient la face voilée du *litahm* percé de deux trous pour les yeux. Ils n'avaient d'autres montures que les méharis, vivaient du lait et de la chair de leurs chameaux. Ils étaient très sobres. Ils s'emparèrent du côté occidental de l'Afrique jusqu'à Alger sous Yousouf-Tachfin.

En-Nacer et Yousouf, devenus ennemis et rivaux par leur ambition et le voisinage de leurs frontières, furent assez sages pour toujours éviter de se combattre.

LES HAMMADITES

1063. — En-Nacer, chef de la dynastie hammadite, envoie d'El-Kala, sur la demande des princi-

paux cheiks tunisiens, Abd-El-Hack-Ibn-Khora-
çan, qui sut se faire aimer du pays.

1065. — Attaqué par le roi zéyrite d'El-Méhadia, Abd-El-Hack est obligé de reconnaître sa
suzeraineté. Il conserva à Tunis toute son indépendance, de concert avec les cheiks. Il mourut
en 1095. Ses enfants lui succédèrent.

Ahmed, son petit-fils et deuxième successeur, se
débarrassa du contrôle des cheiks, entoura Tunis
de remparts, y fonda des palais et accrut sa puissance.

Il fut obligé de reconnaître la suzeraineté des
Zéyrites et des Hammadites.

La dynastie des Beni-Khoraçan fut détruite,
vers le milieu du xii⁰ siècle, par Abd-El-Moumen.

1068. — Le nombre des chrétiens diminue considérablement en Afrique.

1073. — Des difficultés s'élèvent entre l'archevêque de Carthage et ses fidèles, ainsi qu'avec
l'émir.

Dans une lettre du 16 septembre, le pape Grégoire VII se plaint au clergé et au peuple de Carthage de la désobéissance de quelques chrétiens de
la ville contre l'archevêque Cyriaque, dont ils ont
dénoncé les actes aux musulmans. (Cette lettre
est datée de Capoue.) Le pape engage l'archevêque à supporter courageusement les mauvais

traitements qu'il endure de la part de ses fidèles et du roi ou émir des Arabes, plutôt que de céder à des exigences réprouvées par les canons de l'Eglise.

1076. — Au mois de juin, le pape Grégoire VII regrettant que l'Afrique, où florissait autrefois un si grand nombre d'évêques, n'ait pas trois prélats pour en consacrer un nouveau, charge Cyriaque, archevêque de Carthage, de lui envoyer à Rome un sujet, régulièrement élu, auquel il imposera les mains. (Cette lettre est datée de Rome.)

La même année, le même pape écrit à En-Nacer, roi de la Mauritanie sitifienne, que sur sa demande il a consacré évêque le prêtre Sirvand ; il le remercie de ses bonnes dispositions à l'égard des chrétiens de ses Etats, et lui fait savoir que deux nobles Romains, Albéric et Cencius, heureux de ce qu'ils ont appris de sa bienveillance, lui envoient des messagers pour l'assurer de leur désir de lui être en tout agréables.

1078. — Les Seldjoucides font la conquête de la Palestine.

1079. — Yousef, naïb ou lieutenant d'Abou-Bekr, son cousin, prend Tunis.

1086. — Yousef, devenu chef des Almoravides, va seconder les Arabes en Espagne. Il fait trembler la chrétienté.

1087. — Tunis forme un grand fief dépendant des rois Zéyrites. (Il est probable qu'il fournit un contingent dans les expéditions de Temim, en Sicile et en Calabre, en 1075.)

1094. — Aboul-Manzor-Amer, neuvième kalife Fatimite.

Le 6 août 1087, El-Méhadia est prise par la flotte combinée de Pise et de Gênes. Cette flotte comprenait 300 navires portant 30,000 hommes. La chaîne du port fut brisée, les tours de défense démantelées. L'escadre chrétienne entra dans le port. Le faubourg de Zouïla fut enlevé, ses bazars incendiés et pillés. La ville entière fut occupée, à l'exception de la citadelle, dans laquelle le roi Temim s'était réfugié et qu'on ne put forcer. Les chrétiens se retirèrent moyennant une somme de 100,000 dinars d'or (1,300,000 francs), conservèrent leur butin et emmenèrent tous les prisonniers en payant, il est vrai, leur rançon.

Deux poètes, l'un arabe, l'autre chrétien, ont célébré la prise de Méhadia.

Nous avons cherché, sans pouvoir les trouver, l'explication et les causes de ces évènements politiques qui bouleversèrent l'Afrique au XI° siècle.

Ibn-Kaldoun, que l'on met au premier rang des historiens arabes, ne nous a pas appris grand chose.

Il nous dit que les Targas, Touaregs, remontent par leur origine à la nation des Suchadja, qui occupait primitivement le littoral méditerranéen, depuis le désert de Barka jusqu'au Magreb-El-Aksa. Elle s'est dispersée insensiblement dans le Sahara, d'où ils sont revenus au xiii° siècle, vaincus et repoussés par un roi nègre, chercher un refuge au sud de l'Algérie, de la Tunisie et de la Tripolitaine, c'est-à-dire sur le territoire qu'ils occupent actuellement. (Les Touaregs modernes se rattachent à la race autochtone grecque romaine.)

Ibn-Kaldoun ajoute, dans ses *Prolégomènes* : « Les peuples à demi sauvages parviennent à subjuguer les autres, parce qu'ils sont assez forts pour leur faire la guerre, et que le reste des hommes les regarde comme des bêtes féroces. Tels sont les Arabes, les Genata, les tribus voilées (Almoravides, qui eurent pour fondateur leur chef religieux Ibn-Yacin, furent formés de la tribu des Lemtouna, alliée plus tard aux Gindoula et aux Messoufa) de la grande famille sanhadjienne. Ces races peu civilisées, ne possédant pas un territoire où elles puissent vivre dans l'abondance, n'ont rien qui les attache à leur pays ; aussi, toutes les contrées leur paraissent bonnes. Ne se contentant pas de commander chez elles et de dominer sur les peuples voisins, elles franchissent les limites de leur région, afin d'envahir les pays lointains et d'en soumettre les habitants.

La langue parlée par les Maures voilés est le berbère.

(Le général Hanotau établit la pureté du dialecte *targui* à côté des dialectes mzàbi, chaouïa et kabyle, qui sont plus ou moins imprégnés d'arabe.)

El-Bekri prétend avoir vu à Gadamès, à la fin du xie siècle, le souterrain que Kakina, reine des Berbères de l'Aurès, employa comme prison.

Les ouvrages d'Ibn-Hankal, d'Ibn-Adhari et d'El-Bekri nous montrent l'ingénieuse disposition des cours d'eau dans toute l'Afrique proprement dite aux xe et xie siècles, la vaste irrigation des champs, la culture générale des oliviers et de beaucoup d'autres arbres fruitiers ; la canne à sucre cultivée à Kairouan ; le coton à Msila ; l'indigo à Sebab ; les mûriers et les vers à soie à Gabès ; les manufactures de toiles fines et de laines à Souse ; l'art de fouler et de lustrer les draps, suivant l'usage d'Alexandrie, à Sfax ; les étoffes de coton fabriquées dans le Soudan ; les poteries légères façonnées à Tunis ; les tuiles à Sfax, etc.

Nous croyons devoir rappeler que ce sont les Maures qui ont apporté en Espagne cet ordre architectural si élégant auquel on doit l'Alhambra et tant d'autres merveilles. D'Espagne, cet ordre revint en Afrique : la façade de la mosquée dans la Kasbaa de Monastir peut être citée comme exemple ; les spécimens en sont rares dans la Régence.

N'oublions pas l'architecture mixte des Atrmyn's tunisiens adoptée pour les mosquées. L'ordonnance générale a été empruntée aux anciens édifices, au type phénicien (vaste cour entourée de galeries autour de laquelle sont les appartements), l'ornementation et les décors aux monuments arabes d'Espagne.

Les architectes continuent à employer le pisé, dont Annibal s'était si souvent servi dans ses fortifications passagères.

Le mode de répartition des Arabes fut suivi par les Bysantins.

Constatons aussi qu'au centre de la citadelle d'Utique s'élevait jadis un temple, de même que sous le sol actuel de la Kasbâa de Souse; un temple existait également dans la citadelle de Thapsus.

Puisque nous parlons quelque peu d'archéologie, disons qu'Utique avait déjà un théâtre 46 ans avant Jésus-Christ, à l'époque de la guerre du centurion Curion, qui précéda celle de Jules César. Ce grand capitaine en parle dans ses *Commentaires*.

Utique possédait jadis deux nécropoles : l'une, sur le sommet de la grande forteresse, près de l'acropole; l'autre, sur une hauteur, dans l'île qui est généralement considérée comme le berceau de cette cité.

Utique avait plusieurs portes (Caton n'en laissa qu'une seule ouverte). Ces portes conduisaient, par la Via Sacra, à Vacca; en Mauritanie; à l'arsenal ; à Carthage par le pont de Cigiza et en Numidie ; vers le port marchand et vers le théâtre du bord de la mer.

Lambessa, dont nous avons également parlé, n'est plus maintenant qu'un village de 600 habitants, moitié indigène, moitié français, à 12 kilomètres de Batna, ville fondée en 1844.

Lambessa est la *Lambæsis* romaine, quartier général de la 3ᵉ légion et capitale militaire de la Numidie, qui avait jadis 12 kilomètres de circuit. Les ruines y abondent : deux temples ; des cirques ; un grand nombre d'autels ; des tombeaux ; plusieurs portes ; des arcs de triomphe ; un aqueduc ; un *prætorium* long de 28 mètres, large de 20, haut de 15, dont on a fait un musée pour loger les statues et les antiquités que l'on découvre.

« Il est, dit M. Piesse, des lieux bien autrement célèbres que Lambessa ; mais on trouverait difficilement une ruine plus riche et d'un aspect plus intéressant. On a dans Pompéi une ville ensevelie sous les cendres du Vésuve, surprise dans toutes les occupations de la vie : *Lambæsis* nous montre une ville abandonnée de ses habitants et dont le temps seul a rongé les pierres, au milieu d'une imposante solitude. »

Que nos lecteurs veuillent bien nous pardonner ces quelques digressions et entreprendre avec nous l'étude historique du xiiᵉ siècle.

1100.—Prise de Tunis par Yousouf-Bey-Taschfin, fondateur de l'empire du Maroc.

1113. — Les Almoravides perdent le Magreb que prennent les Almohades.

Des milices chrétiennes, composées de seigneurs et de hauts chevaliers, se mettent au service des émirs de Tunis. L'Eglise et les gouvernements chrétiens en autorisent le recrutement en Europe (1100-1147). Toutes facilités leur étaient données pour suivre les pratiques de leur culte.

1130. — Abd-El-Moumen, kalife almohade d'Afrique, prend le Maroc et le sud de l'Espagne. Haphed-Ledinillah, dixième kalife fatimite.

1140. — Les descendants d'Abdul-Aziz, qui continuaient à gouverner Tunis, en sont chassés par Abd-Allah.

1141-1492. — Persistance de la diminution des populations chrétiennes en Afrique. Citons la colonie chrétienne de Serdania, non loin de Kairouan et de Djelouba. El-Bekri fait un tableau enchanteur de cet endroit, « le plus beau de toute l'Ifrikiah, » dit-il.

1149. — Dafer-Biamrillah, onzième kalife fatimite.

1150. — Nous avons vu, vers le milieu du siècle précédent, des hordes turques, chassées des déserts de l'Asie centrale par les Chinois et les Tartares, s'appelant elles-mêmes Seldjouks ou Seldjoucides, ayant pour chef Toghrul-Bey (bey, prince, maître), petit-fils de Seldjouk, faire en peu de temps la conquête de toutes les possessions des kalifes. Les princes seldjoucides parvinrent non moins rapidement au titre d'émir-el-omrah, de sultan et de grand sultan.

Vers 1150, trois souverains de la race des Seldjoucides dominaient encore en Asie-Mineure et exerçaient une assez grande puissance sur l'Asie centrale et méridionale. Sadjar (roi des rois) s'était rendu maître de toute la Perse orientale ; Masoud, le grand sultan, résidait à Bagdad et régnait sur la Perse occidentale et sur les bords du Tigre ; Zeuki ou plutôt ses fils Nourreddin et Sciffeddin, régnait sur le Tigre, l'Euphrate et jusqu'aux bords de la Méditerranée.

Benjamin de Tudèle cite plusieurs fois les princes ou ata-beys (*ata*, père; *bey*, prince) de la famille de Zeuki, lequel avait été d'abord en 1130 gouverneur d'Alpartlan, fils du sultan Mamoud II. La fortune des Seldjoucides s'éclipsa à la mort de Masoud.

Benjamin de Tudèle, voyageur juif espagnol, a visité l'Asie-Mineure entre 1159 et 1170, les kalifes venaient de conquérir leur indépendance. Ceux qui occupèrent successivement le trône pendant cette période furent Moktaf (2 mars 1160) ; Mostaidjed (13 décembre 1170) qui régna dix ans ; Mostadh qui ne régna que peu de temps.

Suivant M. Lebrecht, le kalife régnant à Bagdad lors du passage de Benjamin de Tudèle doit avoir été Mostaidjed. Cette opinion est appuyée sur une remarquable étude : *Essais sur l'état du kalifat de Bagdad pendant la dernière moitié du* XIIe *siècle.*

1152. — Les Siciliens Roger II, leur roi, prennent Sfax et d'autres villes de la Tunisie.

1155. — Fayez-Ben-Nasrillah, douzième kalife fatimite.

1157. — Les Almohades du Maroc, commandés par Yousouf et Mahadi, vont conquérir l'Espagne.

A Tunis, sous les Beni-Khoraçaan, sous la suprématie alternative des Zéyrites ou des Hammadites, les Pisans étaient considérés comme des amis. Ils avaient un quartier spécial, des maisons, leur commerce était en sûreté.

Voici, comme preuve à l'appui, la traduction du commencement d'une lettre du roi de Tunis à l'archevêque de Pise, relative à un traité de paix et de commerce :

« Abd-Allah-Ibn-Abou-Koraçaan, à l'illustre et très noble archevêque de Pise (Villain, primat de la Corse et de la Sardaigne) aux illustres scheiks (anciens) consuls, comtes, notables et à tout le peuple de la ville, que Dieu les guide !

« Au nom de Dieu clément et miséricordieux.

« Nous vous offrons nos saluts les plus affectueux, etc., etc. »

Cette lettre, datée du 10 juillet, rappelle et valide les dispositions du traité arrêtées oralement à Tunis par l'envoyé de la république de Pise et le reïs Abou-Tamin-Meïmoun, fils de Guillaume.

LES ALMOHADES A TUNIS

1159. — Abd-El-Moumem, chef des Almohades, prend Tunis.

Ali, neveu d'Ibn-Khoraçaan, est obligé de lui en ouvrir les portes. Abd-El-Moumem arrive sous les murs d'El-Méhadia. Sfax et d'autres villes chassent les Siciliens et les chrétiens qui s'y étaient fixés sous Roger II, de Sicile.

El-Hassan, ancien roi zéyrite, combattait dans l'armée d'Abd-El-Moumem. Le siège d'El-Méhadia commença au mois d'août 1159 ; le faubourg de Zouïla fut le premier occupé par les assiégeants ; le 12 janvier 1160, El-Méhadia était prise. C'est pendant ce siège que les villes de Sfax, Tripoli, Souse se soumirent. Gabès résista et fut emportée d'assaut; Kairouan et le reste du pays jusqu'au désert de Barka fut soumis. Adhed, treizième et dernier kalife fatimite.

1164. — Un navire génois apporte six quintaux de cuivre à Tunis.

1166. — La faveur dont les Pisans avaient joui sous les Almoravides à Tunis dut leur nuire sous les Almohades.

Le 6 mai 1166, Cocco Griffi se rend de Pise auprès de l'émir de Tunis Al-Moumen-Abou-Yacoub-Yousouf, fils d'Abd-El-Moumem et négocie un traité avec ce dernier.

Yousouf rendit aux Pisans leurs franchises et propriétés, reconnut leur droit de *fondouk* à Zouïla et déclara *la paix* valable pour toute la durée de son règne.

L'ambassadeur partit avec de nombreux présents.

Les Pisans eurent la faculté de faire du commerce avec Ceuta, Oran, Bougie, Tunis et Alméria.

Ils pouvaient seulement se ravitailler et réparer leurs vaisseaux dans cette ville.

1173. — Saladin renverse les Fatimites et leur substitue la dynastie des Agoubites.

1175. — Les Almohades tombent en décadence dans le Maroc.

1176. — Avènement de Gengis-Kan.

1180. — Le roi de Sicile, Guillaume le Bon, reçoit avec honneur à sa cour la fille de Yousouf, prise sur un navire arabe par des marins siciliens et la rend à son père. Ce procédé détermina le traité de paix qui eut lieu au mois d'août 1181. Il fut conclu pour 10 ans. Les Siciliens eurent la faculté d'établir des comptoirs à Zouïla et à El-Méhadia.

Une convention fut signée par laquelle le roi de Tunis devait payer à la Sicile 33 ou 34,393 besants d'or (326,163 francs) par an. (Cette coutume, jusqu'en 1830, fut usitée chez les peuples italiens pour protéger leurs navires contre les corsaires barbaresques). Ce tribut sera plus tard l'une des causes de la croisade du roi saint Louis à Tunis. — Saint Louis voulait soutenir les intérêts de Charles d'Anjou roi de Sicile.

1187. — Défaite de l'armée almohade à El-Hamm, par le célèbre Al-Manzor. Son fils En-Nacer fait couper les mains des habitants de Tébessa et d'El-Méharia, dont il donne le gouvernement à son frère El-Ghazi.

L'archevêque de Pise avait réclamé à Yousouf l'appui d'un traité écrit.

Prise de Jérusalem par Saladin.

1198. — Jean de Matha, né à Faucon, Provence, en 1169, se consacre à la délivrance des captifs. Félix de Valois, de la famille royale de France, et lui, fondent l'ordre des Trinitaires qui racheta tant de prisonniers sur les côtes barbaresques. Les Trinitaires, après avoir parcouru l'Europe, sans se laisser abattre ou rebuter, par les refus et les fatigues, recueillaient des aumônes et se rendaient à Alger, à Tunis, à Bougie, à Bône, pour y débattre le prix des rançons. De 1198 à 1787, c'est-à-dire pendant six siècles, ils purent rendre la liberté à plus de 900,000 esclaves chrétiens.

1200. — Les Pisans font à Tunis un commerce important sous le gouvernement du *Cid* Abou-Zeid-Hafs.

1203. — Le 3 novembre, ils pillent, dans le port de Tunis, trois navires musulmans, ce qui fait naître un différent entre Abou-Zeid et la république de Pise. Les marchands pisans quittent Tunis. Plusieurs tunisiens leur écrivent de revenir. Enfin le *Cid* donne un sauf-conduit ou *aman* général pour les sujets de la république et les engage à rentrer à Tunis.

Yahya emporte Tunis d'assaut et fait prisonnier Abou-Zeid et ses deux fils. Il frappe les habitants d'une contribution de 100,000 dinars et se fait proclamer, comme les sultans, émir-al-moumenim, en conservant cependant dans la prière du vendredi le nom du kalife abbasside.

1204. — En-Nacer reprend Tunis. Yahya s'enfuit vers Kairouan, poursuivi par Abou-Mohammed, qui assiège El-Méhadia où commandait El-Ghazi-Ibn-Ghania. Abd-El-Waheb est nommé, par En-Nacer, gouverneur de Tunis. Il y fonde la dynastie des Hafsides, qui s'y rendront bientôt indépendants.

(Avec En-Nacer périt la fortune des Almohades. Son successeur en Afrique fut Abou-Yacoub-Youssouf, inepte et presque idiot. Après sa mort, huit rois de la même famille se disputèrent le trône du Maroc jusqu'en 1269. Dans cet intervalle, leur empire fut démembré et les royaumes de Tunis, de Tlemcem et de Fez se formèrent.)

1205. — Le 27 octobre, En-Nacer attaque El-Ghazi. Il le culbute, prend ses femmes, son trésor et le tue à Djobara (près de Tadjera, au milieu des montagnes de Demmar). Il rejette son armée dans le désert et délivre Abou-Zeid.

1206. — El-Méhadia capitule le 9 janvier. A ce siège, des mangonneaux lançaient des masses de pierre pesant un quintal.

LES HAFSIDES

Les Hafsides se rendent indépendants sous Abd-El-Ouahied, fils du cheik Abou-Hafs. Tunis avait été gouvernée par :

1° Les émirs ;

2° Les délégués des Almohades ;

3° Les Lassis qui, comme nous le voyons, supplantèrent les Almohades du Maroc.

1207. — Au mois de mai, Mohammed-Abd-El-Ouahied, vice-roi de Tunis, général habile, résolu, administrateur prudent, demande inutilement à se faire remplacer, après nombre de victoires sur Ibn-Ghazi, dans un poste où il était si utile.

1210. — Lanfrac della Turca est envoyé auprès

de Mohammed-Abd-El-Ouahied, pour négocier un traité entre Tunis et la république de Gênes.

1211. — La république de Pise envoie aussi un ambassadeur à Mohammed, qui adhère aux conventions consenties entre cet Etat et En-Nacer pour tout l'empire de ce prince.

1215. — Pierre Nolasque, né dans un bourg du Laurageais, à une lieue de Castelnaudary, fonde l'ordre des Pères de la Merci. Guillaume de Bas, seigneur de Montpellier, Armand de Carcassonne, etc., se lient avec lui par serment de *prendre la place* des captifs s'ils ne pouvaient les délivrer, et, pour sa seule part, Pierre Nolasque rachète 400 esclaves.

La rançon variait suivant l'âge, la force, l'aptitude de l'esclave et la cupidité du maître.

Certaines relations des Pères de la Merci nous montrent des captifs rachetés moyennant 400 livres, d'autres pour 1,200 livres. Les registres officiels d'Alger donnent jusqu'à 1,500 et 10,000 livres. La rançon de Michel Cervantès, le célèbre écrivain espagnol, auteur de *Don Quichotte*, fut de 25,000 livres.

A la rançon, il faut ajouter les droits considérables à payer, les avances, les dépenses du retour pour les libérateurs et les esclaves délivrés ; on arrive à une moyenne de 6,000 francs de monnaie actuelle pour chaque captif.

Le retour de ces malheureux donnait lieu à de grandes fêtes, dont les dernières furent célébrées à Marseille en 1787. Nous regrettons de ne pouvoir, en raison du cadre relativement restreint dont nous disposons, en donner ici une description même sommaire.

Nous avons dit que, de 1198 à 1787, les Trinitaires avaient racheté 900,000 prisonniers.

De 1218 à 1632, les Pères de la Merci en délivrèrent 500,000.

Ce qui fait, pour ces deux ordres, 1,400,000 !

D'après les savantes recherches faites par Mgr Pavy, évêque d'Alger, auquel a succédé Son Eminence le cardinal Lavigerie, la liberté de ces 1,400,000 prisonniers aurait coûté la somme de *huit milliards quatre cents millions !*

Voici, à titre de curiosité, la traduction d'une lettre d'affranchissement :

« Honorable personne Chaban d'Hagy-Hassan, fils d'Hagy-Sabbar, serviteur de Dieu et de son cher Prophète des musulmans, de qui vient tout confort et assistance, a donné pleine et entière liberté à son captif chrétien nommé N***, Français de nation, moyennant la somme de *** qu'il a reçue de lui en grands réaux de poids et de valeur ; lequel esclave entre autres marques est de couleur blanche, âgé de 27 ou 28 ans et de stature médiocre, ayant le poil châtain et les yeux noirs. Ce faisant, il l'a affranchi de son esclavage, de sorte qu'il n'est plus désormais assujetti qu'aux princes et gouvernements que Dieu protège et auxquels est due de tous reconnaissance et obéissance.

« Fait à Alger, par devant moi cady Mustapha, qui rends justice à tous par la vertu de celui qui ordonne tout au ciel et qui a donné tout son pouvoir sur terre à sultan N***, empereur des princes et toujours victorieux ; le second jour de la Lune Rabye, l'an *** du Prophète des fidèles. »

Dans le cachet ou dans le sceau de cette lettre de franchise, au lieu de devise et d'armes, se voient écrites ces paroles : *La bonté de mon Dieu est mon attente*, Mustapha, ce qui était tracé avec de l'ocre sur le papier même, les musulmans n'ayant alors ni sceau de cire, ni de plomb.

A Tunis, les esclaves français payaient, pour les droits de leur sortie, environ 65 livres françaises. Il est vrai que, par un privilège spécial, les Français ne donnaient qu'un écu au Chaoux de La Goulette.

1227. — Mort de Gengis-Khan.

1228. — Au mois de juin ou juillet (mois de redjeb 625 de l'hégire), Abou-Zakaria, proclamé par les troupes à Kairouan, entre solennellement à Tunis, consacre la dynastie des Hafsides et substitue dans la prière du vendredi son nom à celui du sultan. Il prend le titre royal d'émir.

Tunis devient alors le centre de l'islamisme occidental. L'influence de ses souverains et de ses docteurs l'emporte même sur ceux du Caire.

Abou-Zakaria embellit Tunis, y appelle les savants de l'Andalousie, y élève de nouveaux palais, des bains, des caravansérails nombreux et y rassemble une bibliothèque longtemps célèbre. (Elle fut vendue en 1317 par le sultan El-Lihyani quand l'approche d'Abou-Bekr le força à quitter Tunis. Ibn-Kaldoun dit que ces volumes, tous manuscrits originaux ou bien exemplaires choisis avec le plus grand soin, furent distribués aux libraires pour être mis en vente dans les magasins (*Hist. des Berbères* t. III, p. 446).

Ainsi fut fondée la dynastie des Hafsides qui régna 300 ans, jusqu'à son renversement par les Turcs au xvie siècle.

1229. — Traité de commerce entre Abou-Zakaria et les Pisans à la suite de l'ambassade de leur podestat Torello de Strada.

1230-1250. — Les Génois font un commerce important avec Tunis. Les Marseillais y achètent beaucoup de vins.

1231. 19 ou 30 avril. — Traité entre Abou-Zakaria et l'envoyé impérial Vibald.

Traité direct avec les Marseillais.

Traité avec Frédéric II, roi de Sicile.

Traité avec Venise. En cas de disette d'un an

au moins, les Vénitiens pouvaient exporter en franchise le chargement de 8 navires de blé par un an, tant que durerait la disette, si le blé ne valait en Tunisie que le prix de 3 besants ou dinars à 3 besants et demi.

L'alcaïd de la douane de Tunis était le directeur et le protecteur de toutes les affaires des chrétiens dans leurs rapports avec les indigènes et suppléait quelquefois les consuls dans les propres affaires de la nation.

Dans une traduction italienne d'une charte arabe du xiii° siècle l'alcaïd est qualifié de : *hector omnium christianorum qui veniunt in tala provincia de Africa.*

Il était juge naturel de tous les procès entre les musulmans et les chrétiens, même entre chrétiens de différentes nationalités.

Il avait autorité pour faire discuter un titre dressé par devant les témoins de la douane entre les chrétiens.

Au défaut du consul, il connaissait d'affaires dans lesquelles un musulman était demandeur contre un chrétien.

Lors du décès d'un chrétien, s'il n'y avait ni consul, ni membre de sa nation, il prenait son bien sous sauvegarde et le remettait ensuite à qui de droit.

Après l'alcaïd venaient les Mosctaghil, agents ou officiers royaux d'un rang élevé, appelés dans les textes chrétiens *officiales, musuriffi, alcaydes.*

Après eux, les amin (?), *sensarii, sensali, musseti* ; enfin les porteurs, peseurs, mesureurs, surveillants, gardiens, etc., *factores duane ; servientes; canovarii duane;* les interprètes, drogmans, *turcimani, torgimani, tursumani* ;

Les agents chrétiens ;

Les canotiers et portefaix, *charabi, caravari, calavi, ratiarii, ratharii, ragaxi* ; — *cargieri, ratorii, garabarii*, dans les textes italiens ; —*portefaux, bastasi, bastaii, bastaxi, vastassi* ou *portatori* ; — *bastays, bestays, bastaxci*, dans les textes catalans.

Les ventes avaient lieu :

1° A l'encan, *ara, haltra* ; en latin et italien *golega, galica*; en présence des courtiers et des gens de la douane ;

2° Sans enchères, à la douane ;

3° En dehors de la douane.

Droits de douane. — Quelques nations avaient l'exemption entière, ou payaient seulement le demi-droit pour certaines marchandises d'exportation.

Droits additionnels. — Droit pour le drogmanat, ou *musuruf* ; droit d'ancrage, d'abordage, de navigation ; droits dus aux portefaix ou déchargeurs; aux canotiers; ce droit s'appelait *albara*, de l'arabe *bérat*, quittance ; — droits de balance, de pesage, de mesurage, d'emmagasinage ; droit de rotl ; de matzem. Pour la perception et le fermage des droits de douane, les règlements de compte avec la douane, nous renvoyons aux auteurs spéciaux, et en particulier à l'ouvrage de M. de Mas-Latrie (*Des traités de paix et de commerce et documents divers concernant les relations des chrétiens avec les Arabes de l'Afrique septentrionale au moyen-âge*). Nous n'avons aucune hésitation à déclarer que cet ouvrage nous a été d'autant plus utile que les archives du Bardo ne renferment aucun traité conclu avec les puissances chrétiennes antérieur au XVIIe siècle.

1233. — Le pape Grégoire IX recommande l'évêque de Fez au roi de Maroc, qui devait agir avec le prieur des moines franciscains de Barbarie comme médiateur d'un accord entre le roi de Tunis et les Génois.

1235. 15 mai. — Par lettre datée de Pérouse, le pape Grégoire IX répondant à celles du roi de Tunis et au rapport que lui ont fait de sa part deux nobles citoyens génois, dit au roi que la question dont il s'agit entre eux nécessitant un traité régulier, il lui envoie Frère Jean, ministre de l'ordre des religieux mineurs de Barbarie, pour s'entendre avec lui. On suppose qu'il s'agissait, non du traité de 1236, mais de négociations particulières au Saint-Siège ; peut-être était-il question des hommes d'armes chrétiens servant le roi de Tunis. Cet accord de Rome avec le roi de Tunis, s'il fut conclu et s'il était parvenu jusqu'à nous, offrirait un immense intérêt.

1236. — Grâce à l'intervention pontificale et par l'intermédiaire des Franciscains, Conrad de Castro, ambassadeur génois, obtient un traité satisfaisant les intérêts de la République et assurant pendant 10 ans son commerce.

Les principes de sauvegarde et de liberté sont consacrés par les traités consentis entre les chrétiens et le roi de Tunis. Sécurité pour les personnes, facilité dans les transactions, juridiction des consuls, propriété des *fondoucks*, églises, cimetières, responsabilité individuelle, proscription du droit d'aubaine, de la piraterie, protection des naufragés, abolition du droit d'épaves, admission d'étrangers sous pavillon allié, garantie pour le transport, la garde, la vente et le paiement des marchandises, réexportation en franchise des marchandises non vendues, liberté du culte, etc., etc.

Le roi de Tunis envoie quelques vaisseaux pour jeter des renforts et des vivres dans Valence, où s'était renfermé Abou-Zégan, poursuivi par Jacques d'Aragon. La flotte catalane leur empêcha d'aborder au Grao et ferma le port de Valence. Abou-Zégan dut capituler.

Prise de Tlemcem, Segilhmesse et Ceuta par Abou-Zakaria.

1246-1251. — Des lettres du pape Innocent IV

réclament avec instance la protection des rois de Tunis en faveur des religieux mineurs occupés dans leurs Etats au rachat des prisonniers de guerre et au service des oratoires.

1250-1264. — Renouvellement des traités entre Tunis, Gêne, Venise et Pise.

Sous Mohammed-Abou-Abd-Allah (Boabdill) la monarchie tunisienne comprenait Tunis, Bône, Bougie, La Calle, Callo, Dgigelly, Dellis, Cherchell et Tripoli.

125 -1272. — Les Génois élèvent à 12 le nombre de vaisseaux de blé qu'ils peuvent exporter de Tunisie en cas de disette d'au moins un an.

1251. — Les Vénitiens élèvent à 12 le nombre des navires de blé pour le cas de disette.

1258. — Prise de Bagdad par les Mongols ; le kalifat des Abbassides est anéanti.

Le 25 juillet, Jacques Iᵉʳ d'Aragon vend à Philippe de Denia et à Raymond Arnal le consulat et le fondouk royal des Catalans à Tunis, en annulant la vente précédemment faite par lui à Bérenger et à Guillaume Periliata.

Le 15 janvier de cette même année, le roi Jacques avait relevé Arnal et son fils des accusations portées contre eux en raison de malversations dont ils se seraient rendus coupables, tant à Barcelone qu'à Majorque et à Tunis, à l'occasion de la solde de chevaliers engagés au service du roi de Tunis, à l'occasion du rachat des captifs, de la remise de divers cadeaux destinés soit au roi d'Aragon, soit à l'alcade des milices chrétiennes et de diverses autres circonstances se rattachant à la mission dont Arnal avait été chargé par le roi dans les Etats de l'émir El-Moumenim.

1260. 10 avril. — A Lérida, Jacques Ier autorise ses sujets à servir dans les armées du roi de Castille et à combattre tous les Sarrasins, excepté le roi de Tunis et ses gens.

1260-1313. — De nombreux captifs chrétiens languissent en Tunisie et en Afrique. L'association des Alfaquequés ou Rescatadores, fondée par Alphonse de Castille, les religieux de Saint-François, de Saint-Dominique, les Rédemptoristes de la Trinité et les Pères de la Merci ne peuvent assez en racheter.

1265. — Le 3 mai, à Lérida, Jacques d'Aragon vend, pour deux ans, à partir du mois de septembre et moyennant le prix de 5,500 besants d'argent, à Raymond Arnal et à Philippe de Denia, les fondouks anciens et nouveaux, le consulat royal d'Aragon à Tunis, avec le tabellionnage et l'office d'écrivain de la douane, le four banal, les boutiques et toutes leurs dépendances.

Le 4 mai, à Lérida, Jacques donne deux boutiques du fondouk royal de Tunis à l'autel de Notre-Dame, récemment construit dans la chapelle du fondouk et confirme la possession de ces deux boutiques au chapelain, Gérard de Argilato, à qui le consul Raymond Arnal les avait récemment remises, l'une pour lui servir d'habitation, et l'autre pour être louée à sa convenance.

1262. — Tentatives faites par Hakon V, roi de Norwège, pour obtenir d'El-Mostancer un traité de communication régulière..

Loddin, seigneur de Leppr, sénéchal, avec le chevalier Hakon Egsill, allèrent à Tunis. Hakon étant mort, ce traité ne subsista que comme curiosité historique.

1263. 27 octobre. — Jacques d'Aragon autorise Guillaume Grungo et tous les gens de sa compagnie à préparer un armement contre les rois de Tunis et de Tlemcem, et à leur faire le plus de mal possible.

1264. — Parent Visconti, de Pise, signe avec El-Mostancer un traité dans lequel sont comprises les villes de Lucques, Sienne, Pérouse, Arezzo, Pistoie, Bologne et Florence.

Traité avec les Génois, expirant en 1284. On ne connaît pas l'acte qui devait le proroger.

Les marchands florentins à Tunis sont actifs, économes et industrieux.

Comme on vantait la beauté des monnaies florentines de 1252, les Pisans répondirent : *« Sono nostri Arabi fra terra, che tanto viene a dire nostri montanari.* »

Le roi de Tunis accorde des franchises aux Florentins. Il veut qu'ils aient un fondouk pour leurs habitations, une église et des privilèges comme les Pisans.

1266. — El-Mostancer soutient les ennemis de Charles d'Anjou, roi de Sicile, et refuse à continuer le paiement du tribut consenti jadis par l'un de ses prédécesseurs.

1267. — Henri et Frédéric de Castille, frère du roi Alphonse X de Castille, se mettent à la solde du roi de Tunis. L'esprit de cabale que possédait Henry le rend bientôt suspect, et il croit devoir quitter Tunis, où il laisse son frère. Il vient trouver Charles d'Anjou, son cousin-germain, qui le fait nommer capitaine-général des troupes de l'Eglise. Il fut même question au Consistoire de lui donner le royaume de Sardaigne, que le pape et les Pisans se disputaient.

Conrad d'Antioche, qui avait été le premier à remuer Conradin de Sicile, passe d'Allemagne à Pise et de Pise à Tunis, où il retrouve Frédéric de Castille. Il lui fait part de ses intentions sur la Sicile. Le roi de Tunis se joint à eux, dans l'espoir que la révolution de Sicile l'affranchirait du tribut que la Tunisie payait à cette contrée depuis le règne de Roger, premier roi de cette île. La flotte ainsi que les troupes de Conrad et de Frédéric donnèrent la chasse à Charles d'Anjou. Conrad fit entrer sa galère à Naples, s'empara de Sorente, de Pesetano, saccagea Melazzo et courut jusqu'à Messine. La Sicile se révolta.

1268. — Conradin, dernier des Hohenstaufen, qualifiés de race de vipères (*semen viperum*), marcha contre Charles d'Anjou, qui le fit périr après la bataille de Tagliacozzo.

LES MÉRENIDES

1269. — Les Almohades sont supplantés par les Mérenides ou Abouhassiens, dont la dynastie est définitivement établie en 1270 par Abou-Abd-Allah-Mohammed (Boabdill).

1270. — Saint Louis, roi de France, à la tête de 60,000 hommes, part pour la huitième et dernière croisade. Sur les conseils de son frère Charles d'Anjou, qui espérait tirer un avantage personnel de cette campagne, au lieu d'aller en Egypte, comme il en avait l'intention, saint Louis débarqua à Carthage au mois de juillet 1270. C'était aussi la pensée de rendre à la religion chrétienne le royaume fondé par Abou-Abd-Allah-Mohammed sur les débris de la domination des Almohades qui avait décidé le pieux roi à céder aux instances de son frère.

A peine eut-il mis le pied sur le sol africain, qu'Abou-Mohammed, oubliant ses promesses, ne voulut traiter avec le roi de France qu'en ennemi.

Saint Louis ne se décida pas à l'attaquer aussitôt ; il attendit le roi de Sicile, comptant sur l'appoint de ses troupes et sur ses conseils.

L'armée française se retrancha dans l'isthme, où elle fut bientôt décimée par la peste. Saint Louis chassa les Tunisiens d'une tour qui défendait les citernes de Carthage, le château fut pris d'assaut, et la nouvelle cité subit le sort de la forteresse.

Afin d'augmenter leur misère, les Tunisiens élevaient un sable brûlant avec des machines ; livrant au souffle du midi cette poussière embrasée, ils imitaient pour les chrétiens les effets du *kamsim* ou du terrible vent du désert, ingénieuse et épouvantable invention, digne des solitudes qui en firent naître l'idée et qui montre jusqu'à quel point l'homme peut porter le génie de la destruction. Des combats partiels achevaient d'épuiser le reste de l'armée ; les vivants ne suffisaient pas pour enterrer les morts ; on jetait les cadavres dans les fossés du camp.

Dans ces moments critiques, le roi épuisa tout le zèle de sa charité à visiter les malades ; aucun ne succombait sans avoir eu la consolation de recueillir auparavant quelques-unes de ses saintes, encourageantes et salutaires paroles.

Une des premières victimes de la peste fut Tristan, fils du roi, né à Damiette, pendant la septième croisade : le légat du Pape, le roi de Navarre, le prince Philippe, tombèrent successivement malades. Déjà les comtes de Nemours, de Montmorency et de Vendôme n'étaient plus. Le roi de France se sentit frappé. Il s'aperçut, dès le premier jour, que le coup était mortel, que ce coup abattait facilement un corps usé par les fatigues de la guerre, les soucis du trône et par ces veilles religieuses et royales que saint Louis consacrait à Dieu et à ses sujets ; il tâcha néanmoins de dissimuler son mal et de cacher la douleur qu'il ressentait de la perte de son fils. On le voyait, la mort sur le front, visiter encore les hôpitaux, comme un de ces excellents Pères de la Merci, dont la mission dans les mêmes lieux était la rédemption des captifs et le salut des pestiférés.

Des œuvres du saint, il passait aux devoirs du roi, du général. Il veillait à la sûreté de ses troupes, montrait à l'ennemi un visage intrépide, ou assis devant sa tente il rendait la justice comme sous le chêne de Vincennes.

Philippe, son fils aîné, celui qui ceignit la couronne de France après lui, ne le quittait pas.

Saint Louis fut enfin obligé de garder sa tente et la maladie faisant des progrès, il demanda l'extrême-onction. Il répondit aux prières des agonisants avec une voix aussi ferme que s'il eût donné des ordres sur un champ de bataille. Il se mit à genoux et on fut obligé de soutenir ce nouveau saint Jérôme dans cette dernière communion. Depuis ce moment, il mit fin aux pensées de la terre et se crut acquitté envers ses peuples. Quel monarque, en effet, avait jamais mieux rempli ses devoirs. Sa charité s'étendit alors à tous les hommes, il pria pour les infidèles, qui firent à la fois la gloire et le malheur de sa vie ; il invoqua les saints patrons de la France, de cette France si chère à son âme royale.

Le lundi matin, 25 août 1270, sentant que son heure approchait, il se fit coucher sur un lit de cendres, où il demeura étendu, les bras croisés sur la poitrine et les yeux levés vers le ciel.

On n'a vu qu'une fois et l'on ne reverra jamais un pareil spectacle; la flotte du roi de Sicile se montrait à l'horizon; la campagne et les collines étaient couvertes de Tunisiens.

Au milieu des débris de Carthage le camp des chrétiens offrait l'image de la plus affreuse douleur: aucun bruit ne s'y faisait entendre ; les soldats moribonds sortaient des hôpitaux, et se traînaient à travers les ruines, pour s'approcher de leur roi expirant. Louis était entouré de sa famille en larmes, des princes consternés, des princesses défaillantes. Les députés de l'empereur de Constantinople se trouvèrent présents à cette scène : ils purent raconter à la Grèce la merveille d'un trépas que Socrate aurait admiré. Du lit de cendres où saint Louis rendait le dernier soupir, on découvrait le rivage d'Utique : chacun pouvait faire la comparaison de la mort du philosophe stoïcien et du philosophe chrétien. Plus heureux que Caton, saint Louis ne fut point obligé de lire un traité de l'immortalité de l'âme pour se convaincre de l'existence d'une vie future : il en trouvait la preuve invincible dans sa religion, ses vertus et ses malheurs. Enfin, vers les trois heures de l'après-midi, le roi, jetant un grand soupir, prononça distinctement ces paroles : « Seigneur, j'entrerai dans votre maison, et je vous adorerai dans votre saint Temple ; » et son âme s'envola dans le saint Temple qu'elle était digne d'habiter.

S'étant vu aux portes du tombeau il avait fait venir son fils près de lui et lui avait dit : « Beau fils, je te prie que tu te fasses aimer du peuple de ton royaume, car vraiment j'aimerais mieux qu'un Ecossais vint d'Ecosse et gouvernât le peuple bien et loyalement que si tu le gouvernais mal. »

Dans ses derniers moments, il traça pour son successeur cette magnifique instruction sur les devoirs de la royauté rapportée par Joinville dans sa vie du pieux et illustre monarque. Pendant ses souffrances il ne songeait qu'aux dangers de son armée : « O Dieu, s'écriait-il, ayez pitié de ce peuple qui m'a suivi sur ce rivage ; conduisez-le dans sa patrie ; faites qu'il ne tombe pas entre les mains de vos ennemis et qu'il ne soit pas contraint de renier votre saint nom. »

Le sire de Joinville, qui a laissé de si précieux mémoires, s'exprime ainsi :

« Grand péché firent ceux qui li conseillèrent le voyage, vu la grant foiblesce là où son corps estoit avant de partir, car il ne povoit souffrir ni le charier ni le chevaucher. La foiblesce de li estoit si grant que il souffri que je le portasse dès l'ostel au comte d'Ausserre, là où je pris congé de li, jus aux Cordeliers entre mes bras. Et si foible comme il estoit, se il feust demeuré en France, eust-il pu encore avoir vescu assez et fait moult de biens et bonnes œuvres. Du voyage que il fist à Thunes ne veux-je rien conter ni dire, pour ce que je n'i fu pas, la merci Dieu ; ni je ne veux chose dire ni mettre en mon livre de quoi je ne soie certain. Si parlerons de nostre saint roy sans plus et dirons que après il fust arrivé à Thunes avant le chastel de Carthage, une maladie prist du flux du ventre dont il se coucha au lit et senti bien qu'il devoit bientôt trépasser de cet siècle à l'autre. Lors appela monseigneur Philippe son filz et li commanda à garder touz les enseignemens qu'il li lessa, lesquels il écrivit de sa sainte main. Quant le bon roy eut enseigné son filz monseigneur Philippe, l'infirmité que il avoit commença à croistre fortement et demanda les sacremens de la sainte Eglise. Et les eut en saine pensée et en droit entendement, car quand l'on l'enhuiloit et on disoit les sept psaumes, il disoit les vers. Et j'ouis monseigneur le comte d'Alençon, son filz, conter que quand il approchoit de la mort, il appela les saincts pour li aider et secourre. Après se fist le saint roi coucher en un lit couvert de cendres et mist ses mains sur sa poitrine et en regardant vers le ciel rendit à notre Créateur son esprit. »

Malgré la mort du roi, les princes continuèrent la guerre. Mohammed, battu en plusieurs rencontres, fut obligé de demander la paix avant l'arrivée des secours que Bendochar lui avait promis.

A ce traité, passé le 30 octobre 1270, signèrent le roi de Tunis; Philippe le Hardi, roi de France ; le roi Charles d'Anjou et Thibaut, roi de Navarre.

Ce traité fut écrit en double expédition:

1° Rédigé en français le 30 octobre, le texte est perdu.

2° La version ou rédaction arabe du 5 de rebi second, 669 de l'hégire (21 novembre 1270) est conservée aux archives nationales de France.

Les prisonniers furent restitués de part et d'autre. Les marchandises et créances saisies furent rendues. Les négociants étrangers assurés d'une entière sécurité, admis à rentrer dans les établissements et à commercer en Afrique, en se conformant aux usages accoutumés, ce qui impliquait le paiement ordinaire de 10 0/0 sur les importations. On comprit dans les avantages de cette paix : Beaudoin, empereur de Constantinople ; Alphonse, comte de Toulouse ; Guy, comte de Flandre ; Henri, comte de Luxembourg et Edouard, roi d'Angleterre, qui se trouvait de passage en Afrique et se dirigeait avec une armée vers la Palestine.

Le roi de Tunis s'engagea à tolérer la religion chrétienne dans ses Etats et à payer au roi de Sicile 210,000 onces d'or, dont la moitié revint aux princes croisés.

Les rebelles ou transfuges Frédéric Larga et Frédéric de Castille durent quitter Tunis.

La paix fut conclue pour 15 ans.

Les rois Philippe III et Charles d'Anjou ramenèrent en France les dépouilles mortelles de saint Louis, qui fut regretté de l'Europe entière.

1271. 14 février. — Renouvellement du traité entre Tunis et Aragon.

1272. — Renouvellement pour 40 ans du traité entre Tunis et Venise.

15 juin. — Vente par Jacques d'Aragon et pour deux ans, à Barthélemy de Porta et Philippe de Denia, du fondouk et consulat catalan à Tunis et de ses dépendances.

1275. — Vente par le même roi, pour quatre ans, du fondouk et consulat catalan à Tunis, à Philippe de Denia et à Raymond Ricard.

1277-1282. — Pierre d'Aragon intervient dans les débats avec les émirs de Tunis. Il essaie de faire monter sur le trône Abou-Yshak, aîné des frères d'Abou-Mohammed, à l'exclusion d'Abou-

Zakaria-Yahya, fils du roi défunt. Une flotte de 10 galères vint dans le golfe de Gabès combiner ses efforts avec l'armée d'Abou-Yshak. Abou-Zakaria fut obligé de reconnaître son oncle pour roi au mois d'août 1279.

1278. — Conclusion d'un traité entre Tunis et Majorque. Ce traité fut signé dans la maison du moxerif, palais de la douane, à Tunis. Le directeur de la douane assistait toujours aux traités et pouvait en négocier. C'était souvent un prince du sang. Le directeur de la douane réunissait ordinairement au gouvernement de la douane de la capitale la surintendance des douanes de tout le royaume. Il prenait le titre de *nazir* (inspecteur) des douanes d'Afrique.

1280. — Abou-Zakaria est jeté dans une prison à Tunis, ainsi que ses enfants. Conrad Lança, après avoir placé sur le trône de Tunis Abou-Yshak, comme le roi d'Aragon le lui avait prescrit, arbora la bannière d'Aragon au haut des murs de Tunis et fit confirmer un traité reconnaissant l'obligation d'un tribut.

Le 13 mai, à Huesca, le roi Pierre d'Aragon avait nommé Ruy Ximènes de Luna ambassadeur et mandataire spécial pour traiter avec le roi de Tunis.

1282. — Abou-Yshak soulève des difficultés. Pierre d'Aragon se concerte avec Abou-Bekr-Ibn-

Drazir, ancien gouverneur de Constantine. Pierre arrive sur les côtes d'Afrique le 28 juin. Roger Doria, son amiral, fait le siège d'une petite place de Tunisie nommée Alcooyl.

Pierre d'Aragon jette l'ancre à Collo et avise de son débarquement Jean de Procida. Il apprend la chute d'Abou-Farès, fils d'Abou-Yshak, vice-roi de Bougie et met à la voile. Le 30 août, il arrive à Trapani (Sicile); le 4 septembre, il est proclamé roi à Palerme.

Cependant Constantine, à l'époque où Pierre quittait l'Aragon (au mois de juin), avait été assiégée par Abou-Farès et emportée d'assaut. Abou-Bekr avait été décapité et ses partisans massacrés ou exilés.

1283. — Abou-Farès meurt au moment où il croyait arriver du trône de Bougie à celui de Tunis. Il fut renversé par Abou-Hafs, qui prit le titre d'El-Mostancer (celui qui cherche la victoire).

1284-1318. — L'année de la proclamation d'Abou-Hafs, à Tunis, Abou-Zakaria, ayant emprunté de l'argent et trompé la surveillance d'Yaghmoraçan, parvient à s'échapper. Il s'avance ensuite vers les provinces orientales, mais ne se croit pas assez fort pour tenter de chasser le roi de Tunis. Il se contente de prendre Alger, Bougie, Constantine, Biskra, jusqu'à la limite du désert, et reconstitue, avec Bougie pour capitale, l'ancien royaume des

Hammadites, qu'il transmet à son fils Abou-Yahya-Abou-Bekr, et que celui-ci, après de nombreuses vicissitudes et une longue suite de guerres, réunit, en 1318, au royaume de Tunis.

1284-1285. — Roger Doria, amiral d'Aragon, ayant profité du moment où les prétendants se disputaient le trône de Tunis, s'empare de l'île Djerba, la ravage et emmène 2,000 captifs.

1285. — Le 26 octobre, Pierre III, roi d'Aragon et de Sicile, annonce à Bertrand de Mesarata, envoyé par lui à Tunis, qu'il a confié l'administration des fondouks royaux des Catalans et des Siciliens à Tunis, à Ferrer-Mayol. Le roi lui recommande de donner à Mayol le concours et l'assistance nécessaires pour sa gestion, et notamment à l'aider à parfaire au besoin la somme que Mayol pourrait avoir à payer au roi de Tunis, s'il obtenait, par préférence, la gabelle de Tunis pour la somme que tout autre compétiteur chrétien offrirait, ainsi que les conventions antérieures en donnaient le droit aux sujets de la couronne d'Aragon.

De Barcelone, la même année, Pierre III ordonne aux consuls des fondouks du royaume de Tunis de régler leurs comptes avec Mayol, chargé de l'administration desdits fondouks, et de verser entre ses mains toutes sommes qu'ils resteraient devoir au trésor royal.

A la mort de Pierre III, le tribut dû par le roi de Tunis à la Sicile passe à l'Aragon.

1287. — Réclamations nombreuses de Sucheto Pignoli, ambassadeur de Gênes, au roi Abou-Hafs.

29 juin. — Acte général du roi de Tunis donnant satisfaction à tout.

1288. — *L'Afrikia chez les historiens arabes.* De tout temps on a cherché le sens des dénominations géographiques. Les écrivains de l'antiquité, poètes plutôt que linguistes, avaient adopté le procédé commode de rattacher bon nombre de ces termes au grand arbre de leurs généalogies divines ou héroïques; il leur suffisait ainsi de forger, d'une part, une princesse *Libye*, soit indigène, soit fille de Jupiter ou de Neptune, ou d'Epaphus; d'autre part, un prince *Apher*, fils de Saturne ou d'Hercule, transformé par les juifs et les chrétiens en un fils de Madian. Cependant, quelques érudits avaient essayé d'autres étymologies : le docte Varron avait cru trouver celle de Libye dans le nom grec du vent du sud-est λίψ; et le scoliaste de Virgile, Servius, proposait de dériver *Afrique* soit du latin *africa*, « exposée au soleil, » soit du grec α-φρικη, « sans froid, à l'abri du froid (1). » Se plaçant à un autre point de vue, les chroniqueurs musulmans

___
(1) *Hist. de l'Afrique*, par d'Avezac, p. 4.

ont émis des conjectures de toute espèce, tirées les unes de l'histoire, les autres de la langue arabe. Ceux qui se croient les mieux informés prétendent que l'Afrique doit son nom aux *Afarika* qui l'habitaient, c'est-à-dire aux fils de Farouk-ben-Misraïm, descendants de Kouth, fils de Cham. Une autre opinion fait descendre les Afarika d'Afrikich-ben-Abra, qui, après avoir conquis l'Occident, y bâtit une ville qui fut appelée Afrika. C'est Makrisi, auteur consciencieux, qui avance ce fait, en ajoutant que ce sont les Arabes qui ont altéré le nom du conquérant par la substitution du *chin* au *sin* (1). Ibn-Chebbat, s'appuyant sur cette donnée que le ciel d'Afrique est sans nuages, explique le mot *Afrikia* par l'adjectif *barik*, « clair, éclatant. » Nous ne le citons que pour mémoire. Quant à Ibn-Abi-Dinar, son idée n'a rien de plausible, lorsqu'il prétend que ce royaume fut ainsi appelé à cause de la position qu'il occupe entre l'est et l'ouest, du mot arabe *faraka* « séparer. » Combien il nous paraît plus logique de nous arrêter à l'assertion de Suidas, qui reconnaît dans *Africa* l'appellation de Carthage : Καρχηδών, ἡ καὶ Ἀφρικὴ καὶ Βύρσα λεγομένη! Le sens est emprunté dès lors à l'idiôme phénicien, et le vocable susmentionné désigne *une colonie détachée, un établissement séparé* de Tyr. Par une dérivation régulière et toute naturelle, les

---

(1) Ils ont dit *Afrikich* au lieu d'*Afrikis*.

Arabes ont appelé *Afrikia* (1) la province qui dépendait de l'ancienne Africa. Mais revenons à la question qui fait l'objet de la présente dissertation. L'Afrikia des auteurs musulmans, outre l'*Africa propria* des Romains, qui, d'après Pline, se bornait à la Zeugitane, comprend la Numidie et une partie de la Mauritanie Césarienne; elle correspond, d'après les divisions géographiques modernes, aux régences de Tripoli et de Tunis, auxquelles il faut joindre encore la partie orientale de l'Algérie jusqu'à Milianah (2).

Mohammed-El-Abdéry s'exprime ainsi :

« Bône, où les occupations du voyage ne nous permirent pas d'entrer, est une cité qui nous semble une victime des coups du sort. Ses plaines qui s'épanouissent au soleil dans une heureuse fertilité, ont été repliées par la main impitoyable des catastrophes. Du côté de la terre, les yeux se perdent sur un vaste horizon, et, du côté de la mer, la vue se noie dans l'immensité des flots. Que dire ? On se sent le cœur serré en contemplant l'aspect lugubre que le destin a répandu sur la ville de Bône.

---

(1) C'est à tort que l'on écrit Ifrikia.
(2) A défaut des documents épigraphiques constatant l'identité des deux villes, les études de géographie comparée nous ont amené à fixer, d'une manière certaine, l'emplacement de la *Malliana* des Romains sur celui qu'occupe aujourd'hui Miliana. A. CH. *Revue de Géographie*, t. VII, juillet-décembre 1880, p. 313 et 314. *Correspondances et Comptes rendus critiques.*

« Il s'y passa un fait étrange lors de notre arrivée. Un bateau chrétien, dont l'équipage ne s'élevait pas en tout à 20 hommes, tenait la ville bloquée ; les matelots avaient même capturé dans le port plusieurs habitants, dont on négociait la rançon. Ah ! que Dieu daigne être propice aux vrais musulmans.

« Ensuite, nous nous arrêtâmes à Badja (sur le territoire de la Tunisie, la *Vacca* de Salluste. Plutarque et Procop écrivent Βάγα, Pline dit *Oppidum Vagense*), ville que la fortune a abreuvée de l'amertume des conflits, et dont le sein fut déchiré par la main des oppresseurs. Tant de désastres se sont succédé dans cette cité populeuse, qu'elle ressemble aujourd'hui à un désert. L'imagination est affligée autant par l'aspect désolant qui y règne que par l'avilissement auquel elle a été réduite. Ses habitants n'osent pas se montrer sur les remparts, tant les Arabes des environs leur inspirent de terreur. Les enterrements s'y font les armes à la main. Comme je ne restai dans cette localité qu'une seule journée, je n'eus pas le temps de l'examiner en détail. Badja possédait, à cette époque, un seul savant digne de ce nom, c'était le cheik Ibn-Mohammed-Ettalibi. Sa pensée tout entière s'était appliquée à l'étude raisonnée de la langue arabe, étude si difficile ; il s'était procuré la plupart des ouvrages de grammaire et avait rassemblé dans sa bibliothèque une foule de documents relatifs à la

matière. J'ai vu chez lui une collection de livres
dont le choix fait honneur à son goût. J'eus l'avantage d'expliquer devant lui des passages du *Mokarrab*, qui est un traité classique de rhétorique.

« Nous arrivâmes à Tunis, but élevé de toutes
les aspirations, centre où converge la flamme de
tous les regards, rendez-vous des voyageurs de
l'Orient et de l'Occident. C'est là que viennent se
rencontrer les flottes et les caravanes. Vous trouverez là tous les avantages que peut désirer
l'homme. Voulez-vous aller par terre ? voici des
multitudes de compagnons de route. Préférez-vous
la mer ? voilà des vaisseaux pour toutes les directions. Tunis s'est fait un diadème dont chaque
fleuron est un faubourg et sa banlieue ressemble à
un parterre sans cesse rafraîchi par la brise. Si vous
venez à ses abreuvoirs, elle étanchera votre soif.
Si vous avez recours à ses ressources, elle a de quoi
guérir vos maux. Quelque branche de la science
que vous cherchiez, vous êtes sûr de l'y trouver ;
quel que soit le caprice créé par votre imagination,
vous aurez le bonheur de le satisfaire à Tunis. Les
habitants de cette ville cultivent les sciences avec
succès ; quelques-uns d'entre eux, les calligraphes,
décourageraient la gazelle par la rapidité de leur
calam. Presque tous sont enclins à l'amitié. Tunis
surpasse toutes les cités par l'architecture de ses
monuments (Les meilleurs livres à consulter pour
la description de Tunis sont ceux d'Ibn-Chemma,

d'Ibn-Chebbat, d'El-Bekri, d'Ibn-Abi-Dinar, du cheik Ettidjani, de Louloui Ezzerkechi et d'Ib-Konfoud.) Sa puissance et sa gloire la placent comme une souveraine au-dessus de ses rivales les capitales du levant et du couchant. Si Tunis avait le don de la parole, elle dirait :

« Quand il me plaît, je vois la gazelle bondir à travers le désert ou je contemple les poissons dans le sombre azur des flots.

« C'est dans l'enceinte de mes remparts que viennent incessamment se reposer les convois de pélerins.

« Car je suis l'échelle du temple antique, l'échelle par où l'on s'élève jusqu'à la voûte des cieux.

« Tunis offre un développement considérable ; elle compte un grand nombre d'édifices d'une structure imposante. La plupart des maisons, bâties d'ailleurs en pierre de taille, ont des portes avec seuil et encadrement de marbre, tant cette matière y abonde. On entre dans la ville par plusieurs portes et chacune de ces issues s'ouvre sur un faubourg presque aussi spacieux que la cité elle-même. Je ne crains pas d'affirmer que si Tunis était baignée par une rivière, elle règnerait sans conteste sur les capitales du monde musulman. Malheureusement, l'eau y est excessivement rare, et la population n'a d'autre ressource que celle de la pluie qui est recueillie dans les citernes de chaque maison. Quant à l'aqueduc du mont Zaraouâne, l'eau qu'il apporte est destinée au palais et au parc du sultan ; on n'en distrait qu'une médiocre quantité pour le service de la mosquée de l'Olivier « *Djama-ez-Zeitouna* » où elle arrive par des conduits en plomb. Il est permis aux étrangers comme aux personnes qui ne possèdent point de réservoir, d'aller faire leur provision dans cet établissement, ce qui donne lieu à un encombrement perpétuel.

« *Mosquée de l'Olivier.* — La salle principale de cette mosquée renferme une riche bibliothèque fondée par les princes hafsides (*beni Hafs*). Cette mosquée, qu'on peut ranger parmi les plus belles maisons de prière, est construite avec élégance et parfaitement éclairée. Autour du parvis, ou cour intérieure, qui est à ciel ouvert (*fedha*), circule une galerie couverte (*meskof*). Des troncs d'arbres façonnés en manière de colonnes sont plantés de distance en distance dans le parvis ; ils soutiennent par des anneaux de fer des câbles qui vont se rattacher à la toiture et servent à fermer, avec de grandes pièces de toile cousues ensemble, des tentes sous lesquelles s'abritent les fidèles, tous les vendredis, durant la saison des chaleurs.

« *Aqueduc de Carthage.* — Cette construction antique, qui est l'œuvre des Romains, doit être comptée parmi les beaux monuments du monde. L'eau vient des hauteurs situées au midi, et n'arrive à Tunis qu'après avoir traversé, dans un parcours de deux journées de marche et peut-être plus, des vallées et des montagnes escarpées. Pour obtenir un niveau parfait, il a fallu percer des collines et des rochers ; il a fallu jeter sur les bas-fonds des ponts à plusieurs étages et construits en pierres de grand appareil. L'aqueduc passe derrière les remparts ; puis, prenant la direction de l'ouest, il va aboutir aux ruines de Carthage, ce qui fait encore une distance de 12 milles arabes.

« Carthage, que les écrivains arabes désignent sous le nom de *Moallaka*, a été une des villes les plus belles de l'antiquité. Si l'on en juge par les restes de son aqueduc, ses édifices devaient avoir une certaine splendeur. Ses carrières sont renommées : de tout temps, on en a tiré du marbre pour toutes les cités de la Tunisie, sans jamais les épuiser. Aujourd'hui, Carthage est en ruines ; il n'y demeure pas une âme. Les Tunisiens vont s'y promener de temps à autre, autant par curiosité que par dévotion (Dans les ruines et aux environs se trouvent des *Koubba* vénérées). Les arcades qui se dressent entre les deux villes sont hors de service. Cet aqueduc, que la solidité et l'élégance de son architecture mettent au-dessus de toute description, est généralement désigné par le nom de *Hanaya*. Si l'on en croit la tradition, il aurait coûté aux Romains quatre cents ans de travaux et d'efforts, mais cela me paraît une exagération. El-Békri est plus digne de foi, quand il affirme qu'il n'a pas fallu plus de 40 ans pour dresser la maçonnerie et niveler parfaitement la conduite d'eau, eu égard au génie des Romains et aux immenses ressources dont ils disposaient.

« Un des émirs de Tunis, le frère du prince régnant (El-Mostancer était le père et non le frère d'Abou-Zakaria), s'étant vu dans la nécessité de faire réparer quelques arches aux abords de la ville afin d'y amener les eaux dont le cours s'était trouvé interrompu sous le règne de son prédécesseur, s'épuisa pendant plusieurs années en efforts inouïs sans atteindre à la perfection de l'œuvre ancienne. Tout ce qu'il put faire avec ses faibles moyens ce fut d'exécuter quelques raccords dans la maçonnerie.

« Tunis — Dieu veuille la faire prospérer — est encore une cité importante et la métropole de l'Ifrikia, malgré la faiblesse de son gouvernement qui incline vers la ruine. Quiconque a fréquenté les Tunisiens ne tarit pas sur leur éloge..... qu'il vous suffise de savoir qu'il est impossible à un étranger de s'ennuyer à Tunis parce qu'il est sûr d'y rencontrer des hommes de mérite et des gens d'esprit. Les habitants sont les premiers à vous aborder ; ils sollicitent votre société et vous adoptent de prime abord comme un des leurs. Ils vous choyent et vous comblent de prévenances. Plusieurs notables de la localité, renonçant spontanément à leurs occupations, se mirent à ma disposition pendant tout le temps de mon séjour : ils poussaient l'abnégation et l'obligeance jusqu'à me présenter aux principaux personnages et sacrifiaient des journées entières à me tenir compagnie. Combien de fois m'est-il arrivé de m'adresser à des gens qui ne me connaissaient nullement pour leur demander mon chemin ! Aussitôt je les voyais sortir de leurs boutiques et marcher devant moi : lorsqu'il leur était impossible de me donner le renseignement dont j'avais besoin, ils le demandaient à leurs voisins pour me l'indiquer...

« Si je n'étais pas entré à Tunis, j'aurais déclaré que la science n'avait laissé aucune trace dans l'Occident, que son nom y avait même été oublié ; mais le Maître de l'univers a voulu qu'il n'y eût pas un endroit de la terre dépourvu d'hommes habiles en toute chose. Aussi, ai-je trouvé là un représentant de chaque science, et des personnes se désaltérant à tous les abreuvoirs des connaissances humaines. Sans les mille et un embarras qui sont la conséquence nécessaire d'un voyage, je me serais fait un véritable plaisir de voir tous les lettrés de Tunis. » (*Voyage d'El-Abdéry à travers l'Afrique septentrionale au XIIIe siècle*).

Avant de quitter la capitale de la Tunisie, le cheik Abou-Mohammed-El-Abdéry accorde une mention aux docteurs éminents avec lesquels il lui a été possible d'entrer en relation. En arrivant à Kairouan, la ville sainte, il fit la connaissance du savant traditionniste, Abou-Zeid-Eddebbar. Tous ces détails sont, en effet, compris dans son programme. De Kairouan, il se rend à Gabès, puis aux deux villages de Zouâwa (Ettidjani écrit *Zouara* qui est la bonne leçon) et de Zouagha, qui est le village le plus considérable de la contrée. On y voit un grand nombre de dattiers, et, de là, si l'on croit le récit de voyage du cheik Ettidjani, l'œil peut distinguer quelques édifices de Tripoli, qui en est éloignée de 50 milles environ.

Le château de la reine Kakina, autrement dit *Kasr Ledjem*, attira l'attention du cheik El-Abdéry qui le vante comme le monument le plus extraordinaire de l'Afrique septentrionale.

Abou-Mohammed-El-Abdéry, né à Valence, habitait Haha, l'un des points les plus reculés du Maroc. Il se rendit par terre à La Mecque, avec son fils Mohammed. Son ouvrage porte le titre de *Rihla Magrebïa* « Itinéraire Occidental. » — La meilleure copie appartient depuis 1858 à la Bibliothèque Nationale ; elle a été faite à Merrakech, sur le manuscrit de l'auteur, en 1345, ainsi que l'atteste une note qui se lit au dernier feuillet. Le volume contient 303 pages in-4°, d'une écriture magrébine assez régulière, mais la lecture en est devenue pénible, dit M. Aug. Cherbonneau, par suite de la pâleur et des milliers de trous que la dent des vers y a semés.

1289-1310. — Pendant vingt et un ans, l'île de

Djerba fut soumise aux rois de Sicile; le roi Abou-Hafs autorisa, en 1289, les Gerbiotes à obéir à ces nouveaux maîtres. Doria vint y fonder le El-Cachetil, dont les hautes tours inspiraient la terreur aux populations, si l'on en croit l'historien Ibn-Kaldoun.

Le pape Boniface VIII accepta l'hommage de Djerba, mais la rétrocéda à l'amiral Doria en fief héréditaire, sous la redevance annuelle de 50 livres d'or, par une bulle du 11 août 1295, datée d'Agnani.

Djerba est située, avec les îles Kerkeni, à l'entrée du golfe de Gabès, entre Tunis et Tripoli. Elle a 25 lieues carrées. Ses habitants ont toujours été en rébellion contre le roi de Tunis. C'était pour eux un titre de gloire, dit El-Tidjani (Voyage d'El-Tidjani à Djerba en 1306), d'enlever des musulmans et de les livrer comme de vils esclaves aux marchands d'Europe. On y fabriquait des étoffes de laine, des toiles de coton recherchées sous le nom de kaïks (Ibn-Kaldoun, t. III, p. 63 et 64). Abd-El-Moumem avait fait rentrer cette île, avec El-Méhadia et la côte de la Bysacène, sous l'autorité des Almohades.

(Le 11 août 1882, la correspondance de l'Académie des Inscriptions et Belles-Lettres de France renfermait une lettre de M. Hussenet, médecin aide-major ; elle était datée de l'île de Djerba.

« Les fouilles exécutées par un détachement du

78e de ligne, sous la direction de M. le lieutenant Le Hello, dans les ruines de l'ancienne Menina, écrivait M. Hussenet, ont fait découvrir une inscription funéraire chrétienne, provenant d'une basilique. Le tombeau auquel appartient l'inscription est en belles dalles, dont une a la forme pyramidale quadrangulaire tronquée, et porte la croix latine. »

Aux quatre angles est gravé le chrisme entre les deux lettres A et Ω. Le texte, en partie effacé, laisse lire le nom de EGNATIA, qualifiée *puella*, la formule IN. PACE, indiquant l'âme en possession de l'éternité bienheureuse ; une autre formule IN. MUNDO, précédant le compte des années passées par la défunte sur la terre, enfin la date exacte de la mort ou de la sépulture.

MM. Le Hello et Hussenet font remarquer que l'inscription trouvée précédemment à Menina, par M. Pellissier, sur un piédestal de cariatide appartenant à un immense édifice antérieur à la basilique chrétienne, contient aussi le nom de *Egnatia*. On le retrouve sur des médailles consulaires de familles romaines. Le vocable *Egnatius* existe sur une inscription païenne trouvée par M. V. Guérin, dans la vallée de la Medjerdah, et sur l'inscription en l'honneur de Cornélia Salonina, femme de Licinius Egnatius Galliénus).

1290. — Une bulle adressée aux chevaliers et hommes d'armes chrétiens servant dans les rangs de l'armée de Tunis les exhorte à ne jamais blesser, au milieu des dangers qui les entourent, les vertus et l'honneur chrétiens.

Les rois de Tunis avaient des corps chrétiens appelés lanciers chrétiens, troupe franque, milices chrétiennes, dont l'effectif s'élevait à 2,000 environ. Leur recrutement avait été autorisé par les princes chrétiens ; nous en avons déjà eu des exemples. Les traités de 1285 avec Pierre, roi d'Aragon et de Sicile ; de 1300 avec le doge de Venise, Pierre Gradenigo, avaient approuvé ces corps.

La bulle du pape Nicolas IV, citée à l'avant-dernier paragraphe, porte :

« A nos chers enfants les nobles hommes, barons, chevaliers et autres gens d'armes chrétiens demeurant au service du roi de Maroc, de Tunis, de Tlemcem, etc. »

L'utilité de ces troupes habituées à combattre de pied ferme et en ligne est prouvée par un curieux passage de l'histoire d'Ibn-Kaldoun, qui mit la dernière main à ses Mémoires de l'an 1380 à 1390.

Dans la même bulle, du 9 février 1290, le pape engageait les soldats chrétiens à reconnaître Rodrigue, envoyé par le Saint-Siège en Afrique, comme évêque du Maroc et légat apostolique, à obéir à ses ordres et à ses délégués en tout ce qui concernait la religion.

1291. — Jacques II d'Aragon nomme Guillaume Fabe consul des Catalans à Tunis.

1292. — Ce même roi, pressé pour solder les armements qu'il avait fait faire contre Charles d'Anjou et suffire à ceux qu'il projetait encore, envoie Guillaume Oulomar à Tunis pour solliciter d'Abou-Hafs telle somme que ce roi pourrait lui prêter.

1294. — Fin de l'empire des Seldjoucides. Les Mérénides vont aider les Maures d'Espagne. Ils assiègent Arcos.

1299. — Osman fonde l'empire des Turcs Ottomans.

Le 26 octobre, à Barcelone, Jacques II nomme le chevalier Bérenger de Cardona alcade des écuyers et autres hommes d'armes, ses sujets Catalans ou Aragonais demeurant à Tunis, et gardien de l'étendard royal confié, selon l'usage, aux alcades.

1300. — Des instructions sont données par le doge de Venise Gradenigo à Marin de Malino, afin de soutenir les réclamations qu'avaient fait valoir contre le gouvernement arabe plusieurs négociants vénitiens.

1301. 20 avril. — A Valence, Jacques II notifie au roi de Tunis, Abou-Hafs, la nomination de Bérenger de Cardona au poste d'alcade des hommes d'armes chrétiens sujets de la couronne d'Aragon, résidant en Tunisie, et recommande ledit Bérenger de Cardona, qui se rend à Tunis, à la bienveillance du roi.

Le 20 avril, Jacques II notifie également cette nomination aux différents officiers supérieurs de Tunisie et les prie d'être bienveillants pour cet alcade.

Les Aragonais dominaient dans la milice chrétienne des rois de Tunis, c'est pourquoi le roi d'Aragon en nommait l'alcade. L'étendard de la milice était aux armes d'Aragon.

1304. — Un sauf-conduit royal est délivré à plusieurs Tunisiens et habitants de Bône qui devaient se rendre dans les Etats d'Aragon. Ce sauf-conduit est signé de Valence, le 15 février.

1305. — Ambassade de Marc Caroso, de Venise, pour le renouvellement, d'une manière générale, du privilège accordé par le roi de Tunis aux Vénitiens. Le traité fut conclu, le 3 août, pour six années solaires consécutives.

1306. — Pierre de Fossé, maître d'hôtel de Jacques d'Aragon, se rend à Tunis pour y établir, au nom de son maître, un consul particulier. Sa mission n'eut pas de suite ; la question du consul n'eut pas de solution diplomatique. (Cependant, dans le traité conclu en 1313 entre Tunis et le roi d'Aragon, nous voyons la signature et le nom du consul d'Aragon à Tunis.)

Le 14 janvier, un ordre de Jacques II, signé de

Sarragosse, avait enjoint à l'alcade des Catalans dans le royaume de Tunis de s'entendre avec Pierre de Fossé, qui ramenait à Tunis divers Arabes faits prisonniers par les Catalans.

Le voyageur arabe El-Tidjani parcourt la Tunisie et constate que le christianisme ne fut pas immédiatement anéanti par la victoire et les violences d'Hassan et de Mouza. Il traversa les campagnes du golfe de Gabès, du côté du lac de Touja et du Djérid ou pays de Dullis, et il dit : « La preuve que cette contrée fut conquise sans résistance résulte de ce que les églises que les chrétiens y avaient subsistent encore de nos jours, quoique en ruines; elles ne furent point démolies par les conquérants, qui se contentèrent de construire une mosquée en face de chacune d'elles. » (El-Tidjani, p. 147). Omar avait donné cet exemple à Jérusalem.

1307. — Demande de prêt de Jacques d'Aragon au roi de Tunis Abou-Hacida, par le consul catalan, sans cacher que cet argent servirait à enlever les îles de la Corse et de la Sardaigne aux Pisans et aux Génois.

Franchise de certains droits ou payes accordée à Suarès, habitant de Valence, à la demande de Belloch, alcade des Catalans à Tunis.

Le 24 avril, Jacques II autorise Pierre Bustot, son consul à Tunis, à nommer un notaire de son consulat pour recevoir les testaments et autres actes publics. Cette autorisation a été signée à Montblanc.

1309. — Le tribut que payait au roi d'Aragon le roi de Tunis passe au royaume de Naples.

Abou-Yahya-Zakaria-El-Lihyani, grand cheik de Tunis, devenu plus tard roi lui-même, dirigea, en 1306, une forte expédition contre l'île Djerba, mais il ne fut pas plus heureux que ses prédécesseurs les Mestouna, qui avaient toujours inutilement assiégé El-Cachetil.

Les troupes tunisiennes réitèrent leur attaque en 1309, rappelées par les gens de la Mestouna.

Le 7 janvier, à Sarragosse, arbitrage prononcé par Jacques II entre Frédéric d'Aragon, son frère, d'une part, Charles II d'Anjou et Robert d'Anjou, duc de Calabre, d'autre part, au sujet du tribut exigé par les rois de Sicile, du roi de Tunis, et de la possession de divers châteaux de l'île et de la terre ferme. Jacques se prononça en faveur de Robert d'Aragon, contre son propre frère.

La raison de droit qui détermina la décision de Jacques II avait déjà été soulevée et évoquée à la cour de Rome, quand celle-ci exigea que Frédéric d'Aragon s'intitulât roi de Trinacrie et non roi de Sicile.

Le 25 février, Abou-Hacida et Jacques II d'Aragon prorogent pour dix ans le traité conclu en 1302 par Raymond de Villeneuve. Ses termes ne nous sont point parvenus.

1310. — L'île de Djerba est attaquée par les troupes de Muntaner, qui en devient seigneur pendant trois ans, sous la suzeraineté du roi de Sicile à qui passe la souveraineté définitive de l'île.

1312. — Une pharmacie est envoyée de Gênes à Tunis. Parmi les médicaments se trouvaient : *Theriaca de Mithridate*, Electuaire Thériacal, contre-poison ; — *Extractum Sambuci nigri* (le rob de Sambuc), *sudorifère ;* — *Electuarium Croco compositum*, Confection d'Hyacinthe, excitant ; — *Electuarium catholicum* ; *Electuarium Rheo compositum*, laxatifs ; — *Electuarium Diacordium*, antidiarrhéique ; — *Unguentum apostolicum*, Onguent apostolique pour les plaies, etc., etc.

1313. — Claude de Saint-Romans et Guillaume Girard, de Barcelone, rachètent 236 captifs.

Le 27 janvier, le premier traité obtenu par les nouveaux rois de Majorque, à Tunis, est signé en présence de Jacques Rostaing, consul d'Aragon ; de Bernard d'Ultzima, comptable juré du fondouk d'Aragon à Tunis ; de Laurent Berga, comptable de la milice chrétienne à Tunis, et de plusieurs cheiks arabes, entre le roi de Tunis, Abou-Yahya-El-Lihyani, et le roi Don Sanche, de Majorque, seigneur du Roussillon, de la Cerdagne et de Montpellier, représenté par son ambassadeur Grégoire Salembe.

La piraterie se développe en Afrique. Les corsaires d'El-Méhadia, de Mers-El-Kharès et de Bougie deviennent célèbres.

Le 27 juillet, Jacques II, après en avoir conféré avec Laurent de Berga, envoyé du roi de Tunis, Abou-Yahya-Zakaria-El-Lihyani, charge Guillaume Oulomar, porteur d'une lettre écrite ce jour même à Orta, de se rendre à Tunis, à l'effet d'y renouveler les traités de paix entre le roi et la couronne d'Aragon. Le roi Pierre remet lui-même sa procuration et ses instructions à l'ambassadeur.

Le 14 septembre, les Pisans Fazioli et Renier del Bagno, négocient un traité avec El-Lihyani. Il y est fait mention de fondouks possédés par les Pisans à Bougie, Tunis, Bône, Gabès, Sfax et Tripoli. Ce traité expirait en 1323. Nous n'avons pas trouvé trace de sa prolongation.

1314. Le 21 février. — Guillaume Oulomar, ambassadeur d'Aragon, conclut avec le roi de Tunis un nouveau traité pour remplacer celui de 1039 entre Abou-Acida et Jacques II d'Aragon.

Le 9 juillet, de Valence, le roi Jacques écrit au roi de Tunis et à Jean Gill, interprète de ce prince.

Le 13 septembre, à Lérida, Jacques autorise le passage en franchise de certaines marchandises données par lui à l'envoyé du roi de Tunis.

Le 30 septembre, de la même ville, Jacques écrit

au roi de Tunis, Abou-Yahya-Zakaria, pour proroger de quatre ans, à la demande du roi, le traité conclu pour dix ans au mois de février précédent par Guillaume Oulomar. Jacques accuse également réception au roi de Tunis de 2,050 doubles d'or reçus par suite du traité, et répond enfin à certaines réclamations présentées par Balthamin Allevahi, messager du roi de Tunis.

1315. — 11 juin, à Barcelone, le capitaine de la flotte de cette ville, Raymond Ricard, ayant demandé au roi d'Aragon quels étaient les Sarrasins qu'il pouvait attaquer et poursuivre, le roi lui répond qu'il a la liberté de combattre et de détruire tous les Sarrasins du monde, excepté les sujets des rois de Tunis et de Bougie, avec lesquels il est actuellement en paix.

1316. — Le 19 décembre, à Tortose, Jacques II charge Vidal de Villeneuve d'accompagner Guillaume Oulomar envoyé par lui à la cour apostolique pour entretenir le pape des affaires de Tunis.

1317. — Nouveau tribut payé par les rois de Tunis aux rois de Sicile pendant l'occupation de l'île Djerba.

Au nom d'El-Lihyani, retiré à Gabès, un traité est conclu, le 12 mai, à l'occasion de ce tribut qui aurait eu pour but de garantir la sécurité des côtes du royaume vers le golfe de Gabès, de même que les Zeyrites avaient voulu, en payant un tribut, se préserver des corsaires siciliens et s'assurer, en cas de besoin, l'exportation des blés de cette île.

Traité signé entre Venise, par l'ambassadeur Michelet-Micheli, et Abou-Yahya-Zakaria-El-Lihyani, roi de Tunis (dans l'Afrique proprement dite), tandis que Abou-Yahya-Abou-Bekr régnait à Bougie.

1318. — Abou-Yahya-Abou-Bekr réunit son royaume à celui de Tunis, d'où il chasse son cousin Abou-Derba, fils d'El-Lihyani.

Sous le règne d'Abou-Bekr, la prospérité de Tunis s'accroît encore. On y comptait plus de 700 boutiques d'épicerie, et plus de 4,000 personnes étaient occupées à la fabrication du pain.

Les échelles principales étaient : l'île de Tabarca, riche en coraux, appartenant à Tunis. (Les Lomellins de Gênes y eurent des établissements considérables) ; — Tunis ; — Hamamet ; — Sousa ; — El-Méhadia, vis-à-avis Malte ; — les îles Kerkeni ; — Sfax ; — Gabès et l'île Djerba.

1320. — Le commerce ne se faisait que sur le littoral ; il n'y avait pas d'échange direct entre les Européens et les grandes villes de l'intérieur de l'Afrique, telles que Kairouan, etc.

1323. 1er mai. — Traité de Barcelone avec le roi Jacques et l'ambassadeur d'Abou-Bekr, roi de Tunis, pour confirmer et prolonger de quatre ans celui de Guillaume Oulomar qui arrivait à son terme en 1324.

Ce traité de 1323 contient quelques articles spéciaux concernant les droits à percevoir par le roi de Tunis à la douane, sur les Aragonais et le prêt par le roi d'Aragon de plusieurs galères au roi de Tunis.

Compétition, pendant un siècle, des rois de Tunis et de Sicile pour la souveraineté de l'île Djerba. Négociations qui n'aboutissent qu'au renouvellement de courtes trêves.

1327. — Le 22 avril, à Barcelone, le roi Jacques donne aux religieuses du monastère de Valdoncellas, 800 sous à percevoir sur le marché de la ville de Pierra, en Catalogne, à la place de pareille somme qu'elles touchaient jusque-là sur les revenus du consulat de Tunis.

1332. — Décision du sénat ou conseil des Prégadi touchant aux affaires de Venise et à l'influence de la société des Acciaiubli de Florence à la cour de Tunis. Défense est faite à tout Vénitien de commercer avec Tunis ou Tripoli à partir du 11 juillet.

Le 24 du même mois, le sénat se décide à chercher à négocier un arrangement, la délivrance des captifs et le renouvellement des traités.

1333. — Aboul-Hassan, roi de Tlemcem, enlève Gibraltar au roi de Castille.

3 mai. A Venise, révocation de toutes les défenses mises au commerce avec Tunis, Tripoli et autres terres du roi de Tunis.

1335. — Perte de Djerba par les rois de Sicile. El-Cachetil est emporté d'assaut par les troupes combinées de Tunis, de Gênes et de Naples, appelées par les Gerbiotes révoltés par la tyrannie de Pierre de Sarragosse, qui fut lapidé ainsi que son fils.

1340. — Aboul-Hassan, roi de Tlemcem, secondé par Abou-Bekr, dont il devint plus tard le gendre et par le roi de Grenade Yousouf Ier-ben-Ismaïl, veut reprendre sur l'Espagne les desseins d'Abd-El-Moumen et d'Al-Manzor. Abou et Yousouf sont battus, le 29 octobre, sous Tarifa qui fut emportée d'assaut ; Alcala-la-Réal et Algésiras eurent le même sort. Aboul-Hassan demanda la paix en 1342.

1346. — Tunis est le centre du commerce de Barbarie. Pour les débouchés et les relations avec l'intérieur de l'Afrique, elle valait Alexandrie. Elle correspondait par ses caravanes avec le Darfour et tout le Sahara. (Pergoletti le prouvé dans son ouvrage écrit en 1350 et dans lequel il a réuni les renseignements les plus utiles pour les marchands de son époque ; les rapports de poids et mesures de ces deux cités avec les principaux marchés de l'Europe s'alimentant en Afrique).

Une affreuse convulsion se produit à la mort d'Abou-Bekr. Les provinces, les villes se révoltent. Bougie, Constantine, Djerba, Tripoli, le Djérid, veulent avoir des chefs particuliers.

Au mois d'octobre, Abou-Hafs-Omar s'était fait proclamer roi dès la mort de son père.

Aboul-Abbas-Ahmed, son frère, nommé par Abou-Bekr, gouverneur de Djérid, marche contre lui et s'empare de Tunis. Il est tué quelques mois plus tard par Abou-Hafs.

1347. — Aboul-Hassan, roi de Maroc, profitant de ces guerres civiles, envahit l'Espagne. Il y est poursuivi par Abou-Hafs qui périt près de Cadix. Aboul-Hassan reste maître de la Tunisie.

1349. — Les armées du Djérid et du Magreb oriental battent les Marocains à Kairouan, les forcent à rétrograder vers l'est et proclament roi Aboul-Abbas-El-Fadl, autre fils d'Abou-Bekr, et gouverneur de Bône.

1350. — Ibn-Yafraguin, ancien chambellan et premier ministre d'Abou-Bekr, fait reconnaître le quatrième fils de ce dernier, Abou-Yshak II.

Les Siciliens, les Sardes, les Vénitiens ont des rapports suivis d'affaires avec Tunis. Les Pisans et les Florentins sont obligés de recourir à leur marine, n'en possédant pas.

1353. — Le 16 mai, dans le pavillon royal de Tunis, un traité est conclu au nom d'Yshak-Ybrahim Abou-Yahya, par le vice-roi Ibn-Yafraguin et Rainier Porcellini, ambassadeur de Pise. Un soldat de la milice franke, Ferrand Pérez, fut l'interprète des négociations et de la translation de ce traité d'arabe en latin. L'ambassadeur savait pourtant parler arabe ; il prit souvent part à la discussion et jura l'exécution du traité dans la langue du pays, dit M. Mas-Latrie.

1355. — Prise, par surprise, de Tripoli, par l'amiral de Gênes, Philippe Doria.

1357. — Nouveau traité entre Pise et Tunis.

1370. — Prise de Tunis, par Aboul-Abbas II, roi de Tlemcèm, petit-fils d'Abou-Bekr ; le jeune roi Aboul-Yshak périt avec le navire sur lequel on l'avait embarqué pour le sauver.

Quelques années plus tard, Aboul-Abbas II se rend maître de Souse, d'El-Méhadia, des villes du Djérib et des îles du golfe de Gabès où les émirs s'étaient arrogé la perception des impôts.

1373. — Le 26 juin, de Barcelone, Pierre IV, roi d'Aragon, préparant une expédition contre le roi de Tunis et espérant triompher, avec l'aide de Dieu, nomme à l'avance Pierre Zanto, baile général dans le royaume de Tunis, sa vie durant, avec les droits, honneurs et prérogatives de baile général de Catalogne et les appointements annuels de 1,000 florins d'or.

1378. — Ambassade de Pise. Rainier de Guerlandi est envoyé auprès des rois de Tunis, de Bône et de Bougie, les deux fils et neveu d'Aboul-Abbas II et parvient à rétablir la bonne entente et à applanir les difficultés commerciales.

1381. — Les Génois organisent des croisières pour surveiller les côtes du Magreb.

1383. — Traité conclu par Frédérici Lecavelo, au nom de Gênes, pour la délivrance des prisonniers et le rétablissement des bons rapports. Lecavelo rencontra de la part des Tunisiens des difficultés inouïes.

Les pirates d'El-Méhadia désolent les côtes de la Méditerrannée.

Gênes se ligue avec l'Aragon et se joint à la coalition chrétienne contre Aboul-Abbas-Abou-Bekr, roi de Tunis.

Les îles du golfe de Gabès sont rançonnées et occupées par l'amiral génois Raphaël Adorno, frère du Doge. Une garnison sicilienne occupe El-Cachetil.

Mainfroid de Clermont, amiral de Sicile, fut, avec l'autorisation du conseil de Sicile et au nom la reine Marie, investi de la seigneurie de ces îles par le Saint-Siège, suzerain honorifique du royaume de Sardaigne et saisi autrefois par Roger Doria du droit d'hommage sur l'île de Djerba.

1390. — La barbarie troublant le repos et le commerce de la chrétienté, Charles VI envoie contre Tunis une armée commandée par le duc de Bourbon, Philippe d'Artois, le comte de Clermont, Jean de Vienne, amiral de France, et Jean de Beaufort.

Les Génois, avec 300 galères, arrivent devant El-Méhadia. (Le mauvais temps les force à se retirer.)

Les Magrebins comprenaient que les Génois les attaquent ; mais ils ne pouvaient l'admettre de la part des Français, avec lesquels ils étaient en paix.

Froissart s'exprime ainsi à ce sujet : « Durant les neuf semaines que dura le siège d'Afrique (El-Méhadia), beaucoup de seigneurs de France et des autres pays se plurent à voir l'équipement et la manière de combattre des mécréants, car entre seigneurs de condition et d'honneur toute variété plaît. Il y avait aussi chez les Sarrasins bien de jeunes gentilshommes, selon leur loi, qui avaient grand plaisir aussi à voir l'arroi des chrétiens, leurs armes, leurs pennons, et qui, le soir, de retour dans leur logis, en devisaient longuement entre eux. Mais d'une chose s'émerveillaient-ils surtout. C'était de savoir pourquoi les Français s'étaient joints aux Génois dans cette guerre. Après en avoir souvent parlé, ils prirent un truchemam sachant bien le génois et le chargèrent d'aller demander aux Français pourquoi ils étaient venus avec si grande force en l'empire de Barbarie, en la terre du roi d'Afrique, qui ne leur avait jamais fait aucun mal. « A la vérité, dit l'interprète arabe au duc de Bourbon, nous et vous êtes une nation trop éloignée et les Génois sont nos voisins. Nos vaisseaux prennent souvent sur eux et les leurs prennent sur nous, et depuis longtemps il en est ainsi quand nous n'avons pas de traités ou de trêves avec eux. » (Liv. IV, chap. xix, fol. 83.)

Les barons français, qui n'auraient pu trouver une réponse plausible, dirent « qu'ils avaient deux motifs : d'abord parce qu'ils avaient crucifié Jésus-Christ et ensuite parce qu'ils ne croyaient ni au baptême, ni à la Vierge. »

« De cette réponse, ajoute Froissart, les Sarrasins ne firent que rire, en disant qu'elle n'était ni raisonnable, ni bien prouvée, attendu que c'étaient les juifs et non pas eux qui avaient mis le Fils à mal. »

El-Méhadia résista à toutes les attaques. Abou-Farès, fils du roi de Tunis, avait le commandement des troupes de l'extérieur, chargées de faire diversion. Les alliés reprirent la mer vers le mois de septembre; ils étaient arrivés au mois de juin.

La peine causée en France par l'échec du duc de

Bourbon fut grande. Le duc de Bourbon fut mis en accusation.

1391. — La guerre continue avec les Pisans.

Le 17 octobre, renouvellement entre Tunis et Gênes du traité de 1383. Gênes dut payer une rançon pour chaque captif, hommes, femmes et enfants, mesure contraire à l'ancien traité, dont l'un des articles portait que la remise des esclaves saisis par les corsaires devait avoir lieu immédiatement. Les prisonniers musulmans furent recherchés et relâchés après avoir promis de mettre en liberté chacun un chrétien détenu dans sa juridiction. Le traité fut signé au palais du roi de Tunis par Geritile de Grimaldi et Luchino de Bonavey en son nom, et le directeur de la douane, fondé de pouvoirs d'Aboul-Abbas.

1392. — Mainfroid de Clermont abandonne Djerba, dont les habitants refusent d'obéir au roi de Tunis qui les avait défendus.

Débarquement des Arabes à Syracuse. Ils enlèvent un grand nombre de captifs, parmi lesquels l'évêque de cette ville; ce prélat reste prisonnier trois ans.

Martin d'Aragon, dont le fils, Martin le Jeune, avait épousé Marie de Sicile, dut se borner à négocier avec le roi de Tunis. Vito de Mai fut chargé d'aller traiter la rançon des captifs. Sa mission n'eut aucun résultat satisfaisant.

Le 4 juillet de la même année fut conclu à Tunis un traité avec Venise, reproduisant les dispositions de celui de 1317. Il ne reçut de promulgation officielle qu'en 1427. Avant la conclusion de ce traité, Jacques Valaresso reçut gratuitement tous les captifs vénitiens. Vingt-cinq furent trouvés à Tunis et à Bône.

Le 6 juillet, de retour à Venise, il rendit compte au doge de ce qu'il avait fait en Afrique :

Arrivé le 5 juin à La Goulette, il notifia sa venue par une estafette au directeur qui se rendit aussitôt à bord de sa galère et reçut de lui une lettre pour le roi de Tunis. Le lendemain un *baron* apporta les compliments du prince, et une charte de sauf-conduit. Valaresso descendit immédiatement à terre avec Jacques de Civrano et une suite de dix personnes. Montés à cheval, les Vénitiens furent rendus en une heure à Tunis. Le roi les reçut sans délai. Il demanda à Valaresso des nouvelles du doge Venier, accepta avec plaisir les cadeaux de Sa Seigneurie. Valaresso remit, en même temps, au roi une lettre du doge, à laquelle le roi répondit le 4 juillet, jour de la conclusion du traité. Ces cadeaux consistaient en deux gerfauts de chasse que le roi apprécia particulièrement et dit estimer au moins 2,000 doubles d'or ; une pièce de velours cramoisi et deux pièces de drap. Le roi s'entretint longtemps avec Valaresso et lui témoigna une estime spéciale pour la nation vénitienne. Il demanda ensuite à voir les cadeaux destinés à son frère El-Moula-Zakaria (un gerfaut vivant, un gerfaut empaillé, une pièce de velours et quatre pièces de drap) et le renvoya à ce prince pour tout ce qui concernait le traité et la délivrance des prisonniers. Le frère du roi accueillit Valaresso avec les mêmes égards que le roi et le fit accompagner dans un beau verger où était un superbe appartement qui lui était destiné. Valaresso y reçut dès ce jour et les jours suivants, de la part du roi et de son frère, des viandes, des confitures et du vin.

Le 16 juin, Valaresso eut une audience du roi. Après les salutations d'usage et l'exposé de sa mission, le roi lui fit répondre : « Je sais que les Vénitiens sont des gens loyaux. Ils disent toujours la vérité. Ce qu'ils promettent, ils le tiennent. Ils ne nous ont jamais fait aucun tort. Aussi, je veux qu'il soit fait avec eux un bon et ferme traité pour le présent et pour l'avenir. J'ordonnerai donc dans tous mes Etats et à tous mes sujets de traiter les Vénitiens et de protéger les Vénitiens comme de vrais et fidèles amis. En ce qui concerne les captifs, je suis disposé à les racheter tous de mes deniers et à te les remettre. Quant au traité que je confirme, donne-moi une copie de l'ancien (celui de 1317) que je désire examiner. Quand je l'aurai vu, je ferai ce que tu désires. »

Valaresso répondit : « Magnifique seigneur, j'ai

devers moi cette copie ; s'il vous convient, je vais vous la remettre. »

Dès qu'il l'eut, le roi la fit lire et dit : « L'heure est un peu avancée, tu peux te retirer. Je te ferai revenir un autre jour. »

Valaresso ajouta : « Seigneur, accordez-moi le plaisir de voir, demain matin, mes captifs en liberté. »

Le roi répondit : « Mon frère et tous ceux qui m'entourent m'ont dit que tu étais un homme de bien ; va, je ferai des choses qui te seront agréables. »

Dès que Valaresso fut arrivé dans sa demeure, les serviteurs du roi et de son frère lui présentèrent les prisonniers en lui disant : « Faites-en ce que vous voudrez. »

Valaresso ordonna de suite de leur ôter leurs fers et de remettre, suivant l'usage, 17 pièces d'or aux serviteurs du prince. . . . .

1393. — Nicolas Lanfiducci est envoyé de Pise au roi de Tunis pour exposer à ce souverain que la République n'était point entrée en ligue contre lui, que ce n'étaient que des armateurs qui avaient offert leurs navires à l'amiral Mainfroid de Clermont.

1394. — Les Siciliens occupent Djerba, tandis que le roi de Tunis fait le siège de Tripoli.

1398. — Djerba et Tripoli rentrent sous la domination au moins nominative du roi de Tunis.

1350-1442. — *Importations d'Europe en Afrique :* Faucons, gerfauts, autours, bois, métaux, armes, métaux précieux et monnaies, bijoux, quincaillerie et mercerie, laques, vernis et mastics, tissus et draps, toiles de Bourgogne, matières textiles, substances tinctoriales, substances aidant à la teinture et au blanchiment, céréales, épicerie, parfums, substances médicinales, vin, navires, verres et verroterie de Venise, papier ordinaire, papier royal, vieux papier, soies de porc, os d'animaux, fers aimantés, terre grillée, bagode.

Exportations d'Afrique : Esclaves, chevaux barbes, poissons salés, *sorra* de Barbarie, cuirs, écorces de Bougie, substances tinctoriales servant à la teinture, sels, sucre, cire, huiles, céréales, blé, orge, etc., fruits, herbes, étoffes, tapis, matières textiles, vannerie, métaux, plumes d'autruche, ivoire (pêché surtout à Mers-El-Karès, près de Tabarca), armes du Maroc, porcelaines, vases en argile, épicerie, vernis et gomme arabique, faïence dorée de Bougie.

1400. — Muley-Bouferi, ou Abou-Férez, prend le titre de roi de Tunis et de souverain de Berbérie ; il réprime la piraterie qui faisait de grands progrès dans ses Etats.

1403. — Tunis fut visitée cette année-là par don Pedro Ninô ; nous lisons dans sa *Chronique* :

« Tunis est une belle et fort grande ville, extrêmement riche. Elle a plus de 100,000 habitants. On y voit de belles maisons, de magnifiques mosquées et des maisons fortes. Sur une petite hauteur se trouve un magnifique palais (alcazar). Dans l'arsenal sont toujours dix galères. Le port n'est jamais sans avoir au moins une galère armée. Je ne connais pas de plus beau pays que les environs de Tunis. Il y a là au moins 300 tours ou pavillons, chacun avec son domaine à l'entour.

1409. — La situation entre la Tunisie et la Sicile est toujours la même.

1412-1451. — La Sicile, après avoir vainement cherché à reconquérir Djerba, vit en paix avec Tunis.

1415. — Prise de Ceuta par Henri le Navigateur, roi de Portugal, fils de Jean Ier.

Développement de la piraterie sur les côtes du Magreb.

1416. — Traité entre Tunis et Alphonse le Magnanime, qui reçut de son père Ferdinand la triple couronne de Naples, de Sicile et d'Aragon.

1420-1465. — Derniers traités des Génois avec Tunis.

1421. 5 octobre. — Traité entre la république

de Florence et Tunis. Ce premier traité fut obtenu par Barthélemy Galea. Les conclusions définitives du roi de Tunis Abou-Farez restèrent inacceptées pendant deux ans.

Florence devient puissance maritime par l'acquisition de Livourne, Forti, Pisano et se substitue à la république de Pise.

1423. — Au mois de décembre Neri Fioravanti termine les arrangements et rapporte à Florence les articles de la convention entre Tunis et sa patrie, rédigés selon l'usage en arabe et en latin. Certains de ces articles rétablissaient ou amélioraient les concessions faites aux Pisans.

Voici le tableau présenté sur la situation commerciale de Venise par le doge Thomas Morenigo, à son lit de mort, en 1423 : Dieu soit loué ! Vous avez, sous notre règne, vu la dette publique diminuer de 4,000,000 ducats; votre monnaie a frappé annuellement 1,000,000 ducats d'or et 2,000,000 pièces d'argent. Vous avez sur mer 300 petits navires, montés par 17,000 marins ; 300 navires avec 8,000 marins ; 47 galères avec 11,000 marins. Vos arsenaux occupent 1,600 ouvriers charpentiers ou menuisiers. Vous transportez annuellement dans le monde, pour 10,000,000 ducats de marchandises. Les Florentins seuls vous envoient 1,600 pièces de drap que vous exportez dans la Pouille, en Sicile, en Barbarie, en Syrie, en Chypre, à

Rhodes, en Egypte, en Romanie, à Candie, en Morée, en Istrie. Ils vous achètent en retour, par semaine, pour 7,000 ducats de laines de France et de Catalogne, du Kermès, des grains, de la soie, de l'or, du fil d'argent, de la cire, du sucre, des joyaux. Toutes les autres nations vous donnent de même, par leurs rapports, des bénéfices si considérables, que le produit dû nolis seul s'élève à 2,000,000 ducats, le gain de l'exportation et de l'importation à 20,000,000 ducats. (*Vite de duchi di Venezia,* par Sanudo, t. XXII, col. 960).

1424. — Débarquement du frère du roi Alphonse, don Pedro, duc de Noto, dans l'île Kerkeni. Ce prince fait 3,000 prisonniers et ne se retire qu'après avoir obtenu du roi de Tunis, Abou-Farez, la liberté de tous les captifs chrétiens retenus dans ses Etats.

1426. — Ambroise Spinola est envoyé à Tunis par le duc de Milan, Philippe-Marie Visconti, seigneur de Gênes, pour racheter les esclaves génois.

Christopho Maruffo est envoyé à Tunis pour défendre la situation et les privilèges des Génois, menacés par des incidents de navigation, véritables actes de piraterie que la bonne foi des gouvernements ne pouvait prévoir; un personnage important, Aben-Sicheri, avait été, en outre, capturé par des armateurs génois.

Berluccio Falieri vient à Tunis, au nom du Doge Foscari, faire dresser une expédition du traité de Valaresso, conservé dans les archives du consulat et en demander la confirmation authentique au roi Abou-Farez.

Yousouf, roi de Grenade, étant mort, son fils Mouled-Mohammed ne fut point élu à sa place. Il fut supplanté par son cousin Al-Zaquir. Il put s'échapper de l'Alhambra, déguisé en pêcheur et se réfugia à la cour du roi de Tunis.

1429. — Mouled-Mohammed, soutenu par le roi de Tunis, débarque à Alméria, avec une petite armée africaine. Al-Zaquir veut en vain lui disputer l'entrée de Grenade ; enfermé dans l'Alhambra, il fut livré par ses soldats et décapité.

1431. — Alphonse, roi d'Aragon, débarque en personne dans l'île Djerba. Les Gerbiotes aidés de troupes tunisiennes le forcent à se rembarquer immédiatement.

1433. — Foscari, doge de Venise, écrit au roi de Tunis.

Tant que le blé ne vaudra pas à Tunis plus de 5 besants le *cafis*, les Génois pourront désormais en exporter, sans payer les droits de douane, 15,000 cafis. Si le prix devenait supérieur, le roi aurait à apprécier le cas pour déterminer la franchise aux Génois.

1435-1458. — Intervention honorable d'un religieux de l'abbaye de Saint-Martin, près Palerme, dans les relations bienveillantes ou difficiles qui existèrent entre la Sicile et Tunis, sous le roi Alphonse le Magnanime.

1437. — Nouveau traité garantissant les *capitulations* qui protègent les établissements et le commerce des Vénitiens en Afrique. Léonard Bembo, ambassadeur du doge Foscari auprès du roi de Tunis Abou-Omar-Othman, s'occupe de réclamations adressées par ce roi à Jérôme Canale, chef de l'une des maisons faisant du commerce avec le Magreb.

1438-1465. — Elévation des tarifs de la douane de Tunis pour les nations chrétiennes. Difficultés commerciales.

1438-1443-1458. — Voyages à Tunis du frère Jean Magali, du couvent de Saint-Martin, près Palerme, envoyé et négociateur du roi d'Aragon et de Sicile. Le frère Magali est assez heureux pour faire renouveler les trêves.

1440. — Venise organise un service spécial de galères faisant tous les ans le voyage et la visite des Echelles d'Afrique.

1443. — Renouvellement général des traités.

Le 19 octobre, l'affaire d'Aben-Sichari étant terminée (voir plus haut à la date de 1426) et la contribution extraordinaire de 7,000 doubles d'or, imposée comme indemnité par le roi de Tunis, sur les marchandises génoises à leur entrée à Tunis, étant intégralement payée, un traité fut conclu entre l'ambassadeur génois André de Mari et Muley-Siech, lieutenant du roi Abou-Farez. Un article de ce traité mentionne la remise aux Génois d'une quittance définitive de la douane de Tunis pour cette somme.

La république de Gênes dut donner en marchandises une valeur de 1,600 doubles d'or pour le rachat des sujets génois captifs par suite d'actes d'hostilité ou de courses.

Le roi de Tunis exprima le désir de recevoir des lingots d'argent, de la toile de Bourgogne, du mastic, des draps de Florence, des florins, des épées courtes, du fil d'or, du poivre et autres épices.

1444. — Bons rapports de la couronne d'Aragon et de la couronne de Barcelone, momentanément indépendantes, avec la Tunisie.

1445. — Traité florentin avec le roi de Tunis, conclu par Baldinaccio degli Erri.

Ce nouveau traité avait été amené par le changement de la valeur des monnaies. (*Quia moneta nunc mutata est.*) Les Génois achetaient à Tunis, sans payer de droits de douane, 1,500 *cafis* de blé par an, tandis que le prix du blé ne dépasserait pas à

Tunis 15 besants le cafis. Le prix du blé avait augmenté, puisqu'en 1433, il ne valait que 5 besants le *cafis*.

Raphaël Adorno, doge de Venise, envoie à Tunis Zacharie Spinola qui renouvelle le traité de 1443 et en proroge la validité jusqu'en 1465.

1446. — Abou-Omar, roi de Tunis, garde rancune aux Florentins d'actes commis par Thadée et Philippe Califfi, sous le règne d'Abou-Farez, son père.

Un négociant de Barcelone afferme le droit de pêcher le corail sur toute la côte de Tunisie. Une lettre des magistrats municipaux de Cagliari nous apprend que le concessionnaire principal voulait prélever un droit de un tiers au lieu d'un dixième sur un navire corailleur sombré.

1447. — Florence condamne Thadée et Philippe Califfi au bannissement comme traîtres à leur patrie et les signale pour qu'on s'empare de leurs biens et de leurs personnes.

1456. — Traité entre Gênes et le roi de Tunis. Le traité de 1437 est renouvelé le 9 octobre, deux ans avant son expiration, par Maffeo de Pesaro, ambassadeur du doge Foscari et Abou-Omar-Othman, roi de Tunis. Pesaro se mit en rapport avec le vice-roi et son frère, fondés de pouvoirs du roi.

L'itinéraire des *Galères de Barbarie*, envoyées annuellement par la république de Venise, est arrêté comme suit : Départ du Lido ; — Syracuse, 2 jours d'arrêt ; — Tripoli, 8 jours ; — Djerba, 8 jours ; — Tunis, 15 jours et même plus, si le capitaine ou le conseil des Dix le jugeaient nécessaire (car, Tunis, disent les instructions, est l'un des points les plus essentiels du voyage) ; — Bougie, 4 jours ; — Alger, 4 jours ; — Oran ou Velez de la Gonera, 10 jours ; — One, la durée du séjour était fixée par le conseil des patrons.

1438. — Trois ans après la prise de Constantinople par les Turcs, les Etats de Sicile sont obligés d'abandonner le commerce extérieur aux marines étrangères, ne pouvant plus se défendre contre les pirates.

Les escales de Florence sont déterminées ainsi: Départ de Porto-Pisano ou de Livourne, au mois d'avril ou d'août ; — Gênes, 3 jours entiers, ainsi que sur les rivières du Levant et du Ponant ; — Tunis, 12 jours ; — Bône, 3 jours ; — Collo, 3 jours ; — Bougie, 3 jours ; — Alger, 3 jours ; — Oran, 6 jours ; — One, 3 jours. De là, les galères se rendaient en Andalousie.

1460. — Le gouvernement florentin décide que les capitaines des galères envoyées dans les Echelles d'Afrique et d'Andalousie devaient rentrer à Porto-Pisano après un premier voyage pour, pendant un délai qui ne devrait excéder trois mois, avoir la faculté d'entreprendre un deuxième voyage, dans lequel ils pourraient, une fois revenus à Tunis, aller à Alexandrie (Egypte) en touchant à l'île de Rhodes et retourner ensuite à Tunis pour revenir en Toscane.

1461. — Conclusion d'un traité de paix, pour 31 ans, entre le roi de Tunis et le grand-maître des chevaliers de Rhodes, Pierre d'Aubusson, Sixte IV étant pape et Louis XI, roi de France.

Voici la traduction des articles de ce traité :

1° Tous les ans, deux navires du roi de Tunis, avec ses sujets, pourront entrer au port de Rhodes; on leur donnera un logis et des magasins à leurs dépens et qu'ils paieront 10 0/0 et la moitié de cela pour leur commerce.

2° Si quelques vaisseaux de la Religion, ou de ses sujets venaient à rompre près des ports et places des Etats de Tunis, les habitants seront tenus de les secourir et de les conserver sans rien prendre ; les vaisseaux du roi de Tunis, rencontrant en mer des navires de la Religion ou du roi de France, ne doivent leur faire aucun mal et réciproquement.

3° Si le Grand-Maître et la Religion, ayant tiré quelque navire portant mille tonneaux et au-dessus se trouvent à Alexandrie (Egypte) ou sur les terres du roi de Tunis, les marchands et sujets de ce roi seront tenus d'aller avec le navire du Grand-Maître ou de la Religion, ou de ses sujets, en leur payant les droits accoutumés et en les défendant ou conservant, eux et leurs meubles, contre tous ennemis.

4° Toute navigation et tout commerce seront libres entre les deux parties ; les uns ne donneront ni empêchement, ni dommage aux vaisseaux et sujets de l'autre et spécialement les musulmans, sujets du roi de Tunis, seront assurés et bienvenus dans tout le territoire de la Religion ; il leur sera permis de s'y pourvoir de maisons et de magasins à leurs dépens et sauf les droits du commerce et tous se muniront de vivres et de rafraîchissements les uns sur les terres des autres.

5° Le Grand-Maître et la Religion entretiendront un consul à Tripoli ; il y jouira des privilèges accoutumés.

6° Le Grand-Maître et la Religion tireront, quand bon leur semblera, 30,000 muids de froment des terres du roi de Tunis, lesquels muids seront francs de toute imposition, quelque temps de cherté que ce soit.

7° S'il advenait qu'un navire conduisant des Maures, sujets du roi de Tunis, fût pris, offensé et endommagé, le roi en étant averti aurait le droit de faire arrêter en ses ports les marchands et saisir les marchandises de la nation qui aurait fait cette injure et ce dommage, jusqu'à ce qu'il soit pleinement indemnisé.

8° Cette paix est conclue et arrêtée pour 31 ans,

sous réserve que celui qui la voudrait rompre devra en donner avis au parti contraire deux ans auparavant.

Hiérosyme Barbo, marchand de Rhodes, fut nommé consul à Tunis et à Tripoli.

1462. 2 décembre. — Lettre du conseiller de la commune de Barcelone au roi de Tunis, Abou-Omar-Othman, pour le prier d'accorder, comme par le passé, à ses concitoyens les faveurs et les facilités dont les Tunisiens avaient toujours joui en Aragon.

1465. — Décadence du commerce des Génois dans la Méditerranée. Il se maintient encore en Afrique.

15 mai. Prolongation, pour 30 ans, du traité de 1445 entre Gênes et Tunis.

Les Génois construisent le *Fort Génois*, sur des bancs de coraux de la rade de Bône, vers le cap de Garde.

Traité entre Venise et le roi de Tunis.

Ce sont presque les derniers diplômes que nous ayons du temps des dynasties arabes ou barbares qui ont régné dans l'Afrique septentrionale, jusqu'à la conquête de Tunis par les Turcs.

1470-1479. — Ambassade infructueuse des Siciliens à Tunis.

Prise de Tanger et d'Argilla par les Portugais.

1472. — Un ambassadeur du roi Alphonse V, dit l'Africain, roi de Portugal, s'occupe, à la demande du vice-roi de Sicile, de la délivrance de 100 Siciliens captifs à Tunis.

1474. 1ᵉʳ janvier. — Trêve de deux ans entre Tunis, la Sicile, Malte et leurs dépendances.

1482. — Le roi de France, Louis XI, adresse au roi de Tunis, Abou-Omar-Othman, des lettres pour lui annoncer son accession à la souveraineté de Provence, dont il venait d'hériter à la mort de son cousin, le comte Charles III d'Anjou. Il l'entretient de son désir de continuer et de développer avec la Tunisie le commerce des Provençaux.

D'après certains documents, il semble résulter que le roi de France, pas plus que le comte de Provence, n'avaient de consul à Tunis et à Bône.

1460. 27 janvier. — Gênes augmente de 5 0/0 les abonnements à payer par les fermiers de l'ancien et nouvel impôt sur les marchandises de Tunis et cède ces revenus à la banque de Saint-Georges.

1499. — Les Maures d'Espagne viennent se fixer en Afrique.

Dans ce siècle, Montpellier fut, en France, le centre des affaires maritimes, comme elle l'avait déjà été avec Narbonne, du temps de Seroller.

Dans un éloge de Jacques Cœur, par Thomas Basin, nous lisons : « C'est cet argentier de Charles VII qui le premier esquipa des galères. Ses vaisseaux emportèrent des draps de laine et autres objets manufacturés de ce royaume sur les rivages d'Afrique. » (Histoire des règnes de Charles VII et de Louis XI, t. Ier, p. 243).

Bougie, Tunis et Tripoli sont les pays désignés, par Basin, sous le nom d'Afrique.

Mathieu d'Escouchy dit que les navires de Jacques Cœur allaient en Barbarie et jusqu'en Babilone (Ed. de Beaucourt, t. II, p. 281).

A Marseille, l'extraction continue des peaux de Barbarie et des écorces tanniques favorise les tanneurs.

Les navires roussillonnais partent de Collioure, de Port-Vendres et de Canet, bravent les corsaires et vont jusqu'à Tunis, Alger et Dellis.

Les vaisseaux bayonnais se rendent à Tunis et à Bougie.

Quoique trafiquant avec toute l'Europe, c'est avec la France et les Républiques italiennes que Tunis fait le plus d'affaires, ainsi que Bougie, Tlemcem, Bône, Constantine, Stora et Oran.

Au Salon de Paris, de 1873, notre attention fut attirée par un tableau d'Albert Maignard, qui avait pour titre : le *Favori de la Veille, au xve siècle.*

« Sur la plus haute tour d'un château d'une ville maure, qui domine la cité et le port, se dresse un poteau de justice. Une seule tête, mais une tête de marque, pend aux crocs de cet étal de boucherie humaine. Au pied du poteau, sur la saillie de la plate-forme, mettant à profit l'ombre maigre que leur donne la crête de la muraille, trois personnages aspirent tranquillement la brise de la mer. L'un, complètement armé, est une sentinelle commise à la garde de ce spectacle funèbre. Il porte un casque, une cotte de mailles, un long manteau entr'ouvert sur la poitrine et laissant apercevoir les manches de plusieurs poignards passés dans le ceinturon du guerrier qui appuie sa main droite sur la garde d'une longue et redoutable épée, tandis que, avec la main gauche, il ramène les bords de son manteau autour de son cou. Les deux autres sont le bourreau et son valet. Leur besogne faite, après avoir bu une gorgée dans ces cruches placées à l'ombre du créneau, ils se sont accroupis en attendant de nouvelles victimes, car la chute d'un favori amène inévitablement celle de ses créatures. »

En ces siècles-là, verser le sang était le premier acte d'un pouvoir nouveau. Aussi le peintre avait-il pris pour épigraphe ce passage d'un romancier malagais :

« Il fut la proie des corbeaux qu'il avait nourris de la chair de ses ennemis. *Hodie mihi, cras tibi...* Aujourd'hui, c'est à moi ; demain ce sera ton tour ! » Nous en verrons malheureusement bien d'autres dans le cours de cette histoire ; Tunis va bientôt être plus que jamais ensanglantée par les révolutions et les guerres civiles ! »

1504. 13 mai. — La République de Gênes établit certains droits sur le commerce avec les pays soumis aux Arabes pour indemniser quelques marchands génois qui avaient éprouvé des dommages dans le royaume d'Afrique.

1505. — Mers-El-Kebbir est conquise par l'Espagne.

1508. — Le « Pénon » d'Alger est pris par les Espagnols, conduits par le cardinal Ximénès, ministre de Ferdinand le Catholique.

1512. — Abou-Abd-Allah-Mohammed, roi de Tunis, deuxième successeur d'Abou-Omar-Othman, son grand-oncle, reçoit de la république de Florence une lettre dans laquelle cet État se loue des sentiments bienveillants du roi.

1514. 20 février. — Le sénat de Gênes exempte les marchandises provenant de Tunisie et de la Barbarie d'un impôt nouvellement établi pour ne point aggraver les charges si lourdes qui les grevaient déjà.

1515. — Les deux forbans, Horuc et Barberousse (fils d'un potier de Lesbos), s'emparent d'Alger et des côtes de l'Afrique.

1517. — Ils s'allient aux Turcs et recommencent la traite des blancs.

1518. — Prise du royaume de Tlemcem par Barberousse II.

Barberousse II (Kaïr-Eddyn), frère du célèbre corsaire, fut proclamé, à la mort de celui-ci, roi des Algériens et capitaine général de la mer du commun accord de tous les chefs pirates. Après deux ans de règne, craignant une révolte dans ses Etats, il se mit sous la protection de la Porte, à laquelle il céda la souveraineté d'Alger.

Sélim Ier, sultan des Turcs, le nomma pacha ou vice-roi et lui envoya 2,000 janissaires.

1520. — Grâce aux *Capitulations* de ses rois, la France jouit de certains privilèges et, en 1520, une compagnie française acquérait le droit exclusif de la pêche du corail et de l'exportation des produits du pays situé entre Bougie et Tunis.

1522. — Kaïr-Eddyn exécuta alors deux grands projets qu'il méditait depuis longtemps : il se rendit maître de la forteresse élevée par les Espagnols près d'Alger et fit construire un môle pour former un nouveau port. 30,000 esclaves chrétiens y travaillèrent avec tant d'activité que cet ouvrage fut terminé en moins de deux ans. Kaïr-Eddyn se vit désormais en état de lutter contre tous les navires qui naviguaient vers les côtes de Barbarie.

Soliman II, voulant l'opposer au célèbre Doria, le créa amiral de toutes ses flottes.

PRISE DE TUNIS PAR BARBEROUSSE II

1524. — Le 24 février, l'office de Saint-Georges, à Gênes, considérant la diminution des anciennes associations ou emprunts contractés spécialement pour le commerce de Tunis, en 1444, 1519 et 1520, remet les gestions particulières de ces emprunts aux comptes généraux de la Banque.

Kaïr-Eddyn alla rendre hommage au sultan à Constantinople, et lui offrir Tunis qu'il s'engageait à conquérir en son nom. Il reçut des mains de ce prince un sceptre, une épée et 80,000 ducats pour frais de guerre.

Rempli du désir de soumettre toute la Barbarie, il mit à la voile avec 80 galères et plusieurs galiotes, ravagea les côtes d'Italie, jeta l'épouvante à Rome, cingla de là pour l'Afrique, où il prit Bizerte et Tunis.

1533. — Charles-Quint fait détruire One qui servait de port à Tlemcem et qui était située entre l'embouchure de la Tafna et la ville actuelle de Nemours. Le cap voisin porte encore le nom de cap Hone ou de cap Noe. — Honein, Onain; Hone ou One.

CHARLES-QUINT A TUNIS

1535. — L'empereur Charles-Quint, craignant que Kaïr-Eddyn attaquât ses Etats, vint en personne disputer à cet heureux aventurier la possession de Tunis, et débarqua près de cette ville avec une puissante armée composée de 27,000 espagnols, portugais, flamands, génois, sardes, italiens et maltais; sa flotte était de 410 navires à voiles. L'empereur était parti de Barcelone.

Kaïr-Eddyn, résolu de tenir tête au plus puissant souverain de la chrétienté, marche avec ses soldats contre Charles-Quint. Le combat fut vif, mais court. Les Maures ayant tourné le dos, Kaïr-Eddyn s'enferma dans Tunis. Les captifs chrétiens, au nombre de 20,000 environ, employés à la création du canal de La Goulette, brisèrent leurs chaînes, se révoltèrent et fondirent sur les Turcs. Kaïr-Eddyn dut quitter précipitamment Tunis, abandonner cette ville à Charles-Quint et se réfugier à Bizerte, d'où il sortit nuitamment à la tête d'une escadre pour se venger de son échec en Afrique.

Charles-Quint rétablit Muley-Assez sur le trône de Tunis et délivra tous les captifs chrétiens. Muley-Assez reconnut la suzeraineté de l'Espagne.

L'empereur fit bâtir un fort à La Goulette et y laissa une garnison commandée par Bernardin de Mendosa.

Sur ses ordres, on dessina l'aqueduc de Carthage et le fameux Titien arrangea ce dessin pour servir de modèle à une tapisserie que la cour d'Autriche a dû faire exécuter (*Fischer d'Erlach*, Architecture historique, livre II, planche 2, Vienne, 1721).

Voici la traduction du traité passé entre Muley-Assez et Charles-Quint :

1º Muley-Assez devait envoyer tous les ans, à Charles-Quint et à ses successeurs : 2 faucons, 2 chevaux de Numidie (quelques commentateurs mettent 6 chevaux et 12 faucons). Avec ces clauses que ledit Muley y manquant pour la première fois paierait une amende de 50,000 écus ; pour la seconde de 100,000 écus et pour la troisième encourerait la peine de rébellion et de lèse-majesté.

2º Qu'il tiendrait toujours le parti de l'empereur et serait autant ennemi des Turcs et ami des chrétiens que sa religion le permettrait.

3º Qu'il paierait, tous les ans, la solde de 1,000 ou 1,200 Espagnols que l'empereur tenait au fort de La Goulette.

4º Qu'il ne serait permis, à l'avenir, à l'empereur ni à ses successeurs d'assaillir, ni de prendre par force ou autrement, aucune place du royaume de Tunis appartenant à Muley, à l'exception de La Goulette.

Charles-Quint, en mémoire du secours qu'il avait donné à Muley et de ce que ses armes avaient été si heureuses, pour perpétuer le souvenir de cette guerre et pour reconnaître la valeur de ceux qui y prirent part, institua un ordre de chevalerie de la *Croix de Bourgogne*, dont les colliers étaient composés de deux bâtons en sautoir et au-dessus de la croix, il y avait un rabot avec ce mot : *Barbaria*.

Quant à la croix et au rabot, il l'avait emprunté à son bisaïeul le duc de Bourgogne qui, ayant des difficultés avec son neveu le duc d'Orléans, prit les deux bâtons noueux en sautoir avec un rabot qu'il fit mettre sur ses monnaies et sur ses étendards.

Muley avait fait crever les yeux de ses frères, sœurs, oncles, tantes, cousins, cousines et de tous ses proches parents qui descendaient du sang royal de Tunisie, puis avait fini par ordonner leur massacre.

Al-Raschid, qui avait pu se sauver, s'était allié à son beau-père Abd-Allah, xèque de Numidie. Al-Raschid ayant été vaincu demande des secours à Kaïr-Eddyn, qui s'en remet au sultan, fait arrêter Al-Raschid à Constantine, organise une armée contre Muley-Assez, à la tête de laquelle il prend Tunis. Muley-Assez se réfugie chez un de ses parents, Dorat, chef puissant des Vled-Aixa. C'est alors qu'il eut recours à Charles-Quint.

1536. — Un traité stipule la libre navigation des vaisseaux français et algériens-turcs dans ces deux empires.

Bône est reprise par le roi de Tunis aux Algériens.

1539-1540. — Soliman fait alliance avec le roi de France, François Ier, contre Charles-Quint et met en mer une flotte formidable. Venise veut rester neutre. Pour la punir, Kaïr-Eddyn, qui fut chargé de l'expédition, dévasta la Pouille, prit Castel-Nuovo, puis se replia sur Corfou qui lui résista. Il entra dans les îles de l'Archipel, prit Scyros, Pathmos, Paros, Egine et Naxos, ravagea la Candie et remporta sur la flotte des Vénitiens et des Espagnols une grande victoire près d'Ambrocie, vers le promontoire d'Actium. La flotte hispano-vénitienne était commandée par l'amiral Doria.

Les Vénitiens demandèrent la paix, Kaïr-Eddyn la leur accorda ; mais ils renoncèrent à tout ce qu'ils avaient perdu dans l'Archipel et durent payer en plus 300,000 ducats pour les frais de guerre.

Kaïr-Eddyn vint ensuite à Marseille, prêter le secours de sa flotte à François Ier, contre l'empereur.

1541. — Charles-Quint se mit à la tête d'une flotte considérable, commandée encore par André Doria, le glorieux vaincu d'Ambrocie. Le souverain et l'amiral avaient soif de vengeance. Ils se dirigent sur Alger. La tempête dispersa leurs vaisseaux. Charles-Quint, dont l'armée était harcelée par les Algériens, fut contraint de repasser en Espagne.

1546. — Mort de Kaïr-Eddyn. (En 1781 on publia une vie de Barberousse-Kaïr-Eddyn et on chercha à établir qu'il était français et de la famille d'Authon, en Saintonge. Ce n'est pas vraisemblable. Kaïr-Eddyn, corrompu par les historiens occidentaux en Haradian, est un surnom qui lui fut donné par Soliman et signifie le Bien de la Religion. Son nom exact est Hadher ou Hager).

Les Algériens nomment à sa place l'amiral Dragut, élève et ami du défunt. Soliman confirme ce choix. Dragut avait été d'abord domestique d'un corsaire. Il fit plusieurs courses à Naples et dans la Calabre. Jeannelin Doria, frère de l'amiral Doria, le fit prisonnier en 1550 et ne lui rendit la liberté qu'à prix d'argent.

1552. — Les chrétiens pillent Monastir et El-Méhadia.

Il existait à Tunis, avant l'établissement des Turcs, une petite population de chrétiens indigènes vivant à l'abri de ces sentiments d'équité et de tolérance que la chute de la civilisation n'avait pas tout à fait éteints chez les Magrebins.

Léon l'Africain, mort à Tunis en 1552, sous l'avant-dernier roi hafside, s'exprime ainsi : « Il y a, dans le faubourg situé près de la porte El-Manera, une rue particulière qui est comme un autre petit faubourg, dans laquelle habitent les chrétiens de Tunis. Ils sont employés à la garde du roi et ont quelques autres offices particuliers. Dans le faubourg qui est près de la mer, Beb-El-Baar (du côté de La Goulette) demeurent des marchands étrangers chrétiens, tels que les Génois, les Vénitiens et

les Catalans. Ils y ont leurs fondouks et leurs maisons particulières, séparées de celles des Maures. »
(Liv. V, chap. xxi, p. 120 et 122).

1553. — Lofredo, général napolitain, veut aider Muley-Assez-El-Hafsi, chassé une seconde fois de Tunis par le peuple révolté, à reprendre cette ville. Leurs troupes sont taillées en pièces et Muley fait prisonnier par son fils Muley-Hamouda qui donne l'ordre de lui crever les yeux ainsi qu'à ses fils Naassar et Abdala. Des serviteurs les font échapper ; ils se réfugient à Naples. Les serviteurs sont coupés en morceaux et servis en curée aux chiens.

1558. — Une espèce de pyramide, haute de 25 à 30 pieds, fut élevée au centre de l'île de Djerba, avec les têtes des Espagnols qui périrent dans un combat, sous les ordres du duc de Médina-Cœli et d'André Doria, contre les forces ottomanes, commandées par Kara-Moustapha.

1560. — Dragut, bloqué dans l'île Djerba, par André Doria, lui échappa par son audace. Dragut s'était emparé de cette île par une horrible perfidie. Ayant fait venir à Tripoli, dont il s'était rendu maître, et sous prétexte d'amitié, un certain Soliman, seigneur de cette île, il l'avait fait pendre pour la lui enlever. Reprise par les chrétiens, elle retomba ensuite aux mains de Dragut, aidé des Turcs.

1563. — Elie de Pesaro, dans le récit de son voyage de Venise à Chypre, parle ainsi de la marine :

« Les galéasses semblables, sur le même type, ont 70 aunes italiennes moyennes de long, sur 18 de large ; elles sont armées de pièces de grosse artillerie, de mousquets, de fauconneaux, d'arquebuses, de boîtes à mitraille, d'obusiers, de boulets pleins de poudre. Elles ont trois mâts, un grand, un moyen et un plus petit. Le premier a la voile la plus large, *artimon* (cette désignation ne se rattache qu'aux vieilles galères), composée de 5 pièces formant 2,500 aunes de toile, remplacée quelquefois par la *tezeruole* de 1,700 aunes. En temps d'orage on emploie le *sfapeco* de 1,000 aunes ; enfin la *legonenia* de 1,000 aunes, dans les grands dangers. Le deuxième mât moyen, près de la poupe, porte la voile de *misainé* (mesana) de 1,000 aunes. Le troisième mât, placé en avant, soutient la *trinchetta* de 300 aunes. »

(Les galéasses étaient de très grands bateaux, usités dès les premiers siècles, dans la Méditerranée comme vaisseaux marchands, surtout dans la république de Venise. Comme vaisseau de guerre, la galéasse reçut une forme spéciale en 1560, par les soins de Giovanni Andréa Bedoaro).

1564. — Les *Capitulations* des rois de France transforment le consul de France à Alger, en protecteur des commerçants de toutes les nations chrétiennes. Les Algériens respectent mal les traités et pillent, sans se gêner, les comptoirs.

1569. — Muley-Hamouda, dernier roi de Tunis, de la dynastie des Hafsides, est renversé par le gouverneur espagnol de La Goulette, tandis qu'il était allé soumettre Biserte. Il est remplacé par son oncle Abd-El-Melek, qui meurt au bout de six semaines. Les Espagnols placent sur le trône son fils Mohammed, âgé de 12 ans, sous la tutelle de trois ministres. Le peuple rappelle Houmada. Massacre à Tunis.

1570. — Houmada est, en 1570, chassé de Tunis par Aly-Kilidj, dey d'Alger.

1573. — Houmada, avec l'aide des Espagnols, parvient à reprendre Tunis. Ses sujets se révoltent contre lui ; il passe en Sicile, où il se fait chrétien.

Don Juan d'Autriche prend Tunis au nom de son frère Philippe II, ne rase pas la ville, y laisse une garnison de 4,000 hommes.

Occhialy reprit, la même année, Tunis aux Espagnols.

LES TURCS A TUNIS

1574. — Muley-Mohammed est détrôné par Sinam-Pacha qui prit La Goulette et Tunis et y établit le gouvernement turc, mettant ainsi fin à la dynastie des Hafsides.

Sinam-Pacha était un renégat de Florence ou de Milan, appartenant à la famille Visconti. Il démantela les forteresses du royaume de Tunis, qui, sous une nouvelle forme de gouvernement vassal et tributaire de la Porte, put échapper au joug et se régir par ses propres lois. Le grand-vizir de Sélim II, Sinam, chassa également les Espagnols qui possédaient non-seulement La Goulette, mais encore plusieurs autres places fortes.

La première forme de gouvernement à Tunis est due à Abou-Farez, qui en fut le premier roi. Il établit à sa cour les mêmes charges et cérémonies qu'à celle du Maroc. Il y avait le *Munafit*, vice-roi, premier ministre rendant compte au roi, réglant les affaires, nommant les officiers militaires et civils ; le *Mézuar*, général des troupes, commandant la garde particulière du roi. Le troisième officier était le grand-maître de la maison du roi, surintendant de ses bâtiments, ayant une juridiction civile et criminelle. Le quatrième officier était le *Sahab-Tunes*, présidant à la justice, intendant général de la police, conduisant les troupes pour réprimer les courses des Arabes, faisant toutes les nuits la ronde avec plus de 200 archers, il avait le droit de faire saisir et de punir les malfaiteurs. Le cinquième officier était le secrétaire d'État. Le sixième, le grand écuyer (favori). Le septième, le surintendant des finances, recevant les revenus et payant sur l'ordre du roi, signé du *Munafit* ou du

Mézuar. Le huitième était le trésorier de l'épargne, faisant verser dans sa caisse tout ce qui provenait des impôts établis sur les marchandises, suprême inspecteur sur tous les commis de ce département. Le neuvième était le Grand-Douanier, percevant les droits des marchandises qui entraient ou sortaient par mer. Le dixième était le Grand-Maître d'hôtel, commissaire général des vivres, chargé de la surveillance de la table du roi, de sa garde-robe, de celles de ses femmes, de ses enfants, des eunuques, etc. Le onzième officier était le Receveur général des Domaines.

La garde du roi se composait de 1,500 chevau-légers, Missarabes ou renégats, 150 cavaliers maures, 100 arbalétriers chrétiens ou renégats (Gardes du corps) et de 100 archers turcs qui marchaient devant lui. Lorsqu'il sortait à cheval, son grand-estaffier portant une lance droite, tenait son étrier ; à sa gauche, un autre officier portait sa rondache et un troisième, derrière, lui tenait un cheval de main et une arbalète.

Cette forme de gouvernement subsista jusqu'en 1575.

(Aïn-Madhi fut fondée par Kaïr-Eddyn. C'est, aujourd'hui, le centre d'un des ordres les plus répandus en Algérie, qui a des adeptes (celui des Tedjini) dans tout le Sahara, depuis Fez jusqu'en Tunisie et dont le bey Mohammed-Es-Saddock faisait lui-même partie. La Zaouïa de l'ordre occupe environ un cinquième de la ville, et la belle mosquée qui s'y trouve renferme plusieurs présents de ce souverain, ainsi qu'un certain nombre de tombeaux de la famille des Tedjini.

Aïn-Madhi est une ville de cent maisons, entre Lagouah et Aflou, dans la province d'Alger. Assiégée par l'émir Abd-El-Kader, des travaux d'approche très sérieux y furent exécutés par ordre de ce vaillant et incomparable chef. Le siège dura neuf mois.

Abd-El-Kader détruisit un à un les jardins et en fit scier les palmiers. Aujourd'hui encore le voyageur est frappé par l'absence de ces arbres qui, d'ordinaire, forment une verte ceinture autour des *Ksours* du Sahara. Les murs sont à créneaux, de 8 mètres de haut. On entre dans Aïn-Madhi par deux portes, dont l'une est fort remarquable, flanquée de tours, avec avancée et place d'armes. Sinam-Pacha, pour s'assurer la possession de Tunis lui donna un puissant protecteur : le sultan. Il établit une milice de 5,000 turcs, partagée en 200 pavillons, c'est-à-dire en autant de compagnies de 25 hommes. C'est ce qu'on nomma *Oldakat* ; chaque oldakat eut son capitaine appelé *Oldak-Bachi* ou plus ancien soldat de la compagnie. Ils devenaient avec le temps et les faveurs *exempts du Bacha* puis *Bachi-Odolar*, enfin Bolouks-Bachis ou *Aga*, et ils étaient envoyés comme commandants dans les garnisons.

Sinam-Pacha établit le *divan*. Il le composa de gens de guerre et lui attribua une grande autorité. Le *Bacha* y assistait au nom du sultan qu'il représentait. Le *bey*, dans ce temps-là, n'était que le receveur des deniers publics et des tributs payés par les Maures à l'Etat ; sa charge était annuelle. Mais, l'argent que ces officiers eurent occasion de ramasser et l'autorité qu'ils acquirent sur les troupes qui leur étaient confiées pour forcer les tributaires à payer, furent l'origine de l'accroissement de leur puissance et de l'abaissement de celle du *Bacha* et du *divan*.

Sinam, quoique sous la protection du sultan, fut réellement souverain de Tunis.

Son successeur, Kili-Ali-Pacha, se fit haïr et mépriser de la milice et du divan. A sa mort, son autorité fut transportée à l'*Aga* du divan. Depuis lors, les pachas ne furent plus que les simples ministres du sultan et leur avis dans les affaires du gouvernement fut d'un bien médiocre poids.

(Sinam-Pacha avait recueilli 4,000 exemplaires du Coran, aussi remarquables les uns que les autres par le luxe de la reliure que par la perfection des ornements et de calligraphie.)

La présidence du divan étant, à bien dire, la propriété des Bolouks-Bachis ou Aga, ceux-ci ne manquèrent pas d'en abuser souvent pour commettre toutes sortes de violences.

Si nous en croyons certains auteurs, Kili-Ali-

Pacha aurait été assassiné, et, en 1575, Ibrahim, deuxième dey de Tunis, se serait enfui à La Mecque pour éviter le sort de son prédécesseur.

Le premier dey de Tunis aurait porté le titre de *calife*.

Depuis ce temps, jusqu'à Mohammed-Cogia, 23 deys régnèrent à Tunis, et sauf 5, tous ces deys furent détrônés ou périrent de mort violente.

En 1575, un renégat génois, commandant les galères de Bizerte, aurait réduit à l'esclavage plus de 20,000 chrétiens.

RÉCIT DE LASSIS-PACHA

1588. — Tunis possède 9 bagnes : ceux d'Issouf-Dey, Morat-Bey, de la Patronne, de Soliman, de Sidi-Mamet, du Bacha et de Mamy Cigale, etc.

1594. — Insurrection de la milice qui met fin à la domination des pachas. Un dey, avec une puissance très limitée, fut placé à la tête du divan, sous la dépendance du divan et du bey.

Avant de nous occuper du siècle suivant, nous croyons devoir placer ici le *récit* de Mohammed-Lassis Pacha, chassé de Tunis par ses concitoyens et obligé de venir à Constantinople implorer le secours de la Porte :

« Soliman, encouragé par Barberousse, veut s'emparer de la Barbarie et de la Tunisie.

« Sultan-Hassan, fils de Sultan-Hassis, régnait

sur l'Afrique. Vingtième roi de sa race. Trop faible pour se défendre, il fut chassé. Il implora le secours des princes chrétiens. Barberousse vit fondre sur lui les forces d'Italie, d'Espagne et de l'Empire commandées par Charles-Quint qui, après avoir remis Hassan sur son trône, le rendit tributaire et garda quelques places maritimes.

« Les Tunisiens inconstants se lassèrent du joug des Espagnols et s'adressèrent à Sélim, fils de Soliman, qui leur donna des troupes pour reprendre les places occupées par les Espagnols et établit la domination turque à Tunis.

« Philippe II, en apprenant la perte de cet État, envoya une puissante armée, sous les ordres de don Juan d'Autriche; les Turcs furent battus sur terre et sur mer.

« Mohammed fut mis sur le trône aux conditions acceptées par Hassan; don Juan fortifia La Goulette, bâtit un fort entre cette place et Tunis et y laissa 6,000 Espagnols, 500 pièces de canons, commandés par Gabriel Serbellon.

1575. — « Sélim envoya au printemps son grand-vizir Sinam-Pacha, avec 268 galères, 15 galéasses, 15 gros navires. L'armée était dirigée par Sinam; la flotte par le renégat calabrais Killich-Aly. La flotte ravagea d'abord les côtes de la Calabre, la Sicile, prit Messine, brûla plusieurs navires et vint se mettre à l'ancre assez près de La Goulette.

« Après 30 jours de siège, Sinam força La Goulette ; il entra quelques jours après à Tunis et prit ensuite le nouveau fort. La plus grande partie des Espagnols périt dans cette occasion, les autres furent mis à la chaîne.

« Sinam donna le gouvernement à Killich-Aly, rasa le nouveau fort, rétablit La Goulette et y laissa une forte garnison turque.

« Sinam établit le *divan*, l'administration, etc.

« Le peuple, trouvant la domination de Killich-Aly par trop tyrannique, résolut de la transférer à l'*aga* du *divan*. Le trésorier reçut l'ordre de lui remettre la somme nécessaire pour la solde des troupes, et, pour le consoler, il eut pour sa subsistance la dîme du territoire de Tunis et le dixième sur toutes les prises.

1577. — « Killich-Aly céda et mourut deux ans après sa nomination par Sinam-Pacha.

« On s'aperçut bientôt que l'on n'avait point gagné au change, puisque le pacha, dans trois ans pouvait faire du bien, mais que l'*aga* en six mois ne pouvait gouverner sans y mettre du sien, ou alors sans recourir aux violences et aux concussions.

« On résolut de revenir à la royauté.

1595. — « Osman, homme sage et courageux, désintéressé et intègre, est élevé au pouvoir. On lui donne le château pour palais, une garde turque commandée par un aga, 60,000 piastres de revenu et on le fit maître du casuel du royaume. Pour n'être pas à la discrétion du pacha, Osman mit sur pied un corps de 2,000 Maures naturels qui furent les zouaves. Il y ajouta d'autres milices pour garder la ville.

« Le pacha recevait les ordres de la Porte et commandait 3,000 janissaires ; le bey, sous prétexte de lever les impôts, avait de nombreuses troupes sous ses ordres. Ces deux personnages partageaient le pouvoir avec le roi. Nous verrons bientôt le bey l'usurper complètement.

1607. — « Le règne plein de douceur d'Osman dura jusqu'à 1607.

1607-1612. — « Yousouf, qui fut élu après lui, montra les mêmes qualités ; il régna vingt cinq ans, laissa un fils opulent en argent, en maisons et en esclaves.

1622. — « Le 20 septembre, meurt à Palerme Ajoja, fils du roi de Tunis.

(Ce jeune prince, voulant embrasser le christianisme, était venu se faire baptiser dans la capitale de la Sicile. Il avait pris le nom de Philippe d'Autriche.

On voyait encore en 1850, dans la sépulture des Capucins, à Palerme, une tête de mort coiffée d'une couronne royale, et que les Pères disaient être celle d'Ajoja.)

1632-1645. — « Yousouf fut remplacé par le renégat Mourad, général des galères de Tunis, qui passait pour un hardi corsaire. Mourad fut intègre et clément, ce qui peut paraître étrange, si l'on songe à ses antécédents.

1646-1649. — « Ahmed Codjia prend la place de Mourad. Tout son soin fut d'amasser des trésors. Il semblait qu'il n'avait que trois ans à régner. Il laissa d'immenses richesses à ses enfants Mohammed, Seïbir, Hamud et Mohemmet.

1649-1656. — « Mameth Lassis meurt sans héritier. Le divan s'empare de ses biens.

1656-1668. — « Mustapha, longtemps esclave sur les galères de Malte, est nommé roi. Sa bonne conduite efface sa naissance. Il mourut sans postérité.

1668. — « Karaguze fait une brigue si forte qu'il s'empare sans peine de la souveraineté.

1669-1670. — « Agi-Aly, mis à la place de Karaguze, qui meurt de chagrin, est paralysé. On le remplace par Mameth, fils d'Amouda.

1670. — « Cabale de Chaban Codgia. Il monte au château en l'absence des beys, se fait reconnaître et reçoit les hommages. Il ordonna de conduire son prédécesseur dans la maison de son lieutenant, sous peine de mort d'en sortir. Il rétablit la police à Tunis, l'ordre dans le royaume, mais il s'abandonna vite aux plaisirs, vendit la justice, pilla, thésaurisa et exerça tous les vices. Sur les conseils de Mameth, il chercha à entreprendre la ruine des beys, qui marchèrent sur Tunis avec 50,000 hommes. Une entrevue fut ménagée par les chefs turcs. Mameth Lassis fit arrêter les députés des beys qui portaient leur réponse au divan. Ces députés étaient dom Philippe, fils du roi Ahmed Codjia et Mameth Dgafer. Dom Philippe put s'échapper du château de Kéfissa. Néanmoins, les autres envoyés purent arriver au divan, et Chaban fut relégué à Joan, où il mourut quelques jours après d'une mort qui ne parut point naturelle.

« Menteffelly est proclamé à sa place. Les beys redeviennent maîtres du royaume. Conspiration des habitants turcs de Tunis qui redoutaient le pouvoir toujours croissant des beys. Aly-Berber, pacha de Tunis, les seconde, le château est investi et Aly-Lassis est mis sur le trône. Soulèvement des Tunisiens à la suite du refus, par Mourat et Mameth, de rendre leur otage Calesser, parent du roi. Retour à Tunis de Mameth, fils de Mourad, ignorant ce qui s'était passé et rapportant les tributs qu'il avait reçus. Il reçoit un accueil très froid du roi et du pacha. Tandis qu'il est à causer chez son oncle Hassan, on entend un grand bruit, ce sont les Tunisiens qui massacrent et mettent en pièces Mourad, un renégat portugais, Zorzenaka, Assan, Sachel, Regep, Kelil et Armanli, suspectés de correspondance avec les beys. Le jeune Mameth engage son oncle à quitter Tunis. Celui-ci refuse, ne voulant pas abandonner sa femme. Mameth s'enfuit seul. On entre de force chez Hassan, on se saisit de lui, on le jette en prison, et on l'eût fait mourir si l'on n'eût pas craint la vengeance de ses frères qui tenaient encore la campagne.

« Le roi encourageait le peuple. Tous les jours, ce ne fut que proscriptions ; pillages des maisons appartenant aux beys ou à leurs amis ; assassinats et incendies. Enfin, le roi assembla le divan et lui remontra qu'il était injuste que le beylicat fût héréditaire et qu'il était temps que le roi et le divan puissent disposer de cette charge. Cette proposition fut bien accueillie. Le beylicat fut donné à Méhémet-Aga. Le *muphti* exposa qu'il était dangereux d'écouter des rapports n'ayant pour intérêt que la haine. Bournaca achève de décider le peuple qui se porte aux palais des deux beys, brise les portes, démolit les maisons, tue les domestiques, fait violence aux femmes. Le roi demande des secours aux Algériens et prie Dom Philippe de revenir à Tunis. Les Algériens forcent ce dernier à commander 500 cavaliers qui arrivèrent trop tard. La roi envoie au château chercher Méhémet-Dgafer. Le gouverneur, voyant que l'ordre n'est pas signé des beys, le fait poignarder et va rejoindre leur armée. Les beys assiègent Tunis. Le roi relègue à Souse le pacha Aly-Berber. Arrivée de l'armée des beys devant Tunis avec 60,000 hommes. Les Tunisiens cherchent à se garantir de l'orage qui menaçait. Les troupes tunisiennes comprennent 3,000 janissaires ; 2,000 zouaves ; 8,000 fantassins et 500 cavaliers auxiliaires ; un corps de cavalerie de 12,000 Oledi-Segdi, plus les gens capables de porter une arme, en tout 25,000. Le bey Mourad engage la bataille près du Bardo. Les Tunisiens sont complètement défaits. Le nouveau bey Méhémet-Aga, qui commandait l'avant-garde, lâcha pied le premier ; les cavaleries turques et arabes durent leur salut à la fuite ; l'infanterie turque fut massacrée.

« Mameth poursuit les vaincus jusqu'à la ville. Le carnage fut épouvantable. Du haut des murailles les femmes voyaient égorger leurs maris. Le roi et ses amis s'enferment dans le château. Le divan les somme de se rendre. Il obtint pour ses gens un refuge dans la mosquée Sydi-Mers et pour lui un exil à la Mannetha. Les beys lui tendirent une embuscade dans laquelle il tomba. On le tua sans merci, après avoir creusé sa fosse devant lui. Une sédition l'avait mis sur le trône, une sédition le renversa.

« Dom Philippe arriva alors avec ses 500 cavaliers et retourna à Alger porter la nouvelle de ces événements.

« Caide Aly, sur l'ordre des beys, attaque la mosquée Sydi-Mers à coups de canons ; ceux qui s'y étaient réfugiés furent écrasés sous ses ruines. Bournaca et Adgi-Aly, fauteurs du désordre, eurent la tête tranchée et on les promena trois jours dans la ville. Mameth-Aga, rencontré 40 jours plus tard, sur le chemin de Tripoli, mourut dans les supplices.

« Topal-Mourat, *Kiaia* du roi, fut écorché vif.

« Enfin Mameth-Lassis et ses neveux entrèrent triomphalement à Tunis et rétablirent Montefelly sur son trône.

« Montefelly rappela Aly-Berber, lui rendit son gouvernement et tira de lui et du divan des actes déclarant que cette guerre avait été juste et nécessaire, pour punir les factieux.

« Des ambassadeurs spéciaux nommés par le roi et le bey se rendirent auprès du sultan avec les actes et des cadeaux superbes. Le sultan leur donna des titres d'approbation.

« Nouvelle révolte dirigée par Belcassino-Choc, créature de Mameth-Lassis, seigneur dominant des montagnes de Caravan, Zelleti, Souze, etc. Les troupes de Belcassino et de Mammeth se rencontrent ; Assan-Aga, lieutenant des beys, est renversé d'un coup de mousquet. Mammeth fait sonner la retraite et envoie un exprès à Mourad pour lui demander des secours. Sur le conseil de ce dernier, Mammeth se replie, fortifie ses positions. Le théâtre de la guerre était sur la montagne de Zelleti, à cent milles de Tunis. L'armée des beys se composait de 5,000 spahis, porteurs d'armes à feu, 2,000 fantassins turcs, 2,500 zouaves, 600 Andalous ou Maures chassés d'Espagne, etc. 500 principaux personnages du royaume suivaient volontairement les beys.

« Le 14 mars 1674, les beys passent ces troupes en revue dans une belle plaine entre l'habitation de Belcassino et la montagne de Caravan. Leur armée est inutilement attaquée ; le lendemain Mourad fait couper les oliviers par 400 esclaves, les chameaux en mangent la verdure. Les rebelles perdent ainsi, en un jour, l'espérance de la récolte de plusieurs années et commencent à murmurer contre Belcassino. Nouvelle attaque. Les gens de Belcassino lâchent pied. Les rebelles demandent enfin la paix ; on apporte, au bout d'une lance, la tête de Belcassino. On leur avait amené aussi un chérif conseiller et confident de Belcassino ; les beys le font attacher à un canon chargé de cartouches, ce fut là tout le respect qu'ils eurent pour le sang du Prophète. Les autres chefs rebelles furent tués l'un après l'autre à coups de mousquets. Les beys ramenèrent leur armée à Tunis. Le roi, le divan, le pacha vinrent au-devant d'eux et le peuple se réjouit de leur victoire.

1675. 19 août. — « Mort du bey Mourad au Bardo. Par testament, son père Amouda avait ordonné que son palais du Bardo serait possédé en commun, par ses trois fils, comme un lieu de plaisir propre à les assembler et à les entretenir dans l'union qu'il leur avait tant recommandée.

(Le Bardo avait été construit sur l'ordre de Muley-Assez, roi de Tunis. Mourad l'avait embelli. Cet édifice était enrichi de colonnes de marbre et de porphyre ; les dorures, les plafonds, les peintures à l'arabesque, le marbre des appartements, la somptuosité des vaisselles, tout y marquait la magnificence du maître. Les jardins, plantés d'orangers, les palissades de grenadiers et de jasmins, les ombrages, les parterres, les canaux, les fontaines y formaient déjà, au xviie siècle, le plus délicieux séjour de l'Afrique, malheureusement les guerres y ont, depuis cette époque, ravagé bien des ornements et y ont souvent même à peine laissé les beautés de la nature).

« Division entre Mammeth et son frère Ally, les deux fils de Mourad. Aly supplie son oncle Mameth-Lassis de prendre le beylicat. Mameth refuse.

« A la nouvelle de la mort de son père, Mammeth revenait de percevoir des tributs. Aly va au-devant de lui, le salue du nom de bey. Mammeth, au lieu de faire son entrée à Tunis, se renferma au Bardo avec Aly. Ils n'y vécurent pas longtemps en paix. Les neveux et l'oncle se brouillèrent à la suite de la fausse nouvelle de l'attaque du Bardo par celui-ci.

« Le roi refuse la charge de bey à Mammeth. Mameth Lassis partage, devant le roi, ses biens entre ses neveux et devient bey unique. Mammeth, dans son ressentiment et son ingratitude, lève des troupes contre son oncle. Ruse du roi qui fait dire à Lassis que le divan, étonné de ne pas avoir été prévenu de cette campagne, le priait de revenir s'expliquer à Tunis, qu'on avait résolu de ramener son neveu par la douceur. Le bey ordonne à Aly de faire marcher ses troupes à Tunis et de renvoyer les Arabes. Aly cherche en vain à l'en dissuader.

« Mammeth arrive devant Tunis avec ses soldats. Lassis, se voyant trahi, envoie des amis à son neveu lui présenter l'étendard de bey et lui offrir toute sa charge. « Apportez-moi sa tête, ou remportez votre étendard, dit celui-ci. » Lassis s'entend avec Santy, consul génois, qui offre au capitaine d'une tartane française un nolis suffisant pour le disposer à se rendre à Constantinople. On porta, pendant la nuit, sur le navire, ce que Lassis avait de plus précieux et le lendemain on appareilla. Lassis et ses amis se rendirent à bord, tandis que ses esclaves pillaient les derniers ballots.

« Lassis aborda à Tripoli, où il fut bien reçu par le pacha et le divan qui lui offrirent des secours. Il fut leur arbitre dans la paix qu'ils négociaient avec l'Angleterre, traita habilement pour les deux Etats, et les Anglais, par reconnaissance, lui offrirent deux vaisseaux qui le portèrent à Navarin. De là, il se rendit par terre à Constantinople.

« Aly se réconcilie avec Mammeth qui saccage la maison de son oncle et aurait volontiers tourné sa barbarie contre sa tante qu'il se contenta cependant de retenir captive.

« Aly est également obligé, pour sauver sa vie, de quitter nuitammment Tunis et s'arrête à Bône. Le roi et le divan d'Alger lui promettent l'alliance. Il se marie avec la fille du roi d'Alger, s'avance vers la frontière tunisienne avec des troupes algériennes et s'arrête vers les Berbères. Mammeth envoie une ambassade au sultan pour l'informer que Lassis et Aly sont cause de tout.

« Lassis, arrivé le premier, avait vu, à Andrinople, le grand-vizir Achmet Kuprully qui le reçut fort bien et lui promit justice. La faveur d'Ibrahim-Aga, lieutenant du vizir, lui fut également précieuse.

« Lassis est entendu, en même temps que les envoyés de son neveu. Lassis est nommé par le sultan, non-seulement bey légitime, mais *pacha*. Le sultan menace d'envoyer une armée pour le rétablir. Lassis reçoit l'investiture du caftan, marquant la dignité du pachalik de Tunis et la confirmation du beylicat. Le grand-vizir donne des ordres pour que 50,000 hommes l'accompagnent dans son gouvernement. Les députés lui demandent pardon. Lassis essaie infructueusement de prendre Corfou en passant.

« Le château de Djerba tire sur ses vaisseaux. Ses navires se révoltent en voyant que ses concitoyens même le repoussent. Lassis retourne à Navarin, où il apprend la mort du grand-vizir. Entrevue de Lassis et du nouveau vizir Cara-Moustapha. Mammeth, pendant ce laps de temps, avait fait tout son possible pour empêcher le retour de son oncle. Les Tunisiens l'avaient autorisé à lever des troupes. Aly bat deux fois son frère. Il fait avertir le divan de changer de dey; de mettre sur le trône Adgi-Mamy-Pissara et appuie cet ordre par la marche de son armée sur Tunis. Il campe à trois lieues du Bardo. Vingt coups de canon tirés du château lui annoncent que le changement est fait. Il sut que Tunis désirait ardemment sa venue et que le dey dépossédé s'était retiré dans sa maison, où il attendait ses ordres. Aly entra le lendemain à Tunis, visita le nouveau dey Adgi-Mamy-Pisara qui le fit saluer, à son entrée au château et à sa sortie, de toute son artillerie. Il se rendit ensuite à son palais qu'il eut la douleur de trouver muré et d'y voir sa tante seule et sans suite. Aly alla faire le siège d'El-Kef où son frère s'était enfermé. Retour de Lassis. Mammeth, après avoir perdu la bataille de Caravan, s'était retiré à La Calle et avait gagné à son parti un parent du sultan d'Alger qui lui fournit 10,000 hommes. Trahi par les Turcs, Aly essuie une défaite.

« Mammeth dépêche à Tunis le Génois Aly pour annoncer son succès. On tire le canon en signe de réjouissance. Aly le Génois profite de ce changement d'opinion pour faire étrangler le dey Adgi-Mamy-Pissara et Amor Chelebi. Il fait mettre en prison Yousouf-Kar-Kiaga, lieutenant d'Aly. Un des capitaines de Mammeth s'embarque sur une tartane et va au nom de celui-ci faire des offres au grand-vizir. Nouvelle défaite de Mammeth. Aly aurait voulu faire monter sur le trône Tabarcareïs, les Tunisiens nomment Hussan-Achmet. Aly prend Tunis, fait tuer, hors de la ville, les deux rois Adgi-Maury et Hussan-Achmet, puis il élève au trône Tabarcareïs. (Voy. *infra*.) Mammeth rentre à Tunis par surprise, pendant une absence d'Aly, Mustapha s'enferme dans le château. Mammeth fait emprisonner les consuls anglais et français et se livre à toutes sortes d'excès. Il se retire en apprenant le retour d'Aly.

1678. — « Le 25 février, une bataille acharnée a lieu sous les murs de Tunis. Défaite de Mammeth. Aly fait couper la tête à 500 Turcs qui l'avaient trahi et mettre à mort tous ceux qui avaient pris part à cette nouvelle révolution. Retour de Lassis à Tunis. Aly, prévenu au Kef, se rend à Porto-Farina et s'entend ensuite avec Tabarcareïs pour recevoir dignement son oncle, qui fit une entrée triomphale à Tunis.

« La milice vint le chercher à une lieue, avec le divan, les grands du royaume, le kiaga du dey qui le complimenta ; les ordres de la ville.

« Voici l'ordre de la marche :

« Les janissaires, deux à deux, conduits par le plus ancien officier de ce corps. Les enfants des rois prédécesseurs de Tabarcareïs, suivis des boulouks-bachis et des chaoûs à cheval. L'aga et les officiers du divan. Six chevaux de main caparaçonnés à la mode turque, avec le sabre, la masse d'armes et l'écu, menés chacun par deux valets de pied, vêtus de vestes et de brocard d'argent avec des ceintures, des baudriers, des sabres, le tout rehaussé d'or. Ceux-ci étaient suivis par six autres vêtus de même manière, portant chacun sur leurs épaules une hache double. Le pacha (Lassis) venait après, monté sur un magnifique cheval turc, portant une veste d'un drap de Venise, écarlate, fourrée de martre zibeline, et son turban de toile très fine finissait par un gros tissu d'or. Il était entre son neveu et le muphti. Deux autres valets de pied, comme les premiers, tenaient les rênes de son cheval. On voyait ensuite les officiers de sa maison précédés des étendards, des queues de cheval et de la musique guerrière. Enfin, le cortège se terminait par un gros de cavalerie turque et arabe qui se trouvait alors à Tunis.

« Lassis-Pacha entra ainsi en ville, passa devant le château, trouva le roi à la tête de la garnison et de tous les officiers de sa cour. Ils s'embrassèrent et se firent mille promesses d'amitié. Lassis-Pacha continua sa marche dans le même ordre jusqu'à son palais, et le roi rentra dans son château. Le lendemain, Lassis-Pacha fut visité par Tabarcareïs et par le bey séparément. Les officiers du roi allèrent ensuite le saluer et lui firent des présents. Le jour suivant, il rendit les visites que le dey et le bey, son neveu, lui avaient faites. Le dey le reçut dans son château, au bruit du canon et de la musique, et conduisit Aly dans son palais, où ils s'entretinrent tous les deux des moyens de s'acquitter des sommes considérables qu'il avait promises au vizir pour son rétablissement.

« Grâce à ses cadeaux, Lassis avait reçu, au camp impérial de Méhémet IV, en l'espace de quinze jours, les provisions ou barat du pachalik de Tunis pour lui, et du beylikat, afin d'en disposer à sa volonté, avec le pouvoir d'établir ou de démettre le dey, ou roi, quand bon lui semblerait. Il fut de plus honoré de la qualité de vizir, avec paie du pachalik de Roumélie. »

Tabarcareïs, dey de Tunis, était né en cette ville de parents aisés. Officier corsaire, il fut pris par les Français qui le mirent dans leurs galères. Echangé par un marchand toulonnais contre un parent de ce dernier, il fut mis en liberté et attendit vainement, à Toulon, le navire qui devait le rapatrier. En errant sur la côte, il vit un bateau de pêche gardé par un enfant de sept à huit ans, y descendit lestement, y trouva un sac de biscuit et un baril d'eau, coupa la corde et mit à la voile. Il resta huit jours en mer et se trouva enfin vers Bône. Il se rendit à Tunis, remit l'enfant à celui avec lequel il devait être échangé et avec de l'argent pour indemniser les pêcheurs de la perte de leur bateau. Il trouva le royaume en révolution, s'attacha à Aly qui le mit ensuite sur le trône.

Sans nous attarder davantage, reprenons le cours de notre histoire en passant en revue, aussi brièvement que possible, les principaux événements qui marquèrent à Tunis le xviie siècle.

1604. — *Saint Vincent de Paul, prisonnier à Tunis.* Le grand apôtre de la charité en France s'était embarqué avec un gentilhomme du Languedoc pour se rendre à Narbonne, et de là à Marseille. Voici la copie de sa relation :

« Le vent nous feust aussi favorable qu'il faloyt pour nous rendre ce jour à Narbonne, qui estoyt faire cinquante lieues, si Dieu n'eust permis que trois brigantins turcqs, qui costoyaient le goulfe de Léon pour atraper les barques qui venoyent de Beaucaire, où il y avoit foire que l'on estime estre des plus belles de la chrétienté, ne nous eussent donnez la chasse et attaquez si vivement que, deux ou trois des nostres estant tuez et tout le reste blessé, et mesme moy qui eus un coup de flèche qui me servira d'horloge tout le reste de ma vie, n'eussions été contraincts de nous rendre à ces félons et pires que tigres. Les premiers esclats de la rage desquels furent de hacher nostre pilôte en cent mille pièces, pour avoir perdu un des principalz des leurs, outre quatre ou cinq forsatz que les nostres leur tuèrent. Ce faict, nous enchaînèrent, après nous avoir grossièrement pansez, poursuivirent leur poincte, faisant mille voleries, donnant néanmoins liberté à ceux qui se rendoyent sans combasttre, après les avoir volez ; et enfin, chargez de marchandises, au bout de sept ou huict jours, prindrent la route de Barbarie, tanière et spé'ongue (caverne) de voleurs sans aveu du Grand Turcq, où estant arrivez ilz nous exposèrent en vente, avec procès verbal de nostre capture, qu'ils disoyent avoir été faicte dans un navire espagnol, parce que, sans ce mensonge, nous aurions esté délivrez par le consul que le Roy tient là pour rendre libre le commerce des François. Leur procédure à nostre vente feust, qu'après nous avoir dépouillez tout nudz, ils nous baillèrent à chacun une paire de brayes, un hocqueton de laine, avec une bonete, nous promenèrent par la ville de Thunis, où ils estoyent veneuz pour nous vendre. Nous ayant faict faire cinq ou six tours par la ville, la chaine au col, ils nous ramenèrent au bateau, affin que les marchands vinssent voir qui pouvoyt manger et qui non, pour monstrer que nos plaies n'estoyent plus mortelles. Ce faict, nous ramenèrent à la place où les marchands nous vindrent visiter tout de mesme que l'on faict à l'achat d'un cheval ou d'un bœuf, nous faisant ouvrir la bouche pour nous visiter nos dents, palpant nos costes, sondant nos playes et nous faisant cheminer le pas, troter et courir, puis tenir des fardeaux et puis tâter pour voir la force de chacun et mile autres sortes de brutalitez.

« Je feus vendu à un pescheur, qui feust contrainct de se deffaire bientost de moy, pour n'avoir de si contraire que la mer, et depuis par le pescheur à un vieillard, médecin spagirique, souverain tireur de quintescences, homme fort humain et traictable; lequel, à ce qu'il me disoyt, avoyt travaillé cinquante ans à la recherche de la pierre philosophale; et en vain quant à la pierre, mais fort seurement à autres de transmutations de métaux. En foy de quoy, je lui ay veu souvent fondre autant d'or que d'argent ensemble, le mestre en petites lamines, et puis mestre un lit de quelque poudre, puis un autre lit de lamines et puis un autre de poudre, dans un creuset ou vase à fondre des orfèvres, le tenir au feu vingt-quatre heures, puis l'ouvrir et trouver l'argent estre devenu or; et plus souvent encore congeler ou tirer l'or vif en fin argent, qu'il vendoyt pour donner aux pauvres. Mon occupation estoyt de tenir le feu à dix ou douze fourneaux, en quoy Dieu mercy, j'avais plus de peine que de plaisir. Il m'aimoyst fort et se plaisoyt fort de me discourir de l'alchimie et plus de sa loy, à laquelle il faisoyt tous ses efforts de m'attirer, me promettant force richesses et tout son avoir.

1605-1606. — « Je feus donc avec ce vieillard depuis le mois de septembre 1605, jusqu'au mois d'aoust prochain, qu'il feust prist et mené au Grand Turc pour travailler pour luy ; mais en vain, car il mourut de regret par les chemins. Il me laissa à son nepveu, vrai antropomorphite, qui me revendit tôt après la mort de son oncle, parce qu'il ouyt dire comme Monsieur de Brève, ambassadeur pour le Roy en Turquie, venoyt, avec bonnes et expresses patentes du Grand Turcq, pour recouvrer les esclaves chrestiens. Un renégat de Nice, en Savoye, ennemy de nature, m'acheta et m'emmena en son *témat*, ainsi s'apelle le bien que l'on tient comme métayer du Grand Seigneur, car le peuple n'a rien; tout est au sultan. Le témat de cestuy-cy estoyt dans la montagne, où le pays est extrêmement chaud et désert. L'une des trois femmes qu'il avoyt comme grecque chrétienne, mais schismatique, avoyt un bel esprit et m'affectionnoyt fort, et plus à la fin une naturellement turque, qui servit d'instrument à l'immense miséricorde de Dieu pour retirer son mari de l'apostasie, le remestre en giron de l'église et me délivrer de l'esclavage. Curieuse qu'elle estoyt de savoir nostre façon de vivre, elle me venoyt voir tous les jours aux champs où je fossioys et après tout, me commanda de chanter les louanges à mon Dieu . . . .

. . . .

« Cest autre Caïphe ou asnesse de Balaam fict par ses discours que son mari me dit le lendemain qu'il ne tenoyt qu'à commodité que nous nous sauvissions en France; mais qu'il y donneroyt tel remède, dans peu de temps, que Dieu y seroyt loué. Ce peu de jours furent dix mois qu'il m'entretint dans ces vaines, mais à la fin exécutées espérances, au bout desquelz nous nous sauvâmes avec un petit esquif et nous nous rendismes, le vingt-huitième jour de juing, à Aiguesmortes, et, tôt après, en Avignon, où Monseigneur le vice-légat receut publiquement le renégat avec la larme à l'œil et le sanglot au gosier, dans l'église de Saint-Pierre, à l'honneur de Dieu et à l'édification des spectateurs. »

M. DE BRÈVES A TUNIS

1605. — Le 17 juin, M. de Brèves, ambassadeur du roi de France, Henri IV, débarque à La Goulette.

Le 18 juin, le dey lui envoie en présent 4 bœufs, 4 moutons, une douzaine de poules. Comme les vaisseaux ne pouvaient arriver jusqu'à Tunis, le dey lui envoie aussi un chaoux avec 3 beaux barbes, dont le principal que l'ambassadeur devait monter était richement caparaçonné, ayant un harnais garni de lames d'argent doré, avec une housse en velours cramoisi rouge et à l'arçon de la selle une masse d'armes d'argent, qui était une grande marque d'honneur, et distinguait les grands en Turquie.

En cet équipage, M. de Brèves entra à Tunis, ou à moitié chemin vinrent au-devant de lui, en fort bon ordre, les chefs de la milice et les officiers du divan, Bolouks-Bachis et autres qui le saluèrent, en criant trois fois : *Hou, hou, hou*, et l'accompagnèrent au logis qui lui avait été préparé.

M. de Brèves demanda la restitution des marchandises, navires et esclaves français.

Le bey aurait bien voulu, par crainte de la Porte, accéder à ce désir, mais Cara-Osman avait gagné les janissaires. Le divan fut réuni.

M. de Brèves s'y rendit, il y lut les lettres que lui avait remises le sultan. Cara-Osman fut transporté de colère et dit qu'il ne pouvait déférer aux ordres de son suzerain, ni rendre les prises faites sur les Français et que si cela devait se tolérer il ne fallait plus parler de la milice qui serait bientôt ruinée. Il ajouta encore bien d'autres raisons et Méhémet-Bey, général des galères de Tunisie, se joignit à lui.

M. de Brèves essaya néanmoins d'obtenir tout ce

qu'il put, à savoir que les esclaves français seraient rendus, ainsi que les renégats qui l'étaient par force et ceux aussi qui se déclareraient de bon gré chrétiens.

Les Tunisiens intimidèrent les renégats sur cette dernière clause, en leur disant que c'était pour les éprouver, que s'ils abandonnaient la loi du Coran, ils seraient brûlés.

Cependant le divan s'étant assemblé, les renégats qui se dirent chrétiens furent rendus avec les esclaves.

Voici le texte du traité intervenu :

1° Les Tunisiens ne devaient plus troubler les Français et empêcher, de quelque façon que ce soit, leur commerce et leurs navigations par leurs courses.

2° Ils ne devaient plus permettre aux pirates anglais ou autres d'être reçus en aucun port dépendant de leur juridiction.

3° S'il en venait quelques-uns, ils s'offraient à faire restituer au consul français tout ce que les corsaires se trouveraient avoir pris sur les Français ou d'en faire une justice exemplaire.

De son côté, le sire de Brèves, au nom du roi Henri IV, promit :

1° Que tous les actes d'hostilités commis par les Tunisiens seraient à l'avenir oubliés.

2° Qu'on ne les rechercherait en aucune sorte, de toutes les prises faites sur les Français.

3° Que dans le terme d'un an, pour le plus, on leur rendrait tous les prisonniers musulmans qui étaient sur les galères de France.

4° Que les navires, galères, galiotes, brigantins et frégates de Tunisie auraient un libre abord dans tous les ports de France, où ils seraient reçus comme vaisseaux alliés, et s'y pourraient fournir, si bon leur semblait, de vivres et de rafraîchissements.

De Tunis, M. de Brèves se rendit à Alger.

Le 15 août, 1,400 soldats de galères siciliennes et de Malte furent défaits par les Maures, qui, le lendemain, apportèrent à Tunis 600 têtes, dont ils firent un trophée en ville, outre 120 esclaves qu'ils vendirent.

1609. — Le sieur de Beaulieu, marin français, poursuit et brûle, dans le port de La Goulette, 22 vaisseaux corsaires, avec l'aide de Don Juan Fraichade. De Beaulieu avait fait, quelque temps auparavant, exécuter, à Marseille, le célèbre corsaire anglais Bonnel, dont il s'était emparé sur les côtes d'Espagne.

1619. — Expédition malheureuse du duc de Savoie à Souse.

1625. — Jean Fontet, Marseillais, est brûlé vif devant le château de Tunis, pour n'avoir pas voulu embrasser la religion de Mahomet. On lui avait auparavant coupé la langue, on l'avait fait traîner à la queue d'un cheval, puis rompre à coups de bâtons.

SUPPLICES ENDURÉS PAR LES CHRÉTIENS

Voici les principaux supplices employés par les Tunisiens et les Algériens pour faire mourir les chrétiens :

1° *Crocs de fer* à langue de serpent, appelés *ganches*, accrochés aux murailles, aux portes, sur lesquels on enferrait les malheureux, tantôt par le ventre, les épaules, etc., et où on les laissait périr de langueur.

2° *Ecartellement* par quatre navires auxquels étaient fixés des câbles aboutissant aux bras et aux jambes des patients.

3° On attachait un esclave aux antennes d'un vaisseau et il servait de cible. On le tuait à coups de flèche avec une lenteur et une maladresse bien souvent calculées.

4° On les introduisait vivants dans des sacs cousus que l'on jetait à la mer. (Cette coutume est encore assez usitée dans l'empire ottoman ; nombre de sultanes (?) ont fait connaissance avec le *schouwal*.)

5° Supplice du feu. Le bûcher.

6° Supplice de la croix. On mettait le condamné sur une échelle et on lui clouait les mains et les pieds. On employait aussi la croix dite de Saint-André.

7° On leur ouvrait, avec un rasoir, les épaules vers les jointures et on y mettait des flambeaux de cire. Les pauvres martyrs mouraient de faim et de douleur.

8° On les enfermait entre quatre murailles jusqu'aux épaules. On remplissait de terre les places vides et on y laissait languir les chrétiens jusqu'à ce que tous leurs membres soient pourris.

9° On les enfermait dans des tonneaux remplis de clous que l'on roulait.

10° *Empalement.* Le pieu entrait par le fondement et sortait par l'épaule, le côté ou le gosier.

11° On les écorchait vifs.

12° On les attachait à la queue d'un cheval.

13° On les faisait expirer sous les coups de bâtons.

14° On les étranglait avec un bâton que l'on tournait lentement et qui serrait une corde passée autour de leurs cous.

15° On les rompait tout vifs, avec des barres de fer.

16° On les lapidait.

17° On leur arrachait les ongles des mains et des pieds, et on y versait à la place de la cire fondue, du plomb ou de la poix.

18° On les tuait à coups de couteau.

19° On les attachait à la bouche d'un canon ou on les exposait devant la bouche même.

20° On les obligeait à se donner mutuellement un coup de hache.

21° On leur coupait le nez et les oreilles ; on leur arrachait la langue et les yeux.

22° On les attachait à une longue corde retenue par une poulie à une vergue, et on les plongeait dans la mer jusqu'à ce que la mort s'ensuive.

23° On les faisait mourir à coups de bâtons sous la plante des pieds.

1628. — Fondation, près de La Calle, du « Bastion de France » pour la protection des coralleurs français.

1632. — Yousouf-Dey fit construire un magnifique aqueduc et laissa une rente perpétuelle de 2,000 écus pour son entretien. Par testament, il ordonna de faire l'aumône tous les jours, à perpétuité, de 400 pains aux pauvres : à 100 Turcs naturels ; 50 Maures ou Arabes, et 50 Andalous. Ses enfants lui élevèrent, vers la Grande-Mosquée, un tombeau où il fut enterré sous un beau dôme de 30 pieds de diamètre, dont les murailles furent enrichies de marbres fort rares, au milieu desquels on remarquait une colonne de marbre blanc haute d'un pied et demi, et un grand turban de même matière posé dessus.

1634. — Les Tunisiens ont, en temps ordinaire, 5 galères de 24 canons environ. Pour aller en course, ils ne possèdent que 14 *polacres* ou vaisseaux ronds.

Ils avaient 7,000 esclaves chrétiens, parmi lesquels se trouvaient peu de Français eu égard au sultan qui avait d'excellents rapports avec la cour du roi Louis XIII.

1638. — Les Pères Audruger et Des Hayes, de l'ordre de la Trinité, rachètent 36 Français à Tunis.

1641. — Le 9 février, des religieux Trinitaires rachètent à Tunis 41 esclaves.

1645. — Le 22 novembre, le frère Louis Guérin arrive, en compagnie du frère François Francillon, sur cette terre de Tunis sanctifiée par la mort de saint Louis et la captivité de saint Vincent de Paul, qui, dans les douze dernières années de sa vie, racheta 12,000 esclaves pour la somme de 1,000,000 de livres.

1647. — Le frère Louis Guérin, s'étant fait remarquer par son inépuisable charité, obtint du dey la permission de faire venir d'autres prêtres. Le frère Jean Le Vacher débarqua à Tunis. Tous deux s'y concilièrent l'admiration générale des Tunisiens au milieu de la peste. Le fléau l'emporta. Le frère Guérin alla au ciel recevoir la récompense de ses mérites. Jean Le Vacher resta seul, remplaça le consul de France et fut plus tard nommé consul à Alger.

Nous ne pouvons passer sous silence la fondation d'un hôpital à Alger, due à saint Vincent de Paul.

Depuis sa captivité en Tunisie, il se rappelait, sans cesse, qu'il y avait là-bas sur les côtes d'Afrique des milliers de chrétiens, retenus dans les chaines et livrés aux plus cruels traitements.

Les corsaires barbaresques ravageaient le littoral de la Méditerranée, pillant les navires, capturant les passagers, etc. Alger, Tunis et Tripoli étaient leurs repaires. C'est de là qu'ils s'élançaient pour écumer les mers. Le fameux cardinal Ximénès les avait menacés un instant, mais après l'expédition désastreuse de Charles-Quint à Alger, aucun prince n'avait osé entreprendre quoi que ce fût contre eux.

Les religieux de la Merci et de la Trinité ne suffisaient plus pour le rachat des prisonniers. 20 ou 30,000 infortunés étaient annuellement entassés dans les bagnes des côtes barbaresques, ou employés sur les galères, ou vendus sur les marchés.

C'est alors que saint Vincent de Paul avait envoyé le frère Guérin, aidé dans cette entreprise par les traités qui permettaient aux rois de France d'entretenir des consuls dans les villes maritimes de l'empire ottoman et à ces consuls d'avoir un chapelain pour le service religieux de leur maison.

1649. — Les portes de Tunis sont celles de : Bab-Vasouque, Carthage, Elbaar, Asseere, El-menar. Ses rues sont étroites ; les maisons sont à terrasse. Les juifs paient un fort tribut annuel.

1665. — Dragut est tué devant Malte par un boulet de canon.

1670-1680. — Les janissaires de Tunis s'arrogent le droit de choisir un chef, qui se rendit de plus en plus indépendant de la Sublime-Porte. Ces élections militaires furent des causes fréquentes de révolutions et de guerres civiles.

1670. — Les Français bombardent Souse.

1684. — Le dernier dey est chassé de Tunis par Aly et Mohammed qui fondent une dynastie indépendante. Mahmoud se proclame premier sultan de la Tunisie.

1685. — Sur les ordres de Louis XIV, le maréchal d'Estrées, commandant une flotte française, oblige le roi de Tunis à rendre tous les esclaves chrétiens et à payer un tribut.

Capitulations ou traités spéciaux avec ce roi de France, dont l'amiral Duquesne avait bombardé Alger en **1683**.

Les *Capitulations* de la France avec Tunis sont les plus anciennes ; elles datent de 1520 et de 1564 et ne sont pas rappelées dans le traité de 1685.

Le traité avec l'Angleterre eut lieu cinq ou six mois après celui de la France. La Hollande en signa un plusieurs années après.

Lors du bombardement d'Alger, le frère Jean Le Vacher, consul français, fut saisi par ordre du dey Baba-Hassa et attaché à la bouche du canon appelé depuis le *Consulaire*.

Ce fut aussi le sort de Porcon du Babinais, qui, à l'exemple de Régulus, ayant été envoyé par le dey d'Alger auprès du roi de France, conseilla à celui-ci une démonstration navale et revint reprendre ses fers ainsi qu'il l'avait juré avant son départ.

(*Le Consulaire*, pris par les Français en 1830, est conservé à l'Hôtel des Invalides, à Paris.)

A la mort de Mourad II, Méhémet-Ali et Ramadan aspirent à la dignité de bey. Ramadan se désiste. Méhémet abdique en faveur de son frère et se retire à Carvan. Sur l'ordre d'Ali, on égorge son neveu Achmed, fils aîné de Méhémet.

Achmed Chileby était alors dey. Il informa Méhémet de cet assassinat. Méhémet s'avance sur Tunis. Achmed en fait fermer les portes aux troupes d'Ali qui se retire au Kef. Méhémet venge son fils en faisant mettre à mort ses assassins. La milice ferme les portes de Tunis à Méhémet, déclarant qu'elle n'obéirait pas aux deux frères qui détruisaient ainsi leurs sujets. Cet incident réconcilie Méhémet et Ali qui, attaqués par Achmed, furent défaits. Ils obtinrent, moyennant 40,000 piastres, un corps de troupes des Algériens et vinrent avec Ibrahim assiéger Tunis au mois de septembre 1685. Les Maures, las d'être confinés dans la ville, abandonnent Achmed et regagnent leurs montagnes.

Cara-Osman, commandant la cavalerie tunisienne, sortit sous prétexte de poursuivre les déserteurs et vint se joindre aux beys, auxquels il ouvrit les portes de la ville. Achmed Cheliby fut pris et conduit dans la tente d'Ibrahim. Les Algériens commirent toutes sortes de cruautés ; quelques-uns poursuivirent deux Maures jusque dans le palais de Méhémet-Bey. Achmed Cheliby fut étranglé devant Ibrahim.

Méhémet arrivé au suprême pouvoir commença à opprimer le peuple. Les Tunisiens rappelèrent les Arabes qui revinrent au nombre de 10,000 commandés par leur dey. Méhémet s'avança pour le combattre, mais les Maures l'abandonnèrent et il regagna Tunis précipitamment. La consternation fut générale. Ramadan-Pacha, le dey et plusieurs Turcs de distinction s'échappèrent sur un navire français et firent voile vers l'Archipel.

Les Algériens dévastèrent le pays et mirent le siège devant Tunis que Méhémet défendit avec courage pendant quatre mois ; puis, ne pouvant plus se fier à ses sujets, il se retira dans le Sahara.

TUNIS SOUS LA DOMINATION ALGÉRIENNE

1689 (13 octobre). — Le dey d'Alger réunit la Tunisie à ses États.

1690. — Les Maures chassés d'Espagne plantent des vignes, bâtissent des villes et des villages.

1691. — Mort de Ben-Ali-Turki, tige de la dynastie husseinite.

1695. — Ben-Chouques fut choisi pour bey et Tatar pour dey.

Leurs violences soulevèrent les Tunisiens qui, oubliant les exactions de Méhémet, le font revenir. Celui-ci rappelle Ramadan de Toscane et lui donne le titre de dey.

A la mort de Méhémet, Ramadan lui succède dans la dignité de bey.

Le divan et les Algériens auraient voulu que cette dignité échût à Mourad, son neveu. Mezaoul, violoniste italien, devient administrateur et fait accuser Mourad que Ramadan condamne à perdre les yeux.

Le chirurgien, renégat français, les lui conserve aux dépens des paupières ; le sang et les tumeurs qui les couvraient firent croire que ce prince était aveugle.

Mourad fut enfermé au château de Sousse et confié à la garde de l'aga, moine renégat nommé Papafalca, à cause de son apostasie.

L'aga découvrit bientôt la vérité et avertit Ramadan.

Mourad fit tuer l'aga et se sauva dans les montagnes des Ossalètes, à trente lieues de Tunis.

Ramadan se dirigea contre lui, ses troupes l'abandonnèrent, il fut saisi et étranglé.

On brûla ses restes.

Mezaoul, le violoniste, fut enfermé dans une cage de fer et son corps, pendant deux jours, fut déchiré pièces par pièces.

Sa carcasse, ainsi mutilée, fut livrée à la populace qui se porta sur elle aux dernières brutalités.

Mourad, pour insulter au cadavre de son oncle, mêla ses cendres à sa boisson.

Mourad-Dey fit la guerre aux Algériens, ce qui occasionna toutes sortes de calamités à Tunis.

Par vengeance contre les marabouts qui avaient signé le décret de son oncle contre lui, il les obligea à coucher une nuit dans son palais, nus sur les carreaux, leur fit jeter plusieurs seaux d'eau et les renvoya chez eux.

1702. — Il fut poignardé par Ibrahim-El-Chériff, capitaine des gardes.

Le nouveau dey mourut au fort de Biserte, d'un coup de mousquet; il venait d'être captif sept mois chez les Arabes, à la suite d'une guerre malheureuse avec Tripoli.

Avant de nous occuper de la dynastie husseinite,

disons quelques mots sur les corsaires, sur Tabarca et la Medjerdah :

Le premier corsaire célèbre d'Afrique est Aben-Chapella, qui, en 698 après Jésus-Christ, prit la Mauritanie Tingitane.

Il faut ensuite bien longtemps pour arriver au xvi* et au xvii* siècle et trouver les Barberousse; Dragut ; Haidam de Smyrne (Chasse-Diable) ; Hallieri; Occhialy, renégat calabrais (qui assistait à la bataille de Lépante en 1571); Curtogly, qui engagea Soliman à attaquer les chevaliers de Rhodes; Amurat Rays; Orthogut ; Cara Osman (1594) ; Sta Morat; Youssouf; Faret; Pichiny, qui donna son nom à un bagne d'Alger; Ali Mamy; Arepaguy ; Assan (Portugais).

Bien que ne croyant ni à Dieu, ni au diable, ces corsaires étaient superstitieux. Ils faisaient au moment de la tempête certains sacrifices bizarres : sans l'écorcher, ils coupaient tout vivant en long un mouton, prenaient la moitié à laquelle la tête était restée, la jetaient à la mer, vers le côté droit du navire. L'autre moitié était jetée du côté gauche, et ils continuaient avec d'autres moutons embarqués exprès pour cet usage, jusqu'à ce que les flots se soient apaisés.

Ils répandaient de l'huile des deux côtés de leurs navires en faisant des cérémonies selon certain rite.

Ils allumaient des flambeaux qu'ils plaçaient sur

leurs canons, et recouraient parfois aux prières des esclaves chrétiens.

De nos jours, les Japonais et les Chinois, surpris par la tempête, égorgent un coq, clouent ses plumes à la poupe de leurs navires, jettent un verre de vin dans la mer, et le danger est conjuré! Comme on le voit, ce n'est pas difficile !

Plutarque mentionne que l'usage de l'huile en cas de tempête existait déjà de son temps. Ce grave philosophe pose la question suivante :

« Pourquoi, dans les violentes tempêtes, quand on arrose d'huile la surface de la mer, s'apaise-t-elle tout d'un coup et devient-elle unie et transparente ? »

Un bey fit construire à Tabarca, au XVII° siècle, un magnifique pont qui servait de barrage au moyen d'un système d'écluses. Les vannes ont malheureusement disparu, et le pont n'est plus qu'un pont ordinaire. C'est un malheur pour la belle vallée de la Medjerdah.

L'Oued Medjerdah traverse une étendue considérable de pays. Ses eaux sont toujours troubles, en quelque saison que ce soit, et, comme celles du Nil, chargées d'un limon épais; elles sont saumâtres et mauvaises.

> Turbidus arentes lento pede sulcat arenas
> Bagrada, non ullo Libycis in finibus amne
> Victus limosas extendere latius undas,
> Et stagnante vado patulos involvere campos.
> (Silius Italicus, Liv. VI.)

Le trouble Bagradus traverse lentement les sables brûlants, et aucun fleuve, dans toute la Libye, n'étend plus loin ses eaux limoneuses, aucun n'arrose plus le pays.

« Τοῦ προσαγορευομένου Μάκαρα (C'est le Bagrada ou Medjerdah qu'il nomme Macar) ποταμοῦ διέργοντος κατά τινας τόπους παραπλησίως τὴν ἐπὶ τὴν χώραν τοῖς ἐκ τῆς πόλεως ἔξοδον... Τοῦ προειρημένου κατὰ τὴν εἰς θάλατταν συνθεώρησις κατά τινας ἀνέμων στάσεις ἀποθισούμενον τὸ ῥεῦμα, καὶ ταχύ δὴ γιγνομένην τὴν παρ' αὐτῷ τῷ στόματι πάροδον. »

Le fleuve nommé Macar ferme de même, en certains endroits, la sortie de la ville pour aller à la campagne... Ayant observé (Amilcar) qu'à l'endroit où le fleuve se jette dans la mer certains vents y refoulent les sables et rendent le passage marécageux à l'embouchure.

POLYBE, *Hist. Guerre des Mercenaires.*

Les eaux du golfe d'Utique ont été remplacées par ces atterrissements, et la conformation primitive des côtes situées entre Carthage et le promontoire Apollon, entièrement modifiée.

FAMILLE RÉGNANTE DES HASSAN

1691, Ben Ali-Turki ; — 1705, Hossein ; — 1735, Ali-Pacha ; — 1756, Mohammed ; — 1759, Ali-Bey ; — 1782, Hamouda ; — 1814, Othman ; — 1814, Mahmoud ; — 1824, Hossein ; — 1835,

Mustapha ; — 1837, Ahmed ; — 1855, Mohammed ; — 1859, Sidi-Mohammed-Es-Saddock ; — 1882, S. A. Si Ali-Bey ; — S. A. Tayeb, bey du camp.

1705. 10 juin. — L'armée élut, pour remplacer Ibrahim, Hossein-ben-Ali, petit-fils de Ben-Ali-Turki. Avec ce prince commença la dynastie qui s'est soutenue sans interruption jusqu'à ce jour. Ayant joué son compétiteur Ibrahim, il le fit assassiner ainsi que nous l'avons vu plus haut (1702), le 10 janvier 1706.

Hossein-ben-Ali régnait paisiblement, mais ne pouvait avoir d'enfant d'aucune de ses femmes. Il désigna pour son successeur Ali-Bey qui commandait les camps. Plusieurs années après, il eut enfin un fils d'une esclave génoise ; ce prince fut nommé Mahmed-Bey et eut bientôt encore deux frères, Mahmoud et Ali-Bey. Hossein se voyant trois héritiers (l'esclave chrétienne avait renié sa religion) fit connaître à son neveu que le ciel ayant changé l'ordre des choses, il ne pouvait plus lui laisser le trône après lui et que pour lui donner une compensation il allait lui acheter la place de pacha que la Porte nommait encore à Tunis. Le jeune bey se soumit et prit le titre d'Ali-Pacha. Quelques mois plus tard il s'enfuit de Tunis à la montagne des Ossalètes, se mit à la tête d'un parti et vint attaquer son oncle. Il fut défait et se réfugia à Alger.

1725-1726. — Les armateurs chrétiens et les vaisseaux de la Religion luttent énergiquement contre les corsaires tunisiens, qui se livrent à de nombreux actes de piraterie. La *Gazette de France* renferme une foule d'épisodes et de détails curieux.

AMBASSADE TUNISIENNE EN FRANCE

1727. — Au mois d'octobre, des ambassadeurs envoyés de Tunis au roi de France passent en Bourgogne. L'inventaire des archives de la ville de Chalon-sur-Saône, de 1221 à 1790, par notre savant et cher professeur M. Gustave Millot, bibliothécaire et archiviste de cette ville, officier d'académie (série BB. Administration communale, p. 29), nous apprend que MM. de Tavannes et de la Briffe (M. de Tavannes était lieutenant général de Bourgogne) écrivirent à la municipalité de Chalon-sur-Saône au sujet de la garde montée dans cette cité par la milice bourgeoise durant le séjour de ces ambassadeurs, qui durent certainement recevoir les mêmes honneurs partout.

Nous avons recherché avec le plus grand soin les raisons qui motivèrent cette démarche auprès du roi Louis XV. Nous supposons que le gouvernement tunisien voulait faire excuser et oublier les faits suivants que nous trouvons dans le *Mercure de France*, août et octobre 1727, p. 2089 et 2317 :

Août. — « On a appris de Tunis qu'un armateur maltais y était entré sans pavillon, au commencement du mois dernier ; que l'équipage de ce navire s'était révolté, dans l'Archipel, contre son capitaine, l'avait massacré et s'était déterminé ensuite à courir sur les chrétiens ; que le premier bâtiment qu'il avait rencontré était une barque du patron Comil, Français, qu'il avait égorgé avec tous les matelots ; que le second était encore un bâtiment français, commandé par le capitaine Simiam, duquel il avait été enlevé 6,000 ducats, 1,000 sequins, tous les agrès, le canon et les vivres ; que cet armateur était venu ensuite se mettre sous la protection du bey ; qu'il s'était fait mahométan et qu'il avait mis aux fers tous ceux de son équipage qui n'avaient pas voulu suivre son exemple. »

Octobre. — « On nous écrit de Barbarie, qu'il était arrivé à Tunis, à la fin du mois d'août dernier, 5 corsaires avec 72 esclaves, enlevés tant dans l'île de Céphalonie qu'à Calvi (Corse), et qu'on avait publié une ordonnance du bey, portant défense à ses armateurs, sous peine de mort, d'aller croiser sur les côtes de Provence et d'insulter le pavillon français de quelque manière que ce puisse être. »

Un traité fut signé entre le bey de Tunis et l'empereur d'Allemagne ; il renfermait les mêmes clauses, disent les Chroniques du temps, que le traité franco-tunisien.

1635-1756. — Ali-Pacha, aidé des Algériens, vient s'emparer de Tunis et en chasser son oncle Hossein qui se réfugie à Kairouan et de là à Souse.

Un capitaine français de La Ciotat, nommé Mareilbier, lui donna dans ces tristes circonstances de grandes preuves de dévouement.

Lutte entre Mahmed-Bey et Younes-Bey, fils d'Ali-Pacha qui, du vivant de ce dernier, se disputent la succession du trône. Younes, après s'être emparé du château de Gaspe et de Tunis est forcé par son frère Ali de s'enfuir à Alger. Mahmed-Bey fait empoisonner son frère cadet et Ali le reconnaît héritier présomptif.

Les enfants d'Hossein, soutenus par les Algériens, renversent Ali-Pacha qui est mis à mort.

1740-1742. — Guerre entre Tunis et la France, suscitée par une misérable affaire de femme et la susceptibilité excessive du consul français. Perte de l'établissement du cap Niger pour la Compagnie d'Afrique et de la colonie génoise de Tabarca. Cette île était la propriété de la famille Lomellini, qui était en négociations pour la vendre à la Compagnie d'Afrique au moment de la rupture entre Tunis et la France. Le bey Ali-Pacha s'en empara, transporta les habitants à Tunis où leurs descendants sont encore désignés sous le nom de Tabarkins. Mort de Hossein.

1742. — Traité de paix entre la Tunisie et la France.

1756. — Mohammed, fils d'Hossein, monte sur le trône. Ce prince ne régna que deux ans et demi et laissa deux enfants en bas âge, Mahmoud et Ismaïl-Bey.

1759. — Ali-Bey, frère de Mohammed, lui succède avec promesse, dit-on, de remettre le trône à ses neveux. Il les éloigna peu à peu du gouvernement et chercha à attirer l'attention sur son propre fils, Hamouda, qui eut le commandement des camps et le titre de pacha. A sa mort, ses neveux se désistèrent eux-mêmes en faveur de leur cousin qu'ils furent les premiers à saluer.

1770. — Bombardement de Porto-Farina, Biserte et Monastir par les Français.

1782. — Hamouda-Pacha succède à son frère Ali, le 26 mai.

1789. — Naissance à Tunis du voyageur arabe Mohammed-Omar-El-Toumsy (1284 de l'hégire). On a de lui la relation de ses voyages au Darfour et au Ouadây. 1845-1851.

1798. — Le bon accord entre Tunis et la France est troublé par l'expédition de Buonaparte en Egypte, ce trouble est plus apparent que réel. Le bey Hamouda fut obligé de faire cause commune avec l'islamisme.

Cependant Hamouda-Pacha laissa le consul français Devoize et ses nationaux, établis à Tunis, dans la plus complète liberté, et les mit à l'abri des insultes de la population dont le fanatisme était surexcité.

1800. — Reprise des relations entre la Tunisie et la France à la suite de l'armistice du 26 septembre 1800, suivi du traité du 26 mars 1802, renouvelant celui de 1742. Ce traité fut conclu par Hamouda.

1802. 26 mars. — Traité entre la France et Tunis, renouvelant celui de 1742. Voici l'article le plus important de ce traité : « Tout individu d'un pays qui, par conquête ou par un traité, aurait été réuni aux Etats de la République Française, et serait captif dans le royaume de Tunis sera mis en liberté sur la première réquisition du commissaire général de la République. »

Hamouda-Bey fit de la résistance à cet article.

Difficultés avec l'Espagne qui cède aux exigences du bey.

Envoi en France d'un ambassadeur du bey, nommé Arnaout.

1803. — M. Devoize, consul de France, par son énergie, obtient libération de tous les esclaves *italiens*, moyennant une faible rançon.

1805. — Naissance à Tunis du général Yousouf. Venu à Alger au moment où la France s'en emparait, il entra dans l'armée. Capitaine le 2 décembre 1830, il chasse les Algériens, prend la Kasbah en 1832. Il est nommé chevalier de la Légion d'honneur. Chef d'escadrons au 3ᵉ chasseurs d'Afrique le 7 avril 1833, il passe le 20 juin 1835 aux spahis de Bône. Officier de la Légion d'honneur, le 14 août 1836. Lieutenant-colonel aux spahis d'Oran, le 18 février 1838. Commandeur de la Légion d'honneur le 6 août 1843. Maréchal de camp (général de brigade) commandant les troupes indigènes, le 19 juillet 1845. Naturalisé le 2 mars 1849 ; sur un avis du conseil d'État, une décision impériale du 24 décembre 1851 l'admit dans le cadre des officiers généraux français. Il concourt à la prise de Laghouat. Grand-Officier de la Légion d'honneur le 22 décembre 1852, commande la division d'Alger le 24 janvier 1855 ; est promu général de division le 18 mars 1856. Il avait alors 26 ans de services.

1806. — Hamouda abolit l'esclavage pour les chrétiens.

1807-1808. — Guerre contre les Algériens. Victoire des Tunisiens, sous le commandement de Yousef-Joheb-Taba.

1810. — Création du bey-du-camp, chargé, à la tête des troupes, de percevoir les impôts. La Tunisie fut divisée en deux parties, celle d'été et celle d'hiver, parce que le bey-du-camp (ordinairement l'héritier présomptif) parcourait successivement ces contrées l'hiver ou l'été.

Le quartier d'été comprenait la partie qui s'étend au nord et au nord-ouest de Tunis jusqu'aux côtes dépendantes de l'Algérie.

Le quartier de l'hiver, la région du Midi.

TUNIS ÉCHAPPE A LA DOMINATION ALGÉRIENNE

1811. — Hamouda, l'un des plus habiles princes qui aient régné à Tunis, secoua le joug des Algériens et en finit avec la milice turque (*les janissaires*). Celle-ci s'enferme dans la kasbah. Hamouda en fait le siège. Au bout de quelques jours, les assiégés affamés sortirent, pendant la nuit, de la forteresse, du côté de la montagne, avec l'intention de gagner l'Algérie ; ils furent massacrés par la cavalerie du bey.

Celui-ci employa utilement dans cette affaire des artilleurs français, faisant partie d'un convoi de prisonniers que les Anglais avaient remis au consul de France et qui attendaient à Tunis un navire pour rentrer dans leur patrie. Ces prisonniers étaient rendus en vertu d'un cartel d'échange d'Anglais pris par quelques corsaires français.

1812. — Naissance, à Tunis, du bey Mohammed-Es-Saddock.

1814. — Hamouda meurt. Son frère Othman qui l'avait remplacé est massacré avec tous ses enfants, après un règne de 3 mois. Mahmoud monte sur le trône.

Convention avec le royaume de Naples.

1815. — Barberousse était maître, roi d'Alger, cependant les Espagnols occupaient encore en 1815 et purent s'y maintenir, non sans difficultés, jusqu'en 1830, le château fortifié, élevé sur l'îlot, aujourd'hui compris dans la place, situé au milieu de l'ancien port et appelé « Penon d'Alger. »

1817. — Naissance de S. A. R. le bey Sidi-Ali.

1818. — Jusqu'en 1818 les juifs furent brûlés en Tunisie. Grande peste.

1819. — Révolte considérable dans l'est de la Régence, causée par l'énormité des impôts. Cette révolte fut étouffée par Soliman Kahia.

Cette même année notification et injonction furent faites au bey Mahmoud, par la France et l'Angleterre, d'avoir à cesser son système de piraterie. Le bey se soumit.

Création du port militaire de Porto-Farina, aujourd'hui ensablé.

1820. — Construction du phare de La Goulette.

1821. — Destruction de la flotte tunisienne, par un ouragan, dans le golfe de Tunis. Perte de tous les navires de commerce ancrés dans le golfe et mort d'un grand nombre de marins. Environ 50 navires périssent.

1824. — Modification du traité passé entre Tunis et la France en 1802, renouvelant celui de 1742. Les dispositions commerciales sont changées.

Avènement du bey Hossein, à la mort de Mahmoud.

NOUVELLE AMBASSADE TUNISIENNE EN FRANCE

Envoi d'un ambassadeur tunisien auprès du roi de France Charles X. Cet ambassadeur assista à Reims au sacre de ce monarque.

Son aller en France et son retour à Tunis s'effectuèrent sur une frégate française.

1827. — Disette à Tlemcen. Le blé monte jusqu'à 210 francs le cafis, plus de 100 francs l'hectolitre, suivant l'auteur du Roudh-El-Kartas.

Le consul français à Alger reçoit du dey un coup d'éventail. Le roi Charles X fait aussitôt bloquer Alger.

1829. — Complot contre le bey et les Européens déjoué par M. de Lesseps.

1830. — Le maréchal comte de Bourmont, ministre de la guerre, part à la tête d'une expédition française et prend Alger au nom du roi Charles X. Les corsaires se montrent plus menaçants que jamais lors de l'arrivée de l'expédition.

(L'importance politique de la Tunisie grandit. Tunis seconda d'abord Abd-El-Kader et il en résulta un conflit entre le bey et la France. Cette situation changea lorsque le sultan eut manifesté son intention de rattacher plus étroitement Tunis à sa souveraineté.)

Depuis la prise d'Alger, les écumeurs des mers ont disparu de la Méditerranée. Les corsaires tunisiens avaient acquis une effroyable célébrité; ils étaient la terreur des petits États maritimes.

Le 8 août 1830, le traité franco-tunisien de 1824 fut renouvelé. Le bey donna, sur les ruines de Carthage, *une éminence* sur laquelle le roi Louis-Philippe I*er* fit élever une chapelle à la mémoire de saint Louis. M. Jourdain, architecte du roi, suivit les conseils de M. Van Gaver, père, notable de la colonie.

Par une convention spéciale, la pêche du corail fut concédée à perpétuité à la France. (Voir la date de 1520).

1833. — Déclaration de guerre à la Sardaigne. Préparatifs considérables. Un arrangement survint heureusement avant le commencement des hostilités.

1834. — Le consul de France à Tunis se refuse au baise-main. Depuis lors aucun consul de France n'a plus suivi cet humiliant usage.

1835. — Mustapha succède à Hossein. La Tunisie fut, cette année, à la veille de devenir une province de l'empire ottoman. L'Europe lui maintint une véritable indépendance sous l'investiture du sultan.

(A l'avènement d'un nouveau bey, celui-ci reçoit du sultan le caftan d'honneur et le titre de pacha à trois queues : c'est là tout ce qui reste du droit que la Porte prétendait avoir sur la Tunisie).

1837. — Ahmed ou Achmet recueille la succession de Mustapha. Il montra pour la France une prédilection marquée et autorisa la création d'un collège européen, à Tunis.

1838. — Des troupes partent de Constantinople sous les ordres de Tahir-Pacha et se présentent devant Tunis pour y rétablir la domination turque. Les amiraux français Lalande et Gallois ne le permettent pas.

La flotte française mouille, vers la fin de l'année, sur la rade de Tunis, où elle resta six mois. L'amiral Lalande met à profit ce laps de temps pour raffermir, par ses conseils et sa longue expérience, le pouvoir du bey, ébranlé par la Porte qui obéissait aux excitations secrètes de l'Angleterre.

Une Société se fonde à Paris pour l'exploitation des ruines de Carthage. Les fouilles ont produit plus de 40 mètres de mosaïques romaines, des cippes avec des inscriptions latines, des médailles, des fragments de sculpture. Les sujets des mosaïques représentent des jeux, des scènes intéressantes, une grande quantité d'animaux et de productions végétales. On y découvre le tigre de l'Inde, bien distinct du léopard et de la panthère d'Afrique ; une multitude d'oiseaux aquatiques, de rivage ; le tout travaillé avec un art parfait ; des mollusques peints avec une grande fidélité ; une figure du ΠΑΤΗΡ ΩΚΕΑΝΟΣ dont on n'a que la tête, occupait le centre de ces mosaïques. Sa dimension est de 8 pieds 6 pouces. D'autres objets furent encore réunis à Paris en 1840. Ils ont été trouvés par M. Falbe, consul de Danemarck à Tunis.

1840. — Il y avait encore, à cette époque, à Tunis, un pacha envoyé par le sultan, mais il était considéré par le bey comme ministre résident de la Porte.

Le divan se composait également encore des agas, babouxis-bachis et des odobachis, sous la présidence du bey ou sous celle de kiaga, qui était chef de la justice. Les nouvelles constitutions modifient tout cela.

1841. — Des ingénieurs français parcourent la Tunisie, sur l'ordre d'Ahmed, pour dresser une carte de ses États.

Une foule de noirs, afin d'échapper à des maîtres

barbares, viennent se réfugier au consulat de France à Tunis. Ahmed-Bey, cédant aux sollicitations du consul, accorde leur liberté et déclare libre, à l'avenir, tout enfant naissant de parents esclaves. Il émancipe les esclaves de sa maison et ce généreux exemple est suivi dans toute la Tunisie. Prospérité des industries kabyles de Zaoughan, Nébel, Béni-Kiar, Gafsa et surtout Djerba. L'agriculture est soutenue et améliorée.

1842. — Le marché aux esclaves est fermé à Tunis ; des peines sévères sont édictées contre ceux qui transgresseraient la loi.

1843. — L'importation des tissus en Tunisie est de 4,000,000.

1845. — Les princes d'Orléans viennent visiter la chapelle Saint-Louis, le collège de ce nom et Tunis.

1846. — *Voyage en France du bey Sidi-Ahmed.*
Le 5 novembre, le bey s'embarqua à La Goulette ainsi que sa suite, sur les vapeurs le *Dante* et le *Lavoisier* (Un temps splendide favorisa la traversée).

Dès que son arrivée fut signalée à Toulon, où ces bâtiments arrivèrent le 8 novembre, les saluts d'usage furent aussitôt échangés et il reçut la visite de l'amiral Quernel commandant l'escadre et de l'amiral Baudin, préfet maritime.

Pendant l'entrevue du bey et de l'amiral Baudin,

les musiques des équipages de ligne et celle du vaisseau-amiral l'*Inflexible* exécutèrent des symphonies à une petite distance des vapeurs tunisiens.

Tous les bâtiments de guerre furent pavoisés et le soir, comme le matin, l'*Inflexible* tira des salves d'artillerie.

Voulant mettre à profit les heures de la quarantaine, le bey demanda qu'un petit vapeur fût mis à sa disposition pour faire quelques promenades sur la côte. Son Altesse préféra rester à bord du *Dante* et elle ne profita pas des appartements qui lui avaient été préparés au Lazaret.

Le 12 novembre, à onze heures du matin, le bey de Tunis quitta le *Dante*, mouillé près du port. A ce moment le *Dante* fit un salut de 21 coups de canons.

Ce salut fut répété par l'*Inflexible* et par le vaisseau-amiral.

Le bey mit pied à terre à l'arsenal, où étaient allés le recevoir le vice-amiral préfet maritime et son état-major, le maréchal de camp, commandant le département, le préfet du Var, le sous-préfet intérimaire de Toulon, le capitaine Pourcet, aide de camp du ministre de la guerre, M. Desgranges, secrétaire interprète du roi Louis-Philippe, un assez grand nombre d'officiers de diverses armes, les chefs de service de la marine, etc.

Le 3ᵉ régiment d'infanterie de marine était rangé en bataille dans l'arsenal et la belle tenue de ce corps d'élite a paru frapper le bey et les personnes qui l'accompagnaient, parmi lesquelles se trouvaient le prince Mustapha, son beau-frère, ministre de la guerre, le ministre des finances et le ministre des affaires étrangères, le chevalier Ruffo.

Un bataillon du 19⁰, avec le drapeau et la musique, formait la haie de la porte de l'arsenal à l'hôtel de la préfecture maritime.

Au passage de Son Altesse les tambours battirent aux champs et les troupes présentèrent les armes. Son Altesse salua militairement à droite et à gauche. La foule était partout considérable.

Son Altesse était en uniforme d'officier général : pantalon garance avec de larges bandes en or, tunique bleue avec épaulettes à gros grains. Quant à la coiffure, c'était le bonnet grec, qui avait déjà remplacé le turban dans beaucoup de contrées de l'Orient. Ce costume était, dans son ensemble, beaucoup plus européen qu'oriental. Son Altesse portait le grand-cordon de la Légion d'honneur, plusieurs décorations et un Nicham vraiment éblouissant.

Les réceptions officielles eurent lieu de midi à une heure, à la préfecture maritime.

Son Altesse se rendit ensuite à l'arsenal avec l'amiral Baudin et ses aides de camp. Les chefs de service avaient reçu l'ordre de se trouver à leurs postes pour recevoir Son Altesse, qui a été de nouveau saluée à son entrée par 25 coups de canon.

Le soir, il y eut grand dîner à la préfecture maritime.

Le 13 novembre, le bey assista à une revue et à des expériences sur le coton-poudre. Son Altesse se rendit au télégraphe (aérien, système Chappe) et voulut se rendre, par elle-même, compte du temps que mettait une dépêche pour se rendre à Paris et en revenir. Un brouillard intense ne permit pas aux signaux de se répéter au-delà d'Avignon.

Son Altesse remit 2,000 francs au maire de Toulon pour les indigents et offrit : à l'amiral Baudin une tabatière enrichie de diamants, un sabre dont la lame avait été fabriquée à Ispahan (Perse) ; à Mme Baudin un magnifique diadème en diamants.

Le 14 novembre, Son Altesse arriva à Aix à sept heures un quart du soir. Les autorités vinrent lui souhaiter la bienvenue. Son Altesse descendit à l'hôtel des Princes.

Une foule nombreuse et sympathique accourut pour la voir et la saluer.

Son Altesse voulut descendre dans la rue, « afin d'exprimer, de sa personne, dit-elle, les sentiments de gratitude qu'elle éprouvait. »

S'étant approchée du drapeau tricolore, Son Altesse prononça les paroles suivantes :

« Je viens saluer le drapeau français que j'honore ; je viens remercier les soldats français et les habitants de la ville d'Aix-en-Provence, de la réception qu'ils veulent bien me faire et les assurer de ma profonde reconnaissance. Je prie M. le maire et M. le commandant d'armes de vouloir bien être les interprètes de mes sentiments. »

Le 15 novembre, Son Altesse visita l'école des arts et métiers. A onze heures, Son Altesse partit pour Avignon, laissa 1,000 francs pour les pauvres d'Aix, tandis que le *Montézuma*, commandé par le capitaine Cunéo d'Ornano, levait l'ancre à Toulon; il se rendait à Tunis y porter les dépêches du bey et de sa suite, composée de douze personnes et de quatorze serviteurs.

Le 16 novembre, Son Altesse s'arrêta à Vienne, visita la cathédrale et remit 500 francs au curé de Saint-Maurice pour les pauvres.

Le 17 novembre, Son Altesse arriva à Lyon et descendit à l'hôtel de l'Europe, où les autorités de la ville et du département lui furent présentées. Le même jour, dans la soirée, Son Altesse parcourut, à pied, les principaux quartiers, s'arrêtant devant les monuments et les magasins les plus remarquables.

Le 18 novembre, Son Altesse et sa suite quittèrent Lyon dans six voitures, attelées chacune de six chevaux.

Son Altesse fit remettre au maire de Lyon 2,500 francs pour les pauvres.

Le 20 novembre, Son Altesse était à Moulins. Le préfet lui rappela comment Son Altesse avait cordialement accueilli le duc de Montpensier à Tunis. Le bey admira le carrousel du 11ᵉ dragons.

Il remit au préfet 50,000 francs pour les inondés de la Loire et de l'Allier, et au maire de Moulins, 1,200 francs pour les pauvres.

Le 23 novembre, Son Altesse fut reçue officiellement par le roi Louis-Philippe.

Le cortège était parti à midi de l'Elysée-Bourbon, mis par le gouvernement à la disposition du bey pour tout le temps de son séjour à Paris. (L'Élysée-Bourbon est, depuis 1871, la résidence du chef de l'État).

Le bey, l'introducteur des ambassadeurs et le prince Mustapha, montèrent dans la première voiture.

Son Altesse portait une capote bleue, richement brodée d'or, avec épaulettes, le grand cordon de la Légion d'honneur, le pantalon de drap bleu à bandes d'or et à sous-pieds, gants jaunes, bottes vernies à hauts talons. Son Altesse était coiffée du chachia rouge à grosse houppe de soie bleue. (La veille de son départ de Tunis, Son Altesse avait revêtu le grand-cordon de la Légion d'honneur, pour aller visiter le tombeau de son père, associant ainsi le roi Louis-Philippe et la France à l'effusion de ses sentiments les plus intimes.)

Par une attention délicate et dont Son Altesse a paru touchée, le roi de France, Louis-Philippe Iᵉʳ, voulut le recevoir dans le salon de famille. Sa Majesté, en uniforme d'officier général, était un peu en avant de la famille royale, faisant face à la porte par laquelle le bey de Tunis devait entrer. Derrière le roi se tenait la reine Amélie ; près de Sa Majesté M. le comte de Paris et son auguste mère ; les princes formaient le cercle à gauche, les princesses à droite.

Le roi s'avança au devant du bey et avant que Son Altesse eût eu le temps de lui adresser la parole, Louis-Philippe lui exprima, en italien, tout le plaisir qu'il avait à le voir. Cet accueil si cordial émut visiblement Son Altesse qui, la veille encore disait : « Ce qui m'afflige surtout, c'est de me voir forcé de parler à ceux que j'aime, une langue qu'ils n'entendent pas. » Le roi venait d'épargner ce regret à Son Altesse qui entendait et parlait l'italien.

Dans la matinée, Son Altesse avait été visitée à l'Élysée par les notables négociants de Paris faisant des affaires avec la Tunisie.

Le soir, il y eut grand dîner à Saint-Cloud. Au nombre des personnages invités par le roi se trouvaient : Son Altesse ; l'ambassadeur de Turquie ; M. de Lagan, consul général de France à Tunis et M. F. de Lesseps, l'ingénieur français, celui qui devait quelques années plus tard immortaliser son nom par le percement de l'isthme de Suez, comme il y ajoutera une auréole de plus en dirigeant le percement de l'isthme de Panama (1).

(1) M. de Lesseps s'intéresse en ce moment tout particu-

Le 25 novembre, Son Altesse rendit visite au maréchal Soult, duc de Dalmatie, ministre de la guerre, et à tous les membres du cabinet. Son Altesse eut une conversation particulière avec M. Guizot ; le prince Mustapha et le chevalier Ruffio y assistèrent.

Le 26 novembre, Son Altesse alla aux Invalides. Elle fut reçue, à sa descente de voiture, par le gouverneur, maréchal Oudinot, duc de Reggio, appuyé sur le bras de son fils, le marquis Oudinot. Après l'avoir remercié dans les termes les plus affectueux : « Je viens, lui dit Son Altesse, sous les auspices d'un grand roi, visiter un monument où la gloire habite, et je suis heureux d'y être reçu par celui qui est si digne d'y tenir la première place. »

Sur les instances de Son Altesse, le maréchal se retira dans ses appartements et le général Petit fit à Son Altesse les honneurs de l'hôtel.

Sidi-Ahmed passa d'abord tous les invalides en revue dans la cour de l'Horloge et voulut, malgré la pluie, parcourir tous les rangs. « Que ne puis-je, dit Son Altesse, interroger tous ces braves. Ils seraient pour moi les livres vivants de l'histoire contemporaine et leurs paroles confirmeraient les

---

ièrement au projet du commandant Roudaire, c'est-à-dire à la mer intérieure des Chotts.

La réalisation de ce projet aurait pour la Tunisie une importance considérable et occasionnerait un changement heureux dans l'état climatérique de la Régence.

hauts faits que je lis sur leurs mâles figures et dans leurs nobles cicatrices. Dites-leur cela, général. »

Son Altesse entra ensuite dans l'église. Les aumôniers s'empressèrent de lui montrer les drapeaux pris, sur l'ennemi, qui en décorent les murailles.

« La France, dit Son Altesse, n'entreprendra que des guerres justes. Qu'il soit permis à son fidèle allié et ami de faire des vœux pour que la victoire couronne toujours les entreprises de vos armées. »

Parvenu devant le cercueil monumental de l'empereur Napoléon Ier, Son Altesse se recueillit longtemps : « Voici, dit-elle enfin, celui qui a rempli l'univers de son nom et dont la gloire éclaire encore le monde. »

Peut-être, dans sa profonde méditation, Son Altesse avait-elle songé que, comme elle, Napoléon était originaire de la Corse !

Sortant de l'église, Son Altesse se rendit à l'infirmerie, dont elle admira fort l'ordre et la propreté. S'arrêtant d'elle-même devant deux jeunes religieuses, Son Altesse leur dit : « Vous êtes les mères de la victoire. Les soldats ne craignent pas la mort ; ils ne craignent pas davantage les blessures quand ils savent que vos mains doivent les panser et que vous leur réservez, dans cette maison, les mêmes soins qu'ils trouveraient dans leurs familles. »

Dans la galerie des tableaux où sont représentés les gouverneurs des Invalides et les souverains qui se sont le plus occupés de cet établissement, Son Altesse contemplant les portraits de Louis XIV et de Napoléon Ier dit : « Je vois que chez vous tout a été créé pour faire naître dans les armées une constante émulation. Depuis le soldat jusqu'au maréchal, chacun trouve ici sa place. »

Tenant l'épée de Napoléon Ier, Son Altesse dit : « Cette épée a remporté bien des victoires ; mais la plus belle c'est quand les Français s'égorgeaient entre eux de les avoir défendus contre eux-mêmes et leur avoir donné la paix, cette paix qu'un autre grand roi leur conserve sans qu'il leur en ait coûté une goutte de sang. »

De là, Son Altesse alla à l'Ecole militaire, où l'attendait le général Sébastiani.

« Je sais, dit Son Altesse, que l'exactitude est, en France, la politesse des princes ; mais des généraux, des soldats français, dignes émules de ceux que je viens de voir, m'excuseront d'avoir oublié la marche du temps devant le tombeau et au milieu des vieux compagnons d'armes de l'empereur Napoléon. »

Le 28 novembre, Son Altesse visita en détail le palais des Tuileries ; le 29, le dépôt central d'artillerie. Le soir, Son Altesse assistait au Théâtre-Français à une représentation de *Phèdre*. Son Altesse fut chaleureusement acclamée par les spectateurs.

Le 30, Son Altesse, après avoir eu la visite du duc

de Montpensier, se rendit à l'Hôtel-de-Ville. Une chose surprit par dessus tout Son Altesse, ce fut de voir les monuments commencés par l'empereur Napoléon achevés par le roi Louis-Philippe et ses prédécesseurs. En Orient, le souverain qui monte sur le trône laisse là, terminée ou non, l'œuvre de celui auquel il succède, pour en construire une autre à côté.

M. de Rambuteau, préfet de la Seine, fit à Son Altesse, les honneurs de l'Hôtel-de-Ville (brûlé en 1871, reconstruit en 1882) et lui montra les plans de Paris, Paris au point de vue de ses fortifications, de l'éclairage, de ses monuments : « Ah! s'écria Son Altesse, je n'avais encore vu dans Paris qu'une grande ville, je vois maintenant qu'il y en a plusieurs en une seule. »

Le 1er décembre, Son Altesse fut à Versailles. Les grandes eaux jouèrent devant elle. Son Altesse fut reçue par le général Regnault de Saint-Jean-d'Angely, le colonel de la garde nationale et d'autres personnages. Son Altesse visita avec intérêt les jardins et le palais de Trianon dont elle admira l'heureuse ordonnance.

Revenue dans le parc, Son Altesse a assisté de bassin en bassin à toutes les surprises des différentes pièces. Arrivée devant le bassin de Neptune, elle dit : « Il fallait le génie de la France pour arracher les vapeurs des nuages et les leur renvoyer en gerbes éblouissantes. »

Sur les instances du roi, le bey avait collationné au château de Saint-Cloud.

Ayant appris que les élèves de l'Ecole spéciale militaire de Saint-Cyr (d'où sortent tous les ans plusieurs centaines d'officiers) manœuvraient près de Versailles, Son Altesse les rejoignit, les passa en revue et dit à leurs chefs : « J'avais déjà vu en France et à Paris des soldats de toutes armes, mais ce que je n'avais pas vu encore c'est un régiment d'officiers. Je connaissais la gloire passée de la France, j'ai vu sa gloire présente, je vois ici sa gloire à venir. »

Le 2 décembre, Son Altesse revint à Versailles. M. de Cailleux, directeur des musées royaux et le général de Ruminy, envoyés par le roi, le conduisirent dans les galeries historiques.

Au bout d'une heure, ils arrivèrent dans une salle où un déjeuner était servi à l'intention de Son Altesse; parmi les convives on remarquait le célèbre peintre Horace Vernet et le duc d'Elchingen, prince de la Moskowa, qui, sur la demande de Son Altesse, lui expliqua la bataille de la Moskowa, dont on venait d'admirer le tableau qui la représentait. Son Altesse exprima qu'elle regardait comme une bonne fortune d'avoir entendu raconter ce haut fait d'armes par le fils du héros qui avait mérité de porter le nom de sa victoire.

Son Altesse laissa 1,000 fr. pour les pauvres de Versailles.

Le 4 décembre, Son Altesse visita la manufacture des Gobelins. Elle fut reçue par M. Lavocat, directeur de cet établissement. Son Altesse parcourut les diverses salles, se faisant expliquer tous les détails de cette importante fabrication et parut émerveillée de la beauté des produits et de leur rare perfection. La tapisserie qui attira le plus son attention fut la reproduction du magnifique tableau d'Horace Vernet : *Le massacre des Mamelouks, au Caire*, dont Son Altesse avait vu récemment l'auteur. Son Altesse resta quelques instants dans une contemplation silencieuse devant ce chef-d'œuvre dont le sujet lui rappelait une des scènes les plus mémorables de l'histoire moderne de l'Orient.

Deux heures plus tard, Son Altesse se retirait en faisant exprimer, par son interprète, M. Desgranges, au directeur, toute son admiration pour les merveilles des arts et de l'industrie en France. Son Altesse fit ajouter : « J'ai vu ici beaucoup de fleurs et chacune d'elles vaut un diamant. »

Des Gobelins Son Altesse se rendit à la Bibliothèque Nationale. Au dépôt des médailles, les camées, les monnaies des kalifes, celles de Carthage, attirèrent particulièrement son attention, ainsi que les armes des rois de France, celles d'Henri IV surtout. Son Altesse lut plusieurs manuscrits arabes et turcs et partit en disant « qu'elle le faisait avec regret, mais qu'elle respectait les règlements inviolables de la prudence qui ne permettaient pas d'éclairer la nuit ce palais des lumières de la science et qu'un malheur arrivé à la Bibliothèque de Paris serait une calamité pour le monde entier. »

Sidi-ben-Ayet était venu rejoindre le bey à Paris.

Le 5 décembre, Son Altesse assista à un grand dîner au ministère de la guerre. Son Altesse remarqua l'ensemble du salon des armes. Le lustre est composé uniquement de sabres de cavalerie, de pistolets et de gourmettes. Sa forme est élégante et quand les cercles de lampes à globes de cristal, entremêlés de bougies, sont allumés, on ne peut soutenir l'éclat des reflets qui scintillent sur l'acier poli qui présente ses lames ou ses facettes dans toutes les directions. Les porte-bougies autour des glaces sont formés de pistolets, la crosse en bas et dont les canons reçoivent chaque bougie. Les sabres droits ou recourbés forment autour des trophées des balustrades d'un goût aussi pur que simple. Enfin, les colonnes et pilastres cannelés, figurés au moyen de canons de fusils et leurs chapiteaux au moyen de pistolets, la crosse en l'air, sont dans des proportions avouées par le bon goût architectural.

Le 6 décembre, Son Altesse, son ministre de la guerre, son ministre des finances et le chevalier Ruffo, ainsi que le duc de Nemours, entendirent un charmant concert chez M. Guizot. Le duc de Montpensier n'arriva qu'à onze heures du soir;

Son Altesse avait été retenue à Versailles au banquet des officiers d'artillerie qui fêtaient la Sainte-Barbe, leur patronne. Le concert fut terminé à onze heures et demie.

Le 9 décembre, Son Altesse partit pour le château de Vincennes, assister à une fête à laquelle on l'avait conviée.

Toute l'école et son jeune commandant, le duc de Montpensier, prit les armes à son arrivée. Son Altesse s'intéressa beaucoup aux manœuvres exécutées en sa présence et particulièrement à celles des chasseurs d'Orléans (actuellement Chasseurs à pied) dont tous les mouvements se firent au pas gymnastique. « Quel rempart, dit le bey, pourrait tenir contre un tel ouragan ? »

Son Altesse voulut absolument manger du pain cuit dans un four de campagne des chasseurs de Vincennes.

Dans la soirée on tira un magnifique feu d'artifice accompagné du bruit de 200 pièces de canon. Le bouquet représentait un magnifique palais enchanté. « Dieu n'avait pourtant donné qu'une couleur à la lumière, dit Son Altesse, et j'en vois ici de mille sortes ! »

Le 10 décembre, Son Altesse visita l'école polytechnique et le panorama des Champs-Elysées où était représentée la bataille d'Eylau.

Le 11 décembre, Son Altesse parcourut les ateliers d'orfèvrerie de M. Christofle et écouta avec intérêt les explications qui lui furent données sur le procédé de M. de Ruoltz.

Dans la soirée, une fête magnifique fut, au ministère des affaires étrangères, le rendez-vous de tous les hauts personnages désireux de voir Son Altesse de près.

Le 12 décembre, une revue eut lieu au Champ-de-Mars, en présence de Son Altesse. Toutes les troupes de la garnison de Paris y prirent part, sous les ordres de S. A. R. le duc de Nemours. 28,000 hommes étaient sous les armes, savoir : 24 bataillons, 35 escadrons et 4 batteries d'artillerie.

Le bey portait un costume éclatant de pierreries et le grand cordon de la Légion d'honneur. Il était accompagné de son ministre de la guerre et de plusieurs officiers tunisiens.

Il se rendit ensuite à la chambre des pairs, visita le Luxembourg, remit 100 francs au doyen des vétérans de la compagnie casernée dans ce palais. (C'était un vieux soldat de Louis XVI, de la République et de l'Empire, qui était plus que centenaire.) Son Altesse s'arrêta devant les tableaux représentant le massacre des Mamelouks au Caire et le maréchal Moncey à la barrière de Clichy, dont Son Altesse possédait une gravure à Tunis. Il parcourut divers ouvrages arabes et des fragments de l'histoire de l'Empire-Ottoman.

Il alla ensuite se promener au Jardin d'acclimatation. Ayant remarqué que quelques loges d'animaux portaient la mention que ces bêtes avaient été données par lui, il promit d'en renvoyer bientôt d'autres.

Le 14, Son Altesse visita le cimetière du Père-Lachaise et dîna au ministère de la marine.

Le 15 décembre, Son Altesse fut reçue aux Tuileries en audience de congé par le roi et sa famille.

Le 16 décembre, Son Altesse partit pour Fontainebleau, après avoir envoyé 25,000 francs au préfet de la Seine pour les pauvres.

Son Altesse était accompagnée du colonel Thiéry, chargé par le roi de la recevoir au château où elle s'arrêta deux jours.

Des officiers du 1er hussards ayant voulu lui être présentés, leur colonel, M. Berryer, adressa à Son Altesse une chaleureuse allocution. Sidi-Ahmed répondit : « Je vous remercie, colonel ; je remercie les braves officiers de votre régiment. Leur démarche et vos paroles m'ont vivement touché. L'aspect de vos braves mutilés dans vos batailles et le tombeau de leur grand empereur devaient naturellement me rappeler les hauts faits d'armes de vos armées. La vue de vos soldats, leur admirable discipline, leur instruction, m'ont convaincu que les fils seront dignes des pères. En contemplant la jeunesse savante et guerrière de vos écoles, j'ai compris que la gloire militaire n'était pas seulement chez vous le prix du courage et que l'héritage des pères était, par de sages institutions, assuré à l'avenir. Avant d'avoir visité la France, je ne pouvais pas plus me rendre compte des miracles de la civilisation que ne le ferait un aveugle des effets magiques de la peinture. Maintenant j'ai vu, j'ai vu, j'ai vu. La réalité a surpassé tout ce que pouvais imaginer.

« Après Paris, je croyais que rien ne pourrait plus m'étonner, mais ce palais de Fontainebleau me frappe d'une admiration nouvelle, j'y retrouve à chaque pas la trace des efforts qu'ont fait successivement tant de rois pour porter la France au degré de splendeur où elle est parvenue ! »

Les pauvres de Fontainebleau eurent part aux bienfaits de Son Altesse, qui remit en outre 20,000 francs au colonel Thiéry pour les gens de la maison du roi attachés à son service pendant son séjour à Paris.

Le 18 décembre, le bey de Tunis arrivait à Sens. Une splendide ovation lui fut faite. Son Altesse donna 1,500 francs aux pauvres et une superbe tabatière au principal du collège.

Le 19 décembre, le bey passait à Dijon.

Le 20 décembre, le bey arrivait à six heures du soir à la barrière de la citadelle de Chalon-sur-Saône (la neige avait retardé la marche des voitures), où l'attendaient les autorités de la ville, accompagnées du commissaire de police, d'un détachement de sapeurs-pompiers et de toutes les brigades de gendarmerie sous le commandement du sous-lieutenant Brun. M. le sous-préfet, dans une courte et brillante allocution, complimenta Son Altesse à son arrivée à l'hôtel du Parc. La Société de musique militaire, qui s'était spontanément réunie pour offrir au bey une sérénade, exécuta plusieurs morceaux sous la direction de *notre parent*, M. Vasselin, son président.

Son Altesse reçut les autorités qui s'étaient rendues auprès d'elle, puis elle envoya M. Desgranges, son interprète, prier les membres de la Société de musique militaire de se rendre auprès d'elle. Admis en sa présence, M. Vasselin s'adressa à Son Altesse, qui lui répondit en lui exprimant tout le plaisir qu'elle éprouvait pour cette bienveillante attention, « dont elle garderait un précieux et bien doux souvenir, et qu'elle était on ne peut plus reconnaissante de cet accueil, dans lequel elle retrouvait le caractère de la nation française qu'elle aimait à l'égal de son peuple. »

Le lendemain, à neuf heures du matin, Son Altesse montait à bord du bateau à vapeur faisant le service entre Lyon et Chalon. Avant de quitter cette dernière ville, Son Altesse avait chargé le commissaire de police de remettre au maire 1,500 francs pour les pauvres. Son Altesse avait également fait parvenir à M. Vasselin une bague enrichie de brillants (*cette bague est conservée dans nos joyaux de famille*), en le priant de l'accepter comme un souvenir de son passage et comme une marque de sa vive reconnaissance.

Pendant son second séjour à Lyon, Son Altesse envoya au maire une nouvelle somme de 2,500 fr., en exprimant le désir qu'on fît immédiatement une distribution de combustible aux pauvres. Il donna aussi 1,000 francs à l'œuvre du Bon-Pasteur et consacra une somme importante au soulagement d'infortunes particulières.

Le 22 décembre, Son Altesse couchait à Valence.

Le 23 décembre, Son Altesse était reçue, à son arrivée à Marseille, par le préfet, auquel Son Altesse fit une longue réponse, dans laquelle se trouvaient plusieurs allusions aux rapports commerciaux qui existent depuis tant de siècles entre la régence de Tunis et Marseille.

« Quoique Marseille, a dit Son Altesse en finissant, soit la dernière ville que j'aie visitée dans le beau pays de France que je viens de parcourir, j'ai une grande satisfaction à m'arrêter au milieu de sa population. J'ai toujours eu en vue de favoriser les rapports qui existent entre Tunis et cette belle ville, et, en songeant à l'amitié qui m'a été témoignée partout en France, je me rappellerai toujours que Marseille et Tunis sont unies comme deux sœurs par la mer qui les baigne l'une et l'autre. »

Au discours du président de la Chambre de commerce, Son Altesse répondit : « Je regrette de ne pas pouvoir rester plus longtemps au milieu de vous ; mais quant aux fêtes que vous auriez pu me donner, je vois dans vos yeux le témoignage de tant d'amitié pour moi que vous ne pourriez m'en offrir de plus belles ! »

Le président du tribunal civil exprima à Son Altesse, au nom de la magistrature, la satisfaction qu'éprouvait la population à recevoir le bey de Tunis.

Son Altesse lui répondit : « Après avoir traversé la France et vu la belle organisation de ce grand État, j'ai admiré la sagesse du chef qui le gouverne. Je suis heureux de me trouver au milieu de magistrats et de fonctionnaires qui concourent à son administration. Il faut que les interprètes des lois y remplissent toutes leurs fonctions avec beaucoup de zèle et d'habileté pour que l'ensemble du gouvernement marche avec une aussi admirable régularité. »

Après quelques paroles du maire de Marseille, Son Altesse, s'adressant au préfet ainsi qu'au maire, dit : « Je voudrais me trouver devant toute la population de Marseille et parler à chacun de ses habitants ; mais, comme cela est impossible, je ne puis mieux m'adresser qu'à ses deux premiers administrateurs pour les prier de lui redire combien je suis reconnaissant de l'accueil que j'ai reçu en France et à Marseille en particulier. »

Le bey visita ensuite la raffinerie du marquis de Forbin-Janson.

Son Altesse arriva le 25 à Toulon et s'embarqua pour Tunis le 26 décembre.

Son Altesse laissa à tous ceux qui eurent l'honneur de l'approcher pendant son séjour en France des présents d'une magnificence vraiment orientale.

Son Altesse avait fait remettre à M. Guizot, ministre des finances, une paire de babouches enrichies de diamants, et à Mmes Guizot des bracelets d'une grande valeur.

M. Guizot fit reporter le même jour ces cadeaux au bey, en disant qu'il avait pris pour règle de ne jamais rien accepter. Son Altesse comprit parfaitement la délicatesse des sentiments du ministre et n'insista pas.

Son Altesse donna à tous les membres du cabinet des décorations d'un grand prix, et s'étant souvenue que M. Molé, pendant qu'il était ministre des affaires étrangères, avait conclu avec la Tunisie une convention, voulut lui rendre visite et lui témoigner sa gratitude par la remise d'une décoration fort riche.

Parmi les personnes qui reçurent encore le Nicham, nous devons citer M. Larivière, le célèbre peintre d'histoire, chargé par le roi de faire le portrait de Son Altesse.

Sidi-Ahmed avait eu tout récemment l'heureuse idée d'assimiler les statuts de cet ordre à ceux de la Légion d'honneur.

Dans toutes les villes où il passa, on fut frappé de la dignité répandue dans toute la personne du bey, de la vivacité intelligente de son regard, du tour expressif imagé et original qu'il sut donner à sa pensée.

Sidi-Ahmed avait de 45 à 50 ans ; sa figure était belle et dénotait une grande finesse et une vive intelligence. Il était de taille moyenne, avait le teint un peu basané, les cheveux et la barbe presque entièrement blancs.

Nous pouvons dire que si Son Altesse emporta un bon souvenir de la France, on en conserva dans notre patrie un excellent du souverain de la Tunisie, qui partout laissa des traces de sa générosité.

Secondé par son ministre, le chevalier italien Ruffio, Sidi Ahmed, à son retour de France, chercha à européaniser ses Etats. Il commença par l'abolition des marchés de noirs.

1847. — Négociations du général français Clausel tendant à la cession, à des princes de la famille Hassan, des provinces d'Oran et de Constantine, moyennant un tribut annuel de 1,000,000 fr. par province. Le bey de Tunis se prêta avec empressement à cet arrangement, qui ne fut pas ratifié par le gouvernement français.

Arrivée du premier frère de la Doctrine chrétienne et de la première sœur de saint Vincent de Paul, destinés, à Tunis, à l'enseignement de la jeunesse.

1848. — En 1848, à l'une des fêtes qui eurent lieu au Bardo, Sidi-Lamin, frère du bey Ahmed, portait le costume national et élégant des Magrebins. Sidi-Lamin avait 25 à 26 ans ; c'était un beau jeune homme, d'une taille au-dessus de la moyenne, d'une physionomie vive et spirituelle. Un turban de mousseline blanche de fabrique indigène s'enroulait gracieusement autour de sa tête. Une longue tunique de soie blanche ouverte sur la poitrine laissait entrevoir une veste en drap bleu d'outremer, couverte de broderies en lacets d'or, représentant les plus capricieuses arabesques.

1849. — Abolition complète de l'esclavage dans la Régence.

1850. — Les tribus nomades s'étant révoltées se réfugient dans l'amphithéâtre de Thysdrus et de là bravent pendant plusieurs jours les troupes beylicales venues pour les réduire. Ahmed fait pratiquer une coupure de 30 mètres à ciel ouvert dans l'enceinte de ce monument.

1854. — 10,000 hommes de troupes sont envoyés de Tunis à Constantinople, au moment de la guerre de Crimée.

1855. 31 mai. — Mort du bey Ahmed, des suites d'une attaque de paralysie. Son cousin Mohammed lui succède. Ce souverain était animé des meilleures intentions. Il fut malheureusement trop à la merci de ceux qui l'exploitaient. Le prince et ses sujets se ruinèrent tandis que d'autres amassaient de scandaleuses fortunes.

Une leçon d'administration fut donnée à Ahmed par Sidi-Salah-ben-Mohammed, kaia d'El-Kef.

Ahmed l'ayant demandé à Tunis, Sidi arriva très promptement, le bey lui en témoigna son étonnement. « Sidi, répondit Salah, autrefois je mettais, en effet, quatre jours pour venir du Kef, mais depuis quelques années tout ce qui est hors de chez moi se dépeuple si prodigieusement que, pour trouver des poules à manger, j'ai été obligé de doubler les étapes. »

1856. — Le Bardo renferme deux châteaux dont l'un est affecté aux fêtes religieuses. Le bey se tenait au Bardo en 1856. Ses autres résidences de plaisance étaient La Goulette, La Manouba, Hammam-El-Lif, Mamoudia. (Ce sont encore aujourd'hui celles de S. A. R. Sidi-Ali-Bey.) Les kaia sont à Gabès, Kairouan, Biserte et El-Kef.

Mohammed lève la défense, jusque-là en vigueur, de laisser débarquer à Tunis des femmes étrangères.

1857. — Des ingénieurs français, comme en 1841, sont chargés de faire une carte de la Tunisie.

Au mois d'août, les difficultés occasionnées par

la mort d'un juif, menacent de devenir sérieuses. Un derviche, ayant, sur une place, désigné un israélite comme blasphémateur, la populace se rua sur ce malheureux et ce ne fut qu'à grand'peine qu'on put le faire réfugier à la Bourse. La foule envahit cet édifice où elle brisa tout. De là, elle se porta aux bureaux des Messageries en criant : « Mort aux juifs, mort aux Français. » Le consul français se rendit en toute hâte auprès du bey Mohammed et réclama des troupes pour la protection des personnes et des propriétés européennes.

Le 31 août, l'escadre d'évolutions française portant le pavillon de l'amiral Tréhouart arrive en rade de La Goulette. Elle comprenait : les vaisseaux à vapeur *Bretagne, Ulm, Tourville, Austerlitz, Algésiras, Arcole, Prince Jérôme* ; la frégate à vapeur l'*Isly* et la corvette à vapeur *Duchayla*. Sur la déclaration de l'amiral que l'escadre ne venait que pour prêter main-forte à ses projets de réforme, le bey promulgua de nouvelles lois concernant l'égalité civile, l'abolition des monopoles, la liberté de commerce, le droit complet de propriété pour les Européens.

Le 9 septembre, en présence de l'amiral Tréhouart et de soixante officiers de marine français, le bey, entouré du corps consulaire, les hauts dignitaires de la Régence, jura solennellement de respecter la vie de tous ses sujets quelle que fût leur religion et leur nationalité et l'égalité de protection. Après avoir reçu le serment du bey, les ulémas firent une invocation à Allah et lui demandèrent de bénir les résolutions du prince Mohammed.

1858. — Le 3 janvier, l'empereur Napoléon III, persuadé de la loyauté du bey de Tunis, lui envoya le grand cordon de la Légion d'honneur ; ces insignes étaient enrichis de brillants.

Son Altesse convoqua, au Bardo, tous les consuls et dignitaires de la Régence. M. L. Roches, chargé d'affaires de France, accompagné des officiers de la légation, des députés, des notables de la nation française, se rendit au palais dans les voitures de la cour.

Introduit par le ministre des affaires étrangères, comte Rufflo, M. L. Roches, après avoir annoncé au bey la haute faveur dont il était l'objet, le revêtit lui-même des insignes portés sur des coussins par les officiers de la légation et lui donna l'accolade. « Sidi-Mohammed, dit un témoin oculaire, avait peine à contenir l'émotion et la joie qu'il ressentait ; il les maîtrisa cependant et dans sa réponse témoigna hautement de sa reconnaissance pour la France ; il renouvela sa promesse, récemment faite dans cette même salle, de mettre le plus promptement possible à exécution les réformes qu'il avait décrétées. »

Les Français offrirent une épée d'honneur à M. Roches.

A cette occasion, M. Roches donna une fête splendide en présence de Sidi-Hossein, beau jeune homme de 18 ans qui sortait pour la première fois du harem et dont chacun s'est plu à admirer la figure douce et intelligente. Sidi était le fils du bey Mohammed retenu par sa santé et un régime sévère aux bains d'Hammam-El-Lif. Sidi-Hossein était accompagné du premier ministre Mustapha-Kasnadar, du gendre et du beau-frère de Son Altesse, et d'une suite d'officiers, tous en grand uniforme. Les corps consulaires, les chefs des religions grecque et juive y assistaient avec l'élite de la colonie européenne. Dans la cour de la légation, autour de laquelle régnait une galerie supportée par des arcades, se pressait une foule d'indigènes, à qui l'on avait permis de venir écouter la musique de la garde du bey, que Son Altesse avait daigné mettre à la disposition de M. Roches, ainsi que des chanteurs et un conteur arabe. Le mélange des costumes avait un cachet tout à fait particulier et qui s'accordait bien avec le caractère de fusion entre chrétiens et musulmans qui était celui de la fête elle-même.

1859. — On tue les condamnés par les moyens suivants :

Turcs ou *Krougoulis* (1) étaient étranglés dans

---

(1) Les Krougoulis étaient les naturels du pays, mais fils de Turcs ou de Mamelucks, ou de cette race.

une salle de la citadelle. *Maures* avaient la tête tranchée avec le sabre, au Bardo : deux exécuteurs se plaçaient à droite et à gauche du patient qui avait les yeux bandés. L'exécuteur de droite le piquait au bras avec la pointe d'une épée, ce qui lui faisait vivement tourner la tête, tandis que l'autre exécuteur, profitant du moment où il avait la tête inclinée sur l'épaule droite la lui tranchait d'un seul coup de yatagan. *Marocains, soldats kabyles ou Zaouaouas* étaient pendus à la porte Bab-El-Suec. Les *militaires* étaient fusillés.

Les femmes étaient noyées dans le lac El-Bahyrah. On les emmène dans l'île de Kerkeni parce que le lac n'a plus assez de fond.

On employait encore la bastonnade. Les condamnés avaient aussi quelquefois le bras ou le poignet coupé, attachés au cou ils étaient promenés, assis à rebours sur un âne. Les voleurs étaient mis aux karaka (galères) de La Goulette, prison où l'on enfermait les détenus avant leur jugement.

Mohammed entreprend la restauration de l'aqueduc de Carthage qui conduit de l'eau potable à Tunis.

Construction du palais du consulat de France.

1859. — Le 22 septembre, le bey Mohammed meurt dans son palais de La Marsa, près de Carthage. M. Thiébaut, chirurgien de 1re classe, envoyé par le gouvernement français, le trouva dans un état désespéré, entouré de médecins italiens qui avaient toute sa confiance. Il succombait à un diabète sucré et à une affection purulente.

Mohammed avait épousé la favorite Janéna, qui vit encore retirée à la Manouba, respectée et considérée comme princesse.

Sidi-Mohammed était dans un âge encore peu avancé. Successeur de son cousin germain Sidi-Ahmed, ce prince n'a gardé que quelques années les rênes du gouvernement de la Régence ; néanmoins, durant ce court règne, il a su s'attirer, par sa douceur et son équité, autant que par le développement qu'il a donné, dans son pays, à l'industrie et à l'agriculture, les sympathies unanimes de ses sujets et de la colonie européenne établie à Tunis ; sa fin prématurée a causé un deuil général dans la *Régence*.

Le 23 septembre, Sidi-Mohammed, frère puîné de Mohammed, inaugure son arrivée au trône en prêtant serment à la constitution proclamée par son prédécesseur et en vertu de laquelle les habitants de la Régence devaient jouir également des mêmes prérogatives, sans distinction de race ni de religion.

Son frère Hamouda est nommé bey du camp. Il mourut subitement.

Investiture religieuse du bey de Tunis, par le Sultan. — Au mois de décembre, la mission extraordinaire de Son Altesse, près du sultan, fut reçue, à son arrivée à Constantinople, avec des marques d'honneur tout à fait exceptionnelles, selon les ordres de la Sublime-Porte. Son Ex. Kérédine, général de division et ministre de la marine de la Régence, chargée par Son Altesse de remplir une aussi importante et aussi délicate mission, fut logée dans un palais de l'État ; des gardes d'honneur, des voitures de la cour et des embarcations de parade furent mises à sa disposition.

Malgré les graves préoccupations des ministres ottomans, la mission tunisienne fut très heureuse. En moins d'une semaine, Son Ex. Kérédine s'acquitta des hautes fonctions que lui avait confiées son souverain. Il revint dans la Régence porteur d'une lettre autographe du sultan au bey de Tunis, ainsi que de deux décorations en brillants, de la classe suprême de l'ordre impérial, du Mérite personnel et du Medjidié et d'un magnifique sabre enrichi de pierreries pour Son Altesse.

Son Ex. Kérédine fut décorée de l'ordre de Medjidié de 2ᵉ classe et reçut un sabre d'honneur d'un grand prix. Les généraux de brigade Hossein et Mohammed qui l'accompagnaient reçurent le Medjidié de 3ᵉ classe et des sabres magnifiques.

Ali-Bey, secrétaire du sultan, se rendit à Tunis pour la remise et la lecture du firman d'investiture.

Son Altesse Royale étend encore la promesse de son premier acte de gouvernement plutôt que ses garanties en cherchant à introduire dans son pays les mœurs et les institutions de l'Europe occidentale. Elle emprunte à la France son système d'impôts, sa circonscription militaire, ses lois commerciales et jusqu'au libre échange. Fondation du *Moniteur officiel.*

N'oublions pas de signaler les fouilles faites à Carthage par M. Beulé et ses importantes découvertes sous la chapelle de Saint-Louis.

Le 17 septembre 1860, Napoléon III, accompagné de l'impératrice Eugénie, arrivait à Alger. Dans la journée, Mohammed-Es-Saddock venait les complimenter. Une grande fête eut lieu, sous la direction du général Yousouf. Neuf à dix mille cavaliers, au triple galop, se précipitèrent en déchargeant leurs armes devant la tente impériale. Une charge de douze escadrons de spahis traversa la plaine comme un ouragan. Il y eut des joutes, des chasses à la gazelle, à l'autruche, au faucon; un défilé de Touaregs et de Chambas. Les chefs mirent pied à terre et vinrent tous ensemble présenter le cheval de *Gaada,* tout caparaçonné d'or, et faire acte de soumission au souverain français. S. A. R. le bey de Tunis assistait à cette fête, ainsi qu'à la revue des troupes des trois provinces passée le 19 septembre.

Dans ce voyage, Mohammed-Es-Saddock fut fier de remettre à l'empereur le manuscrit de ce qu'il appelait: *Le Code des lois et de la Constitution de la Régence de Tunis.* Son séjour à Alger fut brillant: félicité pour ses projets, comblé d'honneurs et de cadeaux par l'empereur, il revint à Tunis avec l'idée bien arrêtée de mettre ses desseins à exécution.

Etablissement de la conscription.

1861. — *Fêtes de la Constitution*. Au mois d'avril, S. A. R. Sidi-Mohammed-Es-Saddock, et les grands dignitaires de la Régence prêtèrent serment à la Constitution octroyée en 1857, et le Grand-Conseil ainsi que les tribunaux furent installés pour la mise en vigueur de cette constitution. Des cérémonies brillantes eurent lieu à cette occasion. Ces fêtes n'ont pas eu seulement un caractère officiel; la population tout entière a manifesté de son attachement au souverain et sa reconnaissance pour la régénération qu'il venait d'effectuer si heureusement dans ses Etats.

Cet enthousiasme répondait victorieusement aux doutes et aux craintes qui avaient été exprimées au sujet de l'accueil que recevrait auprès des musulmans l'acte libéral et civilisateur de Mohammed.

La Régence de Tunis, écrivait à cette époque M. A. Moynier, forme un heureux contraste, avec d'autres pays où, naguère encore, le fanatisme religieux se traduisait par des actes d'un autre siècle. On se rappelle que c'est au moment où les massacres ensanglantaient la Syrie que le bey s'est rendu à Alger, auprès de l'empereur Napoléon III, pour protester, par son attitude, contre la barbarie de ses coréligionnaires égarés.

« Si cette Régence est aujourd'hui le seul pays de l'islamisme où les regards ne soient pas attristés par le spectacle du désordre et de la désorganisation, on ne doit pas oublier que c'est en partie aux conseils de la France qu'elle le doit. » (A. Moynier, Tunis, le 18 avril 1867).

Mohammed était arrivé au palais dans une voiture de gala traînée par six chevaux, précédée de troupes à cheval et d'un brillant état-major. Une haie de fantassins contenait avec peine le public enthousiaste. Son Altesse Royale fut saluée par les acclamations de la foule, qui était considérable.

Mohammed prêta serment dans la salle du Trône, au Bardo, devant les représentants des puissances étrangères et les principaux chefs de la Régence.

Dans la soirée, la cour et l'escalier des Lions, au Bardo, furent illuminés.

Son Exc. le général Kérédine, ministre de la marine en 1861, fut l'un des promoteurs de cette constitution et de la rédaction des codes que Son Altesse Royale accorda à son peuple.

L'organisation des grands corps de l'Etat, des tribunaux, des municipalités, des travaux publics, de la presse, sont autant d'améliorations dont le général Kérédine a pu revendiquer la plus grande part d'initiative.

1863. — Mohammed-Es-Saddock, voulant faire acte d'autorité, envoie son frère, le général Hamouda, contre les Khroumirs. Le général débarqua sur la plage, mais ne put jamais franchir l'Oued qui est près du Bordj, en face de Tabarca; après trois mois d'attente, de négociations et de tentatives infructueuses, il dut rentrer à Tunis. Les Khroumirs lui permirent seulement de faire passer l'Oued chaque jour à quelques soldats qui allaient aux provisions, moyennant argent comptant, auprès des femmes arabes protégées par des soldats armés qui se trouvaient près d'elles. Les Khroumirs étaient cependant tributaires de la Tunisie.

En mai 1863, le bey dut conclure, pour une durée de quinze années, un premier emprunt de 15,000,000 avec MM. Oppenheim et Erlanger, à raison de 12 0/0 d'intérêt annuel.

A partir de ce jour commencèrent les embarras financiers de la Régence.

Cet emprunt était loin de suffire; bientôt les impôts furent doublés, et la capitation (cote personnelle), déjà élevée à 36 piastres, fut portée à la somme énorme de 72 piastres par individu. Les Arabes, écrasés de contributions, se révoltèrent; plusieurs villes de la Régence furent, de part et d'autre, assiégées, prises et pillées, et pendant longtemps les troubles continuèrent dans le pays et en précipitèrent la ruine.

1864. — La population de la Régence, qui s'élevait jadis à 3,000,000 d'habitants, n'est plus que de 2,500,000, dont 2,466,000 Tunisiens. Les autres sont des Suisses, des Arabes, des Kabyles. Mohammed fait continuer les réparations de l'aqueduc de Carthage pour amener de l'eau à Tunis (la Blanche, l'Odorante, la Fleurissante, bâtie non loin du lac El-Bahirah, qui reçut autrefois les flottes romaines et carthaginoises, les bâtiments légers des corsaires et qui, aujourd'hui, n'a plus qu'un faible niveau d'eau).

Insurrection à Tunis, au mois de juillet. — Nous lisons à ce sujet dans un journal de l'époque :

« Ce qui se passe actuellement à Tunis est digne en tous points de fixer l'attention, et l'on comprend sans peine le bruit qui s'est fait autour de cette insurrection, ainsi que les susceptibilités qu'elle a fait naître au sein des gouvernements français et italien. Il ne s'agit pas ici simplement d'une révolte comme il s'en produit tous les jours, le soulèvement des tribus arabes et kabyles contre l'autorité du bey a des causes trop extraordinaires pour qu'on ne s'y arrête pas. Un gouvernement plus libéral que la nation, une nation éprise de despotisme est chose rare. Tel est cependant l'état du gouvernement et du peuple tunisien ; celui-ci voulant, par tous les moyens dont il dispose, faire monter le second au rang des nations les plus civilisées de l'Europe; l'autre se rebiffant contre ce louable désir en exigeant le maintien des plus vieilles et des plus absurdes traditions. Personne n'ignore la situation géographique de la régence de Tunis ; on connaît également ce qu'elle produit et quel rôle intéressant elle remplit sur le petit coin qu'elle occupe en Afrique. Ce rôle, elle le doit tout entier à la dynastie actuelle de ses beys, qui, depuis le commencement de ce siècle, n'ont pas manqué une occasion de rapprocher leurs peuples des grandes nations européennes. Ils commencèrent par abolir l'esclavage des chrétiens et firent fermer le marché des noirs ; la liberté des cultes vint ensuite ; mesures hardies, si l'on considère le fanatisme religieux des populations musulmanes du nord de l'Afrique et leur haine pour les chrétiens. Ces principes établis par des lois, les beys appelèrent près d'eux tous les Européens instruits qui voulurent bien s'associer à leur noble entreprise : ingénieurs, officiers, savants, lettrés. Sous la direction de ces derniers, qui étaient presque tous Français, la géographie du pays fut connue, des routes s'ouvrirent, des puits artésiens furent creusés, des phares élevés ; les restrictions douanières disparurent ; enfin une constitution d'un libéralisme plus avancé que ce qu'on avait vu de semblable jusqu'alors en Afrique, fut proclamée dans la Régence.

« Les libertés qu'établissait cette constitution, qui est due à Sidi-Mohammed, n'étaient que les prémisses de ce que devait accorder son successeur Sidi-Mohammed-es-Saddock. Malheureusement, tous les peuples ne sont pas aptes à se servir de cet instrument puissant et dangereux que l'on nomme la liberté, les Arabes moins que tous les autres ; aussi les voyons-nous se soulever contre des institutions que tant d'autres eussent bénies.

« Il serait injuste, cependant, de prétendre que la levée des boucliers des Tunisiens ait pour motifs uniques leur horreur des idées européennes. Les dépenses auxquelles entraînaient généralement les réformes ont engagé le bey à surélever les impôts; la capitation, entre autres, qui n'était que de 36 piastres par an (50 fr. environ) a été portée au double. C'est trop, et l'on conçoit que le peuple se soit servi de ce prétexte pour essayer de renverser un gouvernement dont il n'aimait pas l'esprit ; aussi est-ce sur le Khasnadar que se dirige sa colère.

« Le déploiement de forces navales auquel la France, l'Italie, la Turquie et l'Angleterre ont fait assister les habitants de Tunis avait son explication dans les intérêts divers que ces quatre nations entretiennent dans la Régence.

« Bien que la Tunisie n'ait relevé de la Porte que pendant une courte période, la Turquie n'en conservait pas moins l'espoir d'y rétablir sa morne autorité, ce dont eût été fort aise l'Angleterre, qui, à son tour, eût mis la Tunisie sous son protectorat et eût enlevé du même coup à la France une des plus grosses parts de l'influence qu'elle exerce dans la Méditerranée depuis qu'elle a détruit la piraterie.

« C'est pour lutter contre ces desseins malveillants que l'escadre française de la Méditerranée s'est rendue dans les eaux tunisiennes.

« La même nécessité a bien souvent déjà commandé une mesure semblable . . . .
. . . .

« A l'époque qui nous occupe, c'est-à-dire en 1864, voyant arriver la division turque ayant à bord Haïder-Effendi, commissaire de la Porte, l'amiral français, le comte Bouët-Villaumez, l'a prévenu que toute intervention matérielle serait mal accueillie, et que le gouverneur de l'Algérie avait reçu l'ordre d'envoyer ses contingents disponibles dans la province de Constantine, qui, on le sait, est voisine de la Régence.

« Pendant ce temps, l'insurrection augmentait. A Gabès, au Kef, à Djerbi, à Sfax, à Monastir, à Souse, à Nébel, partout les autorités sont en fuite ou enfermées dans les ports. Le bey lui-même n'était plus en sûreté dans son palais. Les chrétiens et les représentants de la France et de l'Italie durent chercher un refuge à bord de l'escadre franco-italienne, tandis que les vice-consuls anglais occupaient paisiblement leurs postes.

« L'ordre ne fut rétabli que grâce à l'intervention énergique de la France, secondée par l'Italie, qui ne pouvait voir, on le conçoit, l'influence anglaise dominer si près d'elle et ne cachait pas la part qu'elle prendrait dans les intérêts français, si par malheur un conflit s'était produit entre les diverses puissances qui surveillaient à ce moment l'insurrection tunisienne.

« Une alliance, basée sur une sympathie commune et sincère, attachait la France, depuis la fin du siècle dernier, à la Tunisie; aussi, est-ce avec un très vif regret que l'on vit en France éclater les événements qui désolèrent la Régence en 1864. Cette rébellion n'aurait eu pour objet que de contraindre Son Altesse Royale à annuler la constitution si libérale qu'il avait octroyée. »

Nous ne croyons pas que l'existence de la dynastie des Hassan ait été menacée, car Hamouda, Mahmoud, Hossein, Mohammed et Mohammed-Es-Saddock doivent occuper un des meilleurs rangs à côté des hommes d'État les plus distingués de l'Europe moderne.

Il fut question de faire débarquer en Tunisie des troupes européennes, parmi lesquelles se trouverait un corps italien composé de deux régiments de ligne, un bataillon de bersaglieri, une batterie d'artillerie, soit 4,500 hommes commandés par le général Longoni. Une seule puissance, l'Autriche, avait protesté.

Le chef des insurgés, Ali-ben-Ghdaoun, fut défait dans le Sahel par Mohammed Zarrone et l'insurrection enfin étouffée.

Révolte des Khroumirs à l'intérieur, à la tête de laquelle se trouvait Sidi-El-Adel, frère du bey. Le mouvement fut vite comprimé ; Sidi-El-Adel, contre lequel s'était avancé S. A. Ali-Bey, fut ramené par la persuasion et conduit au Bardo, où il mourut après avoir bu une tasse de café empoisonné. Il avait trente-deux ans.

1865. — Un rassemblement a encore lieu devant la porte de la kasbah, à Tunis.

Si-Tayeb, frère de Mohammed-Es-Sadock, fut envoyé le 6 juin en Algérie pour complimenter l'empereur. Il est reçu par Napoléon III, à Bône, en même temps que le consul de France à Tunis et l'évêque de Tunis, Mgr Huter, évêque *in partibus* de Rosalia.

Si-Tayeb invita l'empereur à venir à Tunis, où il aurait, disait-il, trouvé, tant à Carthage qu'ailleurs, bien des monuments qui lui eussent été utiles pour la publication de sa *Vie de César*. Mais l'empereur n'accepta pas l'invitation ; il chargea seulement Tayeb de conseiller à son frère d'abandonner cette constitution tunisienne qui ruinait le pays.

Le bey s'étonna d'abord du changement d'avis de Napoléon et ne voulut pas suivre son conseil ; mais M. de Beauval, chargé d'affaires de France, eut raison de l'entêtement de Mohammed-Es-Sadok, qui finit par se séparer de ses caïds bien repus, et substitua à leur justice vénale sa justice expéditive et impartiale que le fellah préférait de beaucoup.

Sous l'influence de ces heureuses mesures, les troubles cessèrent peu à peu dans le pays ; mais ils avaient été fort graves.

Mohammed-Es-Saddock se lia avec l'Europe par des opérations financières, emprunta, émit sur la place de Paris, en 1865, des obligations remboursables par tirages annuels. Le remboursement fit défaut à la première échéance. Il en résulta des complications diplomatiques suivies de menaces de la part de la France et d'une rupture.

1867. — Le 26 avril, Mohammed-Es-Saddock ouvrait, en grand cérémonial, ses nouvelles assemblées au palais de Dar-el-Bey, et faisait, dans son discours du trône, un pompeux éloge du nouvel état de choses et des progrès qu'il allait réaliser. Mais il en advint tout autrement : les princes, les muphtis, les caïds qu'il avait réunis à Tunis étaient moins des conseillers intègres que des sortes de fermiers généraux avides de profiter de leur puissance pour dilapider le trésor.

Le typhus, le choléra et la famine moissonnèrent, en 1867 et 1868, un tiers des habitants dans certaines tribus. Ce fléau était dû aux années stériles et sans pluie de 1865, 1866, 1867 et 1868, où les bestiaux périrent faute de verdure et où les sauterelles s'abattirent sur le pays pour achever de le désoler. L'insurrection de 1865 contribua aussi, dans une certaine mesure, à l'enfantement de l'épidémie.

Mohammed-Es-Saddock contracta de nouveaux emprunts pour soulager son peuple ; mais le désordre était dans toute l'administration ; ses efforts furent vains, et il ne fit que consommer sa ruine générale.

Ces emprunts ne servirent qu'à enrichir certaines personnes ; aucun emploi de fonds n'a été fait pour soulager le peuple ou pour améliorer la situation du pays.

Les prêteurs fournirent quelques vieux vapeurs, des canons inutiles et hors de service, très peu d'argent.

Dans un compte-rendu de l'Exposition universelle de 1867, à Paris, nous lisons :

« Il y a là-bas, de l'autre côté de la mer Bleue, une contrée qu'on nomme la Tunisie, peuplée de lions et de Berbères, de panthères et de Maures, de Juifs, d'Arabes et de chacals, une contrée où viennent du pays des noirs l'ivoire jaune et la poudre d'or, où s'appuie d'un pied Atlas qui porte le ciel ; dans cette contrée se trouve une ville sous les murs de laquelle mourut un roi de France, Tunis, s'il faut l'appeler par son nom, et à peu de distance de Tunis, un palais, merveilleux produit de l'architecture mauresque, le Bardo, où demeure le bey. Eh bien (comment cela a-t-il pu se faire ?) ce palais, un chef-d'œuvre, avec ses murailles garnies d'azulejos, ses arcades en dents de scie et ses dentelles de pierre, un beau matin, dans un coin du Champ-de-Mars, tout près de la porte de Grenelle, a surgi tout à coup et nous est apparu. Pour les bords de la Seine, il a quitté le voisinage du lac El-Bahira, pour l'eau douce l'onde salée, son ciel de feu pour notre ciel gris, pour notre population civilisée, correcte, tirée à quatre épingles, ses tribus fauves et leurs loques théâtrales. Voici ses coupoles de couleurs tranchantes, ses tours dentelées, ses étincelantes toitures. Voici son escalier de marbre, l'escalier des Lions, les rois du désert, devenus chiens à la porte d'un roi plus fort qu'eux et son vestibule multicolore dégagé d'arabesques, ses sveltes colonnes et ses arcades élégantes et légères. Doutez-vous encore ? Du vestibule, jetez un regard à l'intérieur. N'est-ce point le patio que nous apercevons ? Voyez, la fontaine d'eau jaillissante sème dans l'air de cette cour intérieure, avec sa poudre de diamant, sa rassérénante fraîcheur. Entrez, remarquez les œuvres en fer à cheval de sa galerie, ses murailles chamarrées de dessins où flamboie l'or mêlé aux plus vives couleurs. Reconnaissez ces salles et ces cabinets, ces koubas, ces maxoures, ce moucharabich mystérieux, et les appartements du bey, et la salle du Conseil, et le grand salon de réception avec son dôme, qui ressemble à la voûte du ciel ; et dans ces diverses pièces, tout ce luxe, ces draperies somptueuses, ces divans, ces lourds coffres incrustés d'or et d'ivoire, ces murs décorés de panoplies, ici les armes, là les pipes et partout des étagères surchargées de poteries charmantes. Il faut bien se rendre et dire : Oui, c'est cela même, dans les plus petits détails ; c'est bien cela ; le doute n'est plus possible. Et vous voyez bien que les serviteurs aériens de la lampe ont dû s'en mêler... Eh bien ! non ; ce palais n'est qu'une reproduction, un simple, mais admirable fac-similé, dû aux soins du commissaire général du bey, M. Jules de Lesseps, au talent de l'architecte, M. Alfred Chapon. Il faut que les amis du merveilleux en prennent leur parti. Il n'y a plus de magie aujourd'hui, ou plutôt la magie a fait son entrée dans l'ordre naturel par la porte de la science, la lampe d'Aladin du XIX° siècle ! »

Ce palais qui a prouvé à ses nombreux visiteurs et admirateurs l'élégance du style des habitations tunisiennes, a été placé, après l'Exposition, dans le parc de Montsouris.

En 1868, les revenus du bey provenaient de l'impôt personnel, des oliviers, des droits sur les tissus du Djérid et du pays de Nafsaoua, des droits sur le blé, l'orge, des douanes et des fermages.

Raccordement et nouveaux engagements pris par Mohammed entre les mains du consul de France à Tunis.

En 1868, pour le seul port de La Goulette, l'importation avait été de 12,962,695 francs dont 4,691,600 au compte de la France. L'exportation avait été de 7,918,200 fr., dont 5,140,000 au compte de la France.

Octobre. — Traité entre la Tunisie et l'Italie. Ce traité est conclu pour 28 ans. Pendant chaque période de 7 ans, les contractants se sont réservé le droit d'y apporter des modifications que l'expérience pourrait suggérer ; et si, dans l'année qui précèdera son expiration, il n'était pas dénoncé par l'une des parties, il continuerait pour une autre période de 28 années.

1869. — Depuis longtemps, les intérêts des emprunts n'avaient pu être payés aux Européens porteurs de titres tunisiens ; ceux-ci réclamèrent si bien l'appui de leurs gouvernements que la France, l'Angleterre et l'Italie s'entendirent pour unifier la dette à 125 millions, et créer, le 23 mars 1869, une commission internationale financière chargée de surveiller l'emploi du produit des impôts et le paiement des arrérages de la Dette.

Le 5 juillet, Mohammed-Es-Saddock signe un décret instituant une commission financière.

1871. 17 octobre. — Firman négocié à Constantinople par le général Kérédine. La France s'est toujours refusée à le reconnaître.

Depuis 1575, la Tunisie payait un tribut à la Porte. Par ce firman, du 25 octobre 1871, le sultan Abdul-Aziz a stipulé les conditions de suzeraineté de la Turquie sur Tunis et renoncé à l'ancien tribut.

La situation de la Tunisie fut réglée ainsi :

Le bey recevait l'investiture de Constantinople ; il ne pouvait faire la guerre, ni la paix, ni céder un territoire, sans le consentement du sultan.

Il ne devait faire des négociations diplomatiques avec l'étranger que sur les questions intérieures.

Il était obligé de frapper monnaie au nom du sultan et de mettre ses troupes à la disposition de la Turquie en cas de guerre (ce qui fut essayé en 1878, lors de la guerre turco-russe).

A l'intérieur, la puissance du bey était absolue.

La Régence comprenait 41 tribus et elle était divisée en 18 grands ouatans, administrés par des caïds, nommés par le bey.

Les subdivisions de district étaient administrées par des micheiks et payaient chaque année un tribu au bey.

1874. — Fondation par Son Exc. Kérédine du collège Sadiki, où 150 élèves arabes apprennent le français et suivent les mêmes cours que dans les lycées français. Ce collège rend de grands services. Les élèves ne paient rien ; le bey a doté le collège Sadiki de belles rentes s'élevant à 250,000 fr. et provenant des biens de Mustapha-Khasnadar.

1875. — Traité entre la Tunisie et l'Angleterre. L'article 40 stipule que : « Après l'expiration des 7 premières années qui suivront la date (19 juillet 1875) du présent traité de commerce et de navigation, chacune des deux Hautes Parties Contractantes aura le droit de demander à l'autre une révision du dit traité. Cependant, tant que cette révision n'aura pas eu lieu d'un commun accord, et qu'une nouvelle convention n'aura pas été conclue, et mise en vigueur, le présent traité restera valide et continuera à avoir toute sa force et son effet. »

1878. — Le 24 janvier, les Khroumirs pillent le navire l'*Auvergne*, de la Société française des Transports maritimes à vapeur, allant de Cette à Bône.

1881. — Les Khroumirs continuent leurs déprédations sur les frontières de l'Algérie. Le gouvernement français s'émeut et finit par envoyer un corps d'armée pour punir les Khroumirs. L'entrée des troupes françaises est le signal des révoltes qui éclatent dans toute la Tunisie, que la France doit faire occuper complètement pour y ramener l'ordre, le calme et la paix.

La France, en faisant l'expédition de la Tunisie, a voulu raffermir Mohammed-Es-Saddock sur son trône, maintenir le droit musulman d'hérédité et éviter une guerre civile.

Voici le texte du traité de Kassar-Saïd :

TRAITÉ

ENTRE LA RÉPUBLIQUE FRANÇAISE

ET S. A. LE BEY DE TUNIS

Signé à *KASSAR-SAID*, le 12 mai 1881

Le gouvernement de la République française, et celui de S. A. le Bey de Tunis, voulant empêcher, à jamais, le renouvellement des désordres qui se sont produits récemment sur les frontières des deux États et sur le littoral de la Tunisie, et désireux de resserrer leurs anciennes relations d'amitié et de bon voisinage, ont résolu de conclure une convention à cette fin, dans l'intérêt des deux Hautes Parties Contractantes.

En conséquence, le Président de la République française a nommé, pour son plénipotentiaire, M. le général Bréart, qui est tombé d'accord avec S. A. le Bey sur les stipulations suivantes :

Art. 1er. — Les traités de paix, d'amitié et de commerce et toutes autres conventions existant actuellement entre le gouvernement de la République française, et S. A. le Bey de Tunis, sont expressément confirmés et renouvelés.

Art. 2.— Dans le but de faciliter au gouverne

ment de la République l'accomplissement des mesures pour atteindre le but que se proposent les Hautes Parties Contractantes, S. A. le Bey consent à ce que l'autorité militaire française fasse occuper les points qu'elle jugera nécessaires pour assurer le rétablissement de l'ordre et la sécurité des frontières.

Cette occupation cessera quand les autorités tunisiennes et françaises auront reconnu que le gouvernement du Bey est en état de garantir le maintien de l'ordre.

Art. 3. — Le gouvernement de la République prend l'engagement de prêter son constant appui à S. A. le Bey contre tout danger qui menacerait sa personne ou sa dynastie ou qui compromettrait la perte de ses États.

Art. 4. — Le gouvernement de la République garantit l'exécution des traités existant entre le gouvernement de la Régence et les diverses puissances européennes.

Art. 5. — Le gouvernement de la République sera représenté auprès du gouvernement du Bey par un ministre résident qui veillera à l'exécution du présent traité et au règlement des affaires entre les deux pays.

Art. 6. — Les agents diplomatiques et consulaires de la France en pays étrangers, seront chargés de la protection des intérêts tunisiens et des nationaux de la Régence.

En retour, S. A. le Bey s'engage à ne conclure aucun acte ayant un caractère international, sans en avoir donné connaissance au gouvernement de la République française, et sans s'être entendu, préalablement, avec lui.

Art. 7. — Le gouvernement de la République et le gouvernement du Bey se réservent, d'un commun accord, de jeter les bases d'un traité financier qui soit de nature à garantir les droits des créanciers de la Régence de Tunis.

Art. 8. — Une convention ultérieure déterminera le chiffre du tribut de guerre à imposer aux tribus révoltées dont le Bey se porte responsable du paiement.

Art. 9. — Afin de protéger contre la contrebande de guerre les frontières algériennes, le gouvernment du Bey s'engage à prohiber toute introduction de munitions de guerre par l'île de Tabarka, par Gabès et autres ports du sud de la Tunisie.

Art. 10. — Le présent traité sera soumis au gouvernement français et sa ratification sera transmise au Bey dans le plus bref délai possible.

Le 9 juin 1881, M. Roustan, nommé Ministre résident, accompagné du personnel de la Légation, en grand costume, a remis la ratification de ce traité au Bey, qui l'a reçue, en audience solennelle.

1882 (23 février).— M. Paul Cambon est nommé

ministre plénipotentiaire de France à Tunis en remplacement de M. Roustan, nommé à Washington.

Pour permettre d'attendre que l'organisation judiciaire de la Régence soit terminée, S. A. R. a délégué des pouvoirs disciplinaires aux autorités militaires françaises.

Le général commandant le corps d'occupation (actuellement le général Forgemol de Bosquenar) peut infliger six mois de prison et 1.000 francs d'amende.

Le général commandant une division peut infliger trois mois de prison et 300 francs d'amende.

Le général commandant une subdivision peut infliger un mois de prison et 100 francs d'amende.

Le commandant d'un cercle peut infliger quinze jours de prison et 50 francs d'amende.

Le territoire tunisien (division nord) a été divisé en 3 subdivisions, savoir :

1° Celle de Tunis qui comprend les cercles de Tunis, Biserte et l'annexe de Mateur.

2° Celle d'Aïn Draham, qui comprend les cercles d'Aïn Draham, Béja et Guardimaou.

3° Celle du Kef, qui comprend les cercles du Kef, Aïn Tonga, Teboursouk et des Hamada.

La division sud de la Régence forme trois subdivisions :

1° Celle de Souse, comprenant les cercles de Souse, Kairouan, Mehadia et Sfax.

2° Celle de Gafsa, comprenant les cercles de Gafsa Djelma, El Aïacha et les annexes de Fernana et de Touzem.

3° Celle de Gabès, comprenant les cercles de Gabès, Maharess et Djerbah, Ksar, Moudessin.

M⁰ʳ Lavigerie avait fondé, sur les ruines de Carthage, un collège (Saint-Louis) qui avait aussitôt eu un fort grand nombre d'élèves. Depuis qu'il est devenu cardinal et administrateur apostolique, il a fixé son siège à Tunis, d'où il rayonnera sur l'Afrique et où il a été l'objet d'une splendide ovation le jour de son arrivée comme cardinal archevêque à Tunis. Son œuvre, éminemment française, a produit déjà d'excellents résultats auxquels notre patriotisme nous fait applaudir chaleureusement.

Dans leurs relations avec l'Europe et avec la France, les beys de la race des Hassan-ben-Ali ont appris à respecter les nations de l'Occident et surtout la France. Doués de modération et de justice, les derniers souverains de Tunis ont, comme nous l'avons consigné, successivement aboli l'esclavage, la traite des noirs, et introduit d'heureuses réformes.

Ils ont permis aux catholiques de fonder des écoles et des hôpitaux. La France est devenue la protectrice de tout Européen sur le territoire de Tunis ; elle saura se montrer à la hauteur de cette grande, noble et belle mission.

Les dominations carthaginoise et romaine ont péri, non par la faute du climat, mais par suite de circonstances extérieures : guerre avec une rivale plus puissante que Carthage ; invasion arabe pour l'empire de Rome et de Constantinople.

Les conquérants arabes en Barbarie ont apporté avec eux une civilisation avancée qui fut secondée par une doctrine religieuse capable de fanatiser ses adeptes, comme aussi de diriger longtemps leurs efforts dans le même sens pour se substituer par la persuasion, l'intérêt ou la violence, aux croyances mystiques d'une religion rivale.

Le mauvais air, voilà le secret de l'insalubrité de l'Afrique septentrionale. La culture seule peut le rendre meilleur. Toute la prospérité, toute la régénération de la Tunisie se trouvent dans ses richesses agricoles, que plusieurs siècles d'exploitation barbare n'ont pu amoindrir, pas plus que diminuer la fertilité de ces contrées exceptionnelles que M. de Bismarck appelle « le faubourg de l'Algérie. »

Salluste, qui fit la guerre d'Afrique avec Jules César et fut même proconsul de cette province, la qualifie ainsi : « *Ager frugum fertilis, bonus pecoris, arbori infecundus.* » Saint Augustin dit : « Voyez, toutes ces campagnes sont nues, fertiles, il est vrai, et produisent du blé en abondance, mais ne sont pas couvertes d'arbres, ni ombragées de grands bois.»

Cependant Salluste raconte que Jugurtha conduisit son armée à travers les surfaces boisées, *per saltuosa loca*. Pline dit que les forêts de cèdres de la Numidie étaient exploitées par les Carthaginois. Hérodote et Strabon mentionnent, à la partie occidentale, de vastes forêts peuplées de fauves. Silius Italicus couvre l'Atlas de bois de sapins. Corripus parle tant des forêts de l'Afrique qu'on ne peut douter qu'elles ne fussent encore nombreuses et vastes au sixième siècle. A ce moment, l'arrivée des Arabes n'en permit plus l'entretien intelligent.

Les luttes des Almohades et des Almoravides, et plus tard la rapacité des Turcs firent de cette plaine si fertile un désert. Or, comme cela arrive dans toute région inculte et insalubre, la culture n'améliore qu'à la longue les conditions hygiéniques du pays; les défrichements moissonnent les premiers colons, et dans ces rôles de défricheurs, les indigènes sont toujours moins sensibles que les étrangers aux influences telluriques locales. Il faut donc laisser les indigènes à la culture du sol, dont les bienfaits se feront bientôt sentir.

La création de la mer des Chotts, en donnant de l'humidité au vent du désert, apportera un changement favorable dans le climat de la Tunisie, en même temps qu'elle créera un obstacle immense aux migrations des sauterelles vers le nord (1).

(1) Voir à la page 410.

Enfin, grâce à l'intervention française et aux travaux des ingénieurs, la prospérité berbère prendra tout son essor, car, même en l'état de choses actuel, les naissances de la population européenne surpassent les décès.

C'est l'air et non le climat qui est dangereux et mauvais.

Dans les vallées paissent de petites vaches et des moutons à grosses queues ; les coteaux sont couverts de milliers de chameaux paisibles.

A travers les rochers on entend bourdonner des centaines d'essaims d'abeilles ; le miel aromatique coule parmi les pierres.

Au pied des montagnes se trouvent les plantations d'oliviers, de jujubiers aux feuilles étroites, de grenadiers aux fruits écarlates, le cactus épineux, le mûrier, l'arbousier, qui se plaît également sur le versant des Pyrénées.

Dans les lieux plus frais, l'Européen retrouve le châtaigner et le noyer. Enfin, au milieu des plaines, dans le voisinage de la mer, fleurissent les citronniers, les orangers, dont la vue rappelle les pays privilégiés où il ne gèle pas, et par-dessus la tête arrondie des figuiers se dresse le vert panache des dattiers, comme le minaret au-dessus de la mosquée.

Arrivé en vue de la terre africaine, on aperçoit des amas de maisons blanches, sans ouvertures autres qu'une porte étroite et basse, dont les toits sont surmontés par des terrasses où les habitants viennent prendre le frais quand la nuit est tombée. Le palais de Son Altesse Royale, quelques minarets, quelques palmiers surgissent du milieu de certains jardins ou du centre d'une habitation mauresque ; telle est la verdure de cette antique plage carthaginoise, si florissante aux époques de la gloire africaine. Les vrais commerçants de Tunis sont les Juifs; ils forment la plus grande partie de la population.

Sur la droite on aperçoit, blanchissant dans le lointain, l'aqueduc de Carthage.

Entrepris sous l'empereur Adrien, cet aqueduc fut terminé sous Septime-Sévère (117 à 193 après J.-C.). Il amène à Tunis les eaux du Zaghouan et du Djougar. Sidi-Mohammed-Es-Saddock a chargé les ingénieurs français, MM. Collin et Dubois, assistés de MM. Marcellin et Caillac, conducteurs des ponts et chaussées, de continuer la tâche commencée par son prédécesseur. Là où le canal de l'aqueduc s'enfonçait sous le sol, il était presque partout bien conservé, et pour le restaurer on n'eut besoin que d'enlever les terres qui l'avaient en partie comblé et d'en réparer les parois et les voûtes. Là, au contraire, où les plaines et les vallées succèdent aux collines, il sortait de lui-même du sol et apparaissait supporté dans les airs sur des arcades dont la hauteur est d'autant plus grande que les vallées sont plus profondes. On se contenta de poser dans la terre d'énormes tuyaux en tôle bitumée où l'eau coule pour rentrer ensuite d'elle-même, en vertu d'une loi physique bien connue, jusqu'au niveau du canal antique.

Il faut trois jours de marche pour aller du commencement à la fin de l'aqueduc, et sans les ingénieuses combinaisons de MM. Collin et Dubois, on eût dépensé des millions pour le restaurer à l'état primitif.

La capitale de la Régence se transforme tous les jours. De nombreuses et fort belles constructions s'élèvent de tous côtés dans le quartier européen, et le quartier arabe est déjà tout changé, grâce à une récente mesure prise par Sidi-Mohammed-Es-Saddock, qui a enlevé à la commission municipale tous les services se rattachant à la grande et à la petite voirie, pour les placer sous la direction d'un ingénieur français distingué, M. Grand, qui est depuis deux ans à Tunis.

La superficie de la Tunisie est de 190,000 mètres carrés.

Elle a 2,000,000 à 2,500,000 habitants : 7 à 10,000 Turcs; 7 à 10,000 chrétiens; 112,000 renégats; 100,000 juifs; le reste sont des Arabes, des Maures et des Berbères.

L'armée, organisée par des officiers français, comprenait 12,000 fantassins; un régiment de lanciers de 800 hommes; un régiment d'artillerie et 20,000 cavaliers irréguliers fournis par les tribus.

La marine se composait d'un vapeur donné par a France, de deux corvettes (de 22 et de 21 canons), trois bricks (de 18, 16 et 14 canons), quinze goëlettes et chaloupes canonnières.

Après Tunis, qui possède plus de 150,000 habitants, les villes principales de la Régence sont : La Goulette, ville de 4,000 habitants ; — *Porto-Farina* (ruines d'Utique); on y a trouvé plusieurs statues, dont deux *colosses* d'Auguste et de Tibère ; — *Hammamet*; — *Byserte*; — *Mateur* ; — *Souse*, célèbre par ses plantations d'oliviers. A quelques kilomètres, on voit, près d'El-Giurme, un amphithéâtre monumental, celui d'Adrumète dont on découvrit le port romain de 1860 à 1868. — *Monastir* est renommée pour son industrie. — *Al-Méhadia, Almédia*, dont nous avons si souvent parlé, fondée par les premiers monarques fatimites au IXe siècle, et qui fut pendant une grande partie du moyen-âge l'un des ports les plus fréquentés (475 à 1453). — *Sfax*, réputée pour ses huiles, ses laines, ses tissus de coton, ses éponges, ses dattes dites de Gubé. — *Gabès*, 20,000 habitants. — *Kerkenis*. — *Kairouan*, fondée par les Arabes, et pendant plusieurs siècles capitale de l'Afrique musulmane. On y remarque une vaste mosquée (1), que l'on dit être soutenue par 500 colonnes en granit; 25,000 habitants. — *Tozer* ou *Touzer*, sur les bords du lac Chibka ou Lourdeah, est la ville la plus considérable de l'intérieur, dans le Pays des dattes

---

(1) Cette mosquée fut fondée en 837 par Zéia-del-Allah ; la coupole fut refaite vers le milieu du Xe siècle.

ou Belad-El-Djérid. En 1848, Tozer comprenait neuf villages qui formaient autant de quartiers. Son commerce consistait en tissus de laine, de soie ; ses vins et ses dattes étaient renommés ; ses caravanes nombreuses. Du côté de l'Algérie, signalons les villes du *Kef*, cité éminemment fanatique et religieuse ; *Nebeur* et *Béja*, ancien centre de résistance de Jugurtha. Non loin de Béja se trouve la mosquée de Sidi-Sala.

Si le chameau et le dromadaire sont les véhicules du grand Sahara, l'âne est digne de figurer à côté de ces quadrupèdes de haute taille, bien que celui-ci ne soit employé que pour les courses à travers les pays civilisés ou du moins habités. L'ânier, à quelques exceptions près, est ordinairement un beau nègre, bien portant et gagnant beaucoup à ce métier. Il marche nu-pieds, tenant à la main une *matraque*, à l'aide de laquelle il forcera sa bête à s'avancer dans le cas où elle se montrerait récalcitrante. La vue seule du bâton suffit à ces animaux pour les faire aller de l'avant. A Tunis comme à Alger et au Caire, ou à Aboukir, l'âne est préféré pour la locomotion *extra-muros*.

On chasse, en Tunisie, le lion, le tigre, la panthère, le lynx, le cerf, l'antilope et la gerboise.

Mort du bey Mohammed-Es-Saddock.—Le 28 octobre, à quatre heures moins vingt minutes, le bey a rendu le dernier soupir, emporté par une gangrène du rectum de nature pernicieuse.

Depuis deux ans, Mohammed-Es-Saddock était atteint du diabète ; la gangrène du rectum avait commencé il y avait trois mois, et avait fait, en trois semaines, des progrès alarmants. Trois jours avant sa mort, le bey rendait un morceau d'intestin sphacélé, d'une longueur de 8 centimètres ; il a peu souffert, du reste, et connaissant son état, a montré beaucoup de courage jusqu'au dernier moment.

Avénement de S. A. R. Sidi-Ali-Bey.—Le successeur de Mohammed-Es-Saddock se rendit, le même jour, dans la matinée, accompagné de M. Cambon, au palais de Kassar-Saïd, où il a été, immédiatement, avec le cérémonial d'usage, investi du pouvoir suprême, et salué par les membres de la famille beylicale, les ministres, les officiers et les fonctionnaires tunisiens.

En sa double qualité de représentant de la France et de ministre des affaires étrangères de la Régence, M. Cambon, s'adressant au bey a prononcé les paroles suivantes, en présence de tous les fonctionnaires réunis :

« Je viens, le premier, au nom de la République française, amie et protectrice de la Régence, prendre part au deuil qui frappe Votre Altesse dans ses affections les plus chères, et l'assurer, à l'occasion de son avènement au trône, de mes sentiments de dévouement et de respect.

« Votre Altesse sait qu'elle peut compter sur

l'appui de la France, comme le gouvernement français compte sur l'attachement dont Votre Altesse lui a donné la preuve la plus éclatante en combattant à côté de nos soldats.

« Ces sentiments de confiance réciproque hâteront, j'en ai la conviction, l'accomplissement des réformes si nécessaires que la mort seule a empêché Sidi-Mohammed-Es-Saddock d'entreprendre, et qui rendront à ce pays, jadis si riche, toute sa prospérité.

« C'est le vœu par lequel doit s'ouvrir le règne de Votre Altesse, et c'est le but que je l'aiderai toujours à poursuivre dans l'intérêt de tous, sans distinction de nationalité, pour le bien du peuple que Votre Altesse va gouverner dès aujourd'hui et que la France protège. »

Au cours de la séance de prise en possession, M. Cambon remit la grand'croix de la Légion d'honneur au nouveau bey, au nom du président de la République française.

M. Cambon, ministre de France, remit lui-même, en qualité de ministre des affaires étrangères de la Régence, au prince Tayeb, le sabre et le titre de Bey du Camp, en présence de Sidi-Ali, le nouveau bey, et de toute la cour.

Dans l'allocution qu'il a adressée au prince, M. Cambon lui a fait sentir quels sont ses devoirs envers son souverain, envers le pays et envers la France, qui a beaucoup de confiance en lui.

Tayeb-Bey a paru très flatté de cette dernière phrase.

Le président de la République française et le président du conseil des ministres s'empressèrent d'envoyer par télégramme, au nouveau bey, l'expression de leurs sentiments.

Dans la journée, M. Cambon adressa la circulaire suivante aux représentants des puissances étrangères :

« Monsieur,

« J'ai mission de vous annoncer la mort de Son Altesse Sidi-Mohammed-Es-Saddock, et vous prie de vouloir bien porter ce triste événement à la connaissance de votre gouvernement.

« Son Altesse est décédée cette nuit à trois heures trois minutes, dans son palais de Kassar-Saïd.

« Suivant l'ordre de succession légitime, le frère de Son Altesse, Sidi-Ali-Bey, a pris ce matin le pouvoir.

« La cérémonie des funérailles aura lieu demain matin. Le cortège quittera Kassar-Saïd à 8 heures précises. »

Obsèques de Mohammed-Es-Saddock. — Le 29 octobre eurent lieu les funérailles du bey Mohammed-Es-Saddock. A 7 heures, un train spécial est parti de la Marsa, amenant S. A. R. Ali-Bey et M. Cambon au Bardo.

Le nouveau bey et le ministre français ont parcouru en voiture la distance qui sépare la station de Kassar-Saïd. Les troupes françaises et tunisiennes étaient échelonnées sur le parcours de la station du palais du bey.

A huit heures et demie, tous les consuls et représentants des puissances étrangères, en grand uniforme, étaient réunis dans les salles du palais. Le général Forgemol s'y était également rendu avec son état-major.

Tayeb-Bey, en sa qualité de bey du camp, s'est alors avancé et, en quelques paroles, a remercié les personnages présents de s'être associés au deuil général.

Peu d'instants après, toutes les corporations religieuses de la ville, suivies du corps du bey, sont descendues de la pièce, transformée en chapelle ardente, dans laquelle le corps de Saddock avait été déposé, et ont entonné des chants religieux qui n'ont cessé qu'après la mise en terre du corps du bey.

Les insignes royaux du défunt étaient placés sur la bière. On remarquait entre autres le sabre que le président de la République française lui avait offert.

Le deuil était conduit par Tayeb-Bey.

M. Cambon, les consuls et les hauts fonctionnaires venaient ensuite, suivis d'une foule nombreuse.

Le cortège funèbre a traversé le Bardo, où S. A. R. Ali-Bey a dit un dernier adieu à son frère, puis il s'est remis en marche pour la Tourba, cimetière couvert situé à Tunis, dans lequel on n'enterre que les beys, et distant d'environ cinq kilomètres du Bardo.

La marche du palais aux portes de Tunis a duré deux heures. En entrant en ville, la musique des zouaves a joué plusieurs airs funèbres.

Arrivé place de la Kasbah, le cortège s'est arrêté, et de nouvelles prières ont été dites sur la bière. On s'est ensuite remis en marche jusqu'à la Tourba, dont l'accès était très difficile, par suite de l'agglomération des musulmans à l'entrée. Les soldats ont été presque obligés d'employer la force pour écarter les curieux et d'ouvrir un passage au convoi.

Une fois entré dans la salle des morts, on a retiré Saddock de sa bière et on l'a mis en terre enveloppé dans un simple suaire. La fosse a été ensuite comblée et recouverte d'une couche de briques et de ciment. Après de nouvelles prières, tous les assistants se sont retirés.

C'est la première fois que l'élément étranger put suivre le convoi funèbre d'un souverain tunisien. Ce fait est à noter.

Son Altesse laisse après elle : Son Altesse la beya, sa femme ; une fille, mariée à Son Excellence Sidi-Mustapha-ben-Ismaïl, ex-premier ministre, et deux frères, les princes Ali et Tayeb.

Mohammed-Es-Saddock était d'un caractère doux et libéral.

Mais son libéralisme même n'eut pas d'heureux résultats : dès la première année de son règne, il avait inauguré un projet d'organisation ou plutôt de constitution tunisienne qui dotait la Régence de deux assemblées, à la fois législatives et administratives, composées des principaux personnages du pays.

Depuis son avènement jusqu'aux dernières années de son règne, Mohammed-Es-Saddock s'est montré favorable à la France et disposé à toutes les innovations ayant pour but le bien et l'intérêt de son peuple.

Il céda exclusivement à cette puissance, à l'exclusion de toute autre, l'établissement des lignes télégraphiques, des haras, des chemins de fer, etc., et ne montra pendant un moment quelque hostilité que lorsqu'il eut subi, comme on sait, l'influence du consul italien Maccio.

Mohammed-Es-Saddock laissa le trésor vide et tous les biens de la couronne, les bijoux, aux mains de Mustapha-ben-Ismaïl, son favori.

Le nouveau bey. — Après la fin si prématurée et si subite d'Hamouda, S. A. R. Sidi-Ali, lui succéda dans les fonctions de bey du camp, c'est-à-dire de commandant en chef de l'armée tunisienne, fonctions toujours remplies par le frère cadet du régnant qui est aussi son successeur au trône.

C'est Ali-Bey, nous l'avons vu, qui réprima les troubles qui agitèrent si gravement la Régence, surtout en 1864.

En qualité de bey du camp, il était chargé de percevoir les impôts des tribus récalcitrantes.

A ce point de vue, son rôle n'était pas précisément une sinécure ; chaque année il allait, à la tête d'un petit corps expéditionnaire, parcourir le pays, qui opposait parfois une très vive résistance à ses troupes ; les Khroumirs notamment, dont les montagnes offrent si peu de passages praticables à une armée, réussirent toujours à se maintenir à peu près indépendants de l'autorité beylicale ; ils ne paient l'impôt que depuis que les Français se sont installés chez eux.

Lorsque le général Forgemol pénétra en Tunisie, il trouva devant lui Ali-Bey et l'armée tunisienne; on se souvient que ce prince se retira immédiatement avec ses troupes du côté de Tunis sans faire acte d'hostilité contre les troupes françaises.

Depuis le traité du 12 mai 1881, il vécut dans la retraite à son palais de la Marsa, dont il ne sortit que pour se mettre de nouveau à la tête des troupes tunisiennes, qui combattaient alors à côté des Français entre Testour et Teboursouk contre les insurgés.

En cette circonstance, il a fourni à la France des gages sérieux ; le concours qu'il lui donna fut des plus efficaces ; il soutint presque seul, pendant quinze jours, avec les débris de l'armée beylicale, tout l'effort des contingents insurgés qui allaient marcher sur Tunis et s'en emparer.

Dans le courant du mois d'octobre, l'*Astre d'Orient* publiait la note suivante :

« L'ex-premier ministre et gendre de S. A. le Bey défunt qui, disait-on, avait été très bien accueilli par le nouveau bey S. A. Ali, vient de se retirer dans son palais de la Marsa. Il paraîtrait qu'une commission d'enquête aurait été désignée pour décider, s'il y a lieu, la restitution par Moustapha de biens appartenant à l'Etat et de bijoux de la couronne qui lui avaient été donnés par le bey Mohammed-Es-Saddock. »

Nous sommes heureux de dire que cette commission doit, non pas juger, mais seulement examiner les comptes de S. E. Moustapha.

Elle a pour président Sidi-El-Aziz, premier ministre, et deux membres indigènes, le cadi, Mohammed-Beiram et Mohammed-ben-Chieh.

Cette commission formulera son opinion et fera un rapport au bey.

Nous ne doutons pas que le premier ministre ne préside d'une manière impartiale et de façon à offrir toutes les garanties désirables à l'intéressé.

Le ministère tunisien est composé comme suit :

Un premier ministre, Sidi-El-Aziz-Bou-Attour ;

Un ministre des affaires étrangères, M. Paul Cambon, ministre résident de France.

1883. — Le 1er janvier, M. P. Cambon, ministre résident de France à Tunis et ministre des affaires étrangères de la Régence, reçut successivement la colonie française, les protégés, les députations des corps militaires et administratifs.

M. Jules Farti, directeur de la Banque transatlantique, a pris la parole au nom de la colonie.

Il a rappelé l'œuvre déjà accomplie par le voyage de M. Cambon dans le pays, la part qu'il a prise dans les négociations qui suivirent la répression de l'insurrection et qui aboutirent à la rentrée des tribus dissidentes.

A une période de lutte et de froissement, le ministre résident s'est efforcé, a-t-il dit, de faire succéder partout une ère de bienveillance et d'apaisement.

Le député a exprimé ensuite le regret que l'état de la politique générale retarde l'organisation matérielle du protectorat attendu avec une légitime impatience par tous les Européens, comme par les indigènes.

Après avoir remercié la colonie de ses souhaits de bonne année, le ministre résident a dit qu'il formait des vœux pour que l'année 1883 ne se terminât pas sans que l'organisation définitive du protectorat fût établie dans la Tunisie.

M. Cambon annonça ensuite la mort de M. Gambetta.

Le 6 janvier parut à l'*Officiel* français le texte de loi relatif à la création et à l'entretien des compagnies mixtes franco-tunisiennes, destinées à assurer la tranquillité dans la Régence et à la faire respecter au dehors.

Quoique nous ne puissions nous occuper ici d'archéologie, nous ne voulons pas omettre les fouilles entreprises à Carthage par le R. P. Delattre, missionnaire d'Alger.

Ce vénérable savant avait déjà, au mois d'avril 1881, réuni 6,347 pièces.

C'est à lui que l'on doit l'inscription de Souk-el-Mis, reproduisant un rescrit de l'empereur Commode sur le colonnat africain et les 113 inscriptions du cimetière des esclaves de la maison impériale, envoyées à la Bibliothèque nationale de Paris, ainsi que la découverte de 1,483 épitaphes chrétiennes.

Le R. P. Delattre continua ses recherches en 1882. Il retrouva, à Bir-el-Djebana, le cimetière des bas-officiers de la maison de César ; des cippes, des lampes, des vases lacrymatoires, des poteries romaines et une inscription cabalistique appartenant au genre des *Abraxas*, c'est-à-dire *Rébus*.

Les épitaphes de Bir-el-Djebana sont toutes gravées sur des plaques de marbre, plus ou moins épaisses, mesurant en moyenne vingt et quelques centimètres de largeur et de vingt-cinq à trente de longueur.

Les caractères sont ordinairement proportionnés aux dimensions de la plaque. Dans quelques épitaphes, les lettres sont peintes de minium, que le temps n'a pu réussir à effacer.

A l'exception d'une seule qui est grecque, toutes les épitaphes du cimetière de Bir-el-Djebana sont latines.

Plusieurs des noms gravés sur ces épitaphes sont d'origine grecque. Deux rappellent le nom de Carthage.

Le quart des épitaphes découvertes portent le nom d'esclaves de l'empereur (*Cæsaris* ou *Augusti nostri servus*). Cinq seulement parmi eux sont nés dans la maison impériale (*Augusti verna*). L'un de ces derniers est qualifié *Dispensator regionis Thuggensis*.

Huit des épitaphes appartiennent à des affranchis. Ceux qui doivent leur liberté à la faveur de l'empereur et dont le *gentilicium* est mentionné, sont des *Allii*.

Voici la liste des diverses professions exercées par les esclaves ou affranchis du cimetière de Bir-el-Djebana :

Un *pedisequus*.

Trois *adjutores a commentariis*.

Un *notarius*.

Deux *tabellarii*.

Un *mensoragrarius*.

Deux *adjutores tabularii*.

On avait déjà rencontré ces diverses professions dans le premier cimetière découvert, mais en voici d'autres que l'on n'avait pas encore trouvées :

Un *dispensator regionis Thuggensis*.

Un *custos Larium minorum*.

Un *medicus*.

Un *præco*.

Une *saltatrix*.

On pourrait ajouter à cette liste le φιλόσοφος de l'épitaphe grecque, et un *veteranus*.

Tous, malgré l'importance de leur profession pour plusieurs d'entre eux, appartiennent aux rangs inférieurs de la société romaine. Un seul est affranchi, c'est un *adjutor tabularii*. Les autres, à l'exception de quatre, parmi lesquels se trouve le *medicus*, sont désignés comme esclaves.

Parmi ces épitaphes où l'on rencontre tous les âges, les centenaires sont rares. Seule une femme atteint ce grand âge.

D M S
COCCEIA — ALCHE — PIA
VIXIT — ANNIS — C
H S — E

C'est pour continuer ces fouilles, pour lesquelles le prix des 113 inscriptions envoyées à la Bibliothèque nationale est déjà absorbé, que Mgr Lavigeric a demandé avec instance la création d'une mission permanente archéologique à Tunis dont le directeur nécessaire serait le R. P. Delattre. Il a ajouté que, s'il avait lui-même les ressources suffisantes, il les consacrerait volontiers à une telle entreprise. — « Mais, dit-il, je suis évêque, et évêque missionnaire, et il faut que je trouve du pain pour les pauvres avant de chercher des pierres pour la science. »

Puis il a signé spirituellement cette lettre « docteur ès-lettres, docteur en droit civil, docteur en droit canonique, docteur en théologie, *mais, hélas !* pas docteur en finances !

Nous sommes persuadé que le gouvernement français, protecteur de la Tunisie, entendra cet appel et que le monde savant sera encore redevable à notre chère patrie de nouveaux et intéressants documents.

Nous sommes arrivés à la fin de notre travail, après avoir fait tous nos efforts pour le rendre aussi instructif, aussi intéressant que possible.

Hélas ! comme toute œuvre humaine, il doit être loin d'atteindre la perfection.

Tout en témoignant de notre profonde gratitude pour les lecteurs qui ont daigné nous suivre jusqu'à présent, nous les prions très instamment, en vue d'une seconde édition, de nous adresser les documents ou les rectifications qu'ils posséderaient ou croiraient nécessaires.

Nous leur en exprimons, dès aujourd'hui, nos remerciements anticipés, bien sincères, et terminons par ces paroles du Coran, Sourate V^e, verset 85 :

« Sache que ceux qui nourrissent la haine la « plus violente contre les vrais croyants sont les « idolâtres ! Sache, au contraire, que les hommes « les plus disposés à les aimer sont ceux qui disent: « *Nous sommes chrétiens.* »

LA MISSION ROUDAIRE

Une lettre du commandant Roudaire, chef de la mission française qui est chargée de l'étude de la mer des Chotts, lettre datée de Gafsa, le 21 janvier 1883, et adressée à M. Ferdinand de Lesseps, s'exprime ainsi :

« Nous avons reçu partout, en Algérie et en Tunisie, un accueil empressé, tant des autorités militaires que de la population civile.

« Tous les officiers de Gafsa ont pour la plupart visité les bords de la mer intérieure et sont partisans du projet. Ils ont été émerveillés de la richesse naturelle du sol, auquel il ne manque qu'un peu d'eau et d'humidité pour acquérir une fécondité exceptionnelle. Tous sont convaincus que la mer intérieure produirait ce résultat.

« Nous partons demain seulement pour Tozeur. Tout le monde est plein d'ardeur et de confiance, et brûle d'arriver pour commencer les travaux. »

M. DE LESSEPS EN TUNISIE

Désirant se rendre compte *de visu* des travaux à faire et des difficultés à surmonter pour créer la *mer des Chotts*, M. Ferdinand de Lesseps s'est rendu en Tunisie au mois de mars.

Le *Temps* a reçu à ce sujet de son correspondant particulier, de Tunis, la dépêche suivante :

« Tunis, 24 mars, 4 h. soir.

« Vendredi dernier, M. F. de Lesseps a passé quelques heures à Souse où le cercle des officiers lui a offert un banquet.

« La population de Souse a fait à M. de Lesseps un chaleureux accueil.

« Le surlendemain, il est arrivé à Gabès où l'attendait M. Roudaire et le général tunisien Allegro, gouverneur de l'Arab.

M. de Lesseps est immédiatement parti pour se rendre sur les lieux où se font les travaux d'exploration et de sondage. »

PRINCIPAUX AUTEURS CONSULTÉS

Abou-Mohammed-El-Abdéri. — Aristote. — Saint Augustin. — Thomas Basin. — Giovanni Andréa Bedoaro. — M. Beulé. — M. de Bougainville. — Bouillé. — Victor de Cartenne. — Jules César. — Ed. Charton. — A. Cherbonneau. — Edm. Desfossés. — Le Père Delattre. — M. Drapeyron. — El-Bekri. — El-Tidjani. — Mathieu d'Escouchy. — Eusèbe. — Fischer d'Erlach. — G. Flaubert. — Froissart. — Le général Hanotau. — MM. le Hello et Hussenet. — Hérodote. — Ibn-Abi-Dinar. — Ibn-Chebbat. — Ibn-Chemma. — Ibn-Hankal. — Ibn-Kaldoun. — Ibn-Konford. — Le sire de Joinville. — L'amiral Jurien de la Gravière. — Lassis-Pacha. — M. Lebrecht. — Léon l'Africain. — Louloui Ezzerkechi. — Makrisi. — Malte-Brun. — M. de Mas-Latrie. — M. Masqueray. — M. Gustave Millot. — M. Moynier. — M⁾ Pevy. — Newton. — Don Pedro Nino. — M. Piesse. — Pergoletti. — Elie de Pesaro. — Pline. — Plutarque. — Polybe. — Procope. — Rollin. — Salluste. — Salvien. — Sanudo. — Seroller. — Sidoine Apollinaire. — Silius Italicus. — Strabon.

— Suidas. — Tacite. — Tite-Live.— Benjamin de Tudèle. — Vapereau. — Saint Vincent de Paul. — Virgile.

Nous profitons de l'occasion pour adresser l'expression de notre reconnaissance à M. Léopold Van Gaver, inspecteur des études et des domaines du collège Sadiki, président de l'administration de l'hôpital européen, à Tunis, etc., qui, sur les bienveillantes instances de M. le consul-juge Goinze, a eu l'extrême obligeance de corriger la partie de notre histoire depuis 1800 jusqu'en 1883.

DIJON, IMPRIMERIE DARANTIERE

www.ingramcontent.com/pod-product-compliance
Lightning Source LLC
Chambersburg PA
CBHW071623230426
43669CB00012B/2048